西方那一块土
钱乘旦讲西方文化通论

钱乘旦 著

图书在版编目(CIP)数据

西方那一块土：钱乘旦讲西方文化通论 / 钱乘旦著. —— 北京：北京大学出版社，2015.8
ISBN 978-7-301-25891-0

Ⅰ.①西… Ⅱ.①钱… Ⅲ.①西方文化-文化史-高等学校-教材 Ⅳ.①K500.3

中国版本图书馆CIP数据核字(2015)第113429号

书　　名	西方那一块土：钱乘旦讲西方文化通论
著作责任者	钱乘旦　著
责 任 编 辑	于铁红
标 准 书 号	ISBN 978-7-301-25891-0
出 版 发 行	北京大学出版社
地　　址	北京市海淀区成府路205号　100871
网　　址	http://www.pup.cn　　新浪微博：@北京大学出版社 @阅读培文
电 子 邮 箱	编辑部 pkupw@pup.cn　总编室 zpup@pup.cn
电　　话	邮购部 010-62752015　发行部 010-62750672　编辑部 010-62750883
印 刷 者	天津联城印刷有限公司
经 销 者	新华书店
	710毫米×1000毫米　16开本　22印张　300千字
	2015年8月第1版　2024年12月第12次印刷
定　　价	69.00元

未经许可，不得以任何方式复制或抄袭本书之部分或全部内容。
版权所有，侵权必究
举报电话：010-62752024　电子邮箱：fd@pup.cn
图书如有印装质量问题，请与出版部联系，电话：010-62756370

目 录

前言 ... ix

第一讲 人的出现,农业的出现 ... 003

山川湖泊与自然环境 ... 003
人类的出现 ... 006
农业的出现 ... 013
文明的出现 ... 018

第二讲 西亚、北非和文明的出现 ... 023

两河文明的出现 ... 023
苏美尔 ... 025
巴比伦,亚述,新巴比伦 ... 029
古埃及文明 ... 035

第三讲 欧洲文明的起源 ... 043

欧洲文明的渊源 ... 043
神话与真实 ... 046
希腊的政治发展 ... 051

城邦与战争 ... 054

第四讲 古代希腊文化 ... 061

希波战争 ... 062
马其顿征服 ... 064
希腊化时期 ... 066
希腊文化与艺术 ... 068

第五讲 古罗马政治与社会 ... 079

罗马共和国 ... 081
罗马帝国 ... 089
蛮族入侵 ... 097
罗马文化 ... 098

第六讲 基督教的产生 ... 103

犹太人的故事 ... 104
一神教 ... 108
基督教的出现 ... 111
基督教会 ... 115

第七讲 中世纪社会文化 ... 121

民族大迁徙 ... 123
封建制 ... 126

思想与文化 ... 134
国家与社会 ... 137

第八讲　中世纪盛期到文艺复兴 ... 143

十字军东征 ... 143
商业的兴起 ... 149
城市的壮大 ... 151
文艺复兴 ... 155

第九讲　欧洲向近代过渡 ... 167

知识与科学的解放 ... 167
农奴制解体 ... 172
民族国家 ... 176
重商主义 ... 187

第十讲　近代早期发展 ... 191

地理大发现 ... 193
殖民扩张 ... 195
宗教改革 ... 199
天主教会反改革 ... 208

第十一讲　思想革命与政治革命 ... 213

新的时代潮流 ... 213
清教与英国革命 ... 215
启蒙与法国革命 ... 224
开明专制 ... 234

第十二讲　科学、理性、工业 ... 241

理性主义 ... 241
科学的兴起 ... 243
英国工业革命 ... 249
其他国家的工业革命 ... 259

第十三讲　西方的扩张 ... 267

领土扩张与殖民帝国 ... 267
奴隶贸易与全球贸易体系 ... 274
美洲的开发 ... 276
大国争霸 ... 278

第十四讲　美国的崛起 ... 285

殖民地的遗产 ... 285
新民族的缔造 ... 293
美国精神与"美国梦" ... 298
美国崛起 ... 300

第十五讲 19—20 世纪：国家、战争和社会 ... 307

民族主义与国家 ... 307

战争与社会 ... 312

社会主义与资本主义 ... 316

现代文明的悖论 ... 330

推荐书目 ... 333

后 记 ... 339

前　言

"西方文化通论"课程，目的是把西方文明从开始到现在发生、发展、变化的过程，用十五次课时概括出来，时间很少，内容丰富，因此任务很艰巨。不过我还是希望通过一个学期的课，可以让大家对"西方文化"中最基本的知识有所了解，比如西方社会经历过哪些阶段，每个阶段的基本特征是什么，发展到现在是怎样，我们如何理解各个时期的不同变化，等等。由于内容太多，时间跨度大，十五次课时又太少，所以我只是把"西方文化"中最关键的部分介绍给大家，主题集中在"西方文化"的特点是什么、精髓何在，"西方文化"建立在什么样的人生哲学和宇宙观念之上，它会怎样观察和处理问题，如今表现为何种形态、为什么是这种形态？诸如此类。深层的问题更重要，如果我们只了解一些表面现象，而不明白"西方文化"的观念与指向，也就是价值基础和思想方法，我们仍然弄不懂"西方文化"究竟是什么。

因此，我首先要说说"文化"是什么。我们这里所说的"文化"是一个大文化概念。"文化"这个词至少有三种理解，最基础的理解是"读书写字"。20世纪中叶新中国刚成立的时候，人们看见不少小青年身穿"毛装"，上衣口袋里插着一支老式钢笔，你就会说这个小伙子有"文化"，那个意思是：他能够"读书写字"；至于文化程度呢？可能只是初小毕业，就是现在的小学四年级毕业，他在小学读了四年书。那个时候，有这样的"文化"已经很了不起了，因为整个社会的文化程度很低，大部分人是文盲，既不会读书，更不会写字，在小学读了四年书，就可以到乡政府做文书，或者在军队做文化干事、文工团助理等，这就叫有"文化"。第二种理解是指文学、艺术、小说、戏剧，还有唱歌、跳舞等，粗略地等同于现在人们所说的"文学艺术活动"。有时人们说需要有一点"文化生活"，指的就是这个"文化"；文化部管的也是这个"文化"。近来人们经常使用一个词，叫"文化产业"，也是在这个意义上理解"文化"。

但是我这门课所说的"文化"，既不是"读书写字"，也不是"唱歌跳舞"，这两种"文化"是表层意义的，用哲学语言来说就是"形而下"；我说的"文化"属于"形而上"，和"文明"的含义差不多。"文化"和"文明"有什么区别？区别还是有的，但我今天不打算说太多；我今天只说："西方文化通论"中所指的"文化"，是指社会的整体存在方式，它包括社会的制度设计、生活状态、价值取向、思维方式、物质创造、精神导向，等等，这就是对"文化"的第三种理解。显然，前两种理解包含在第三种理解中，第三种理解是一个更宽、更高层次上的理解。"西方文化通论"就是在这个意义上介绍"西方文化"，介绍西方社会在各个历史阶段上呈现的特点、各种因素、各种制度等。我们在这个意义上讨论"西方文化"，看西方文化如何发展到现在。"文化"是一种积淀，没有历史过程也就没有"文化"的厚度。为什么把"文化"作为历史课程开设而且是作为全校的公共选修课来开设？原因就在这里。

除了介绍基本知识之外，我会阐述我自己的观点，有自己的理解与解释，其中有很多会和一般的教科书不同，也和社会上流行的说法很不同。如果没有自己的看法，任何课程都只是"照本宣科"，教师讲得再生动、再娓娓动听，也只是在重复别人的说法、按照教科书讲课而已，这和捧着课本念教材没有两样。可是我不希望只是重复书本知识，我有很多自己的想法，有我自己的体会。等到这门课讲完之后，大家有可能感觉到一个体系，这是我的体系，但是我不会刻意去说这个体系本身，因为太枯燥。

我们今天说人的出现是进化的结果，那不意味着进化一定出现"人"；在几百万年前，什么可能性都存在。有一些比较偶然的因素凑在一起，结果就造成动物向"人"的方向演变。

人进入农业之初，可能和人脱离动物界、开始成为"人"时一样，面对着环境的挑战。为了适应新的环境，人们被迫"创造"出农业。

第一讲

人的出现，农业的出现

◎ 山川湖泊与自然环境

◎ 人类的出现

◎ 农业的出现

◎ 文明的出现

我们开始讲的第一课试图回答两个问题：人是从哪里来的？农业是怎么出现的？这些内容涉及几百万年的时间跨度，因此我们只能够一掠而过。

先看地图（见地图1.1）：地球的绝大部分是海洋，陆地被海洋包围，文明只在陆地生存，这是大家都知道的。可是从人类产生，一直到近代，文明所波及的陆地部分却相当狭小，差不多只是欧亚大陆南部区域加上非洲北部沿地中海一带这一条延续不断的地块。除此之外，就是一些星星点点的小地域了，例如西非有些地方、南美有些地方，那些地方都没有形成过成熟的文明，发达的文明地区都集中在欧亚南部和非洲北部。

— 山川湖泊与自然环境 —

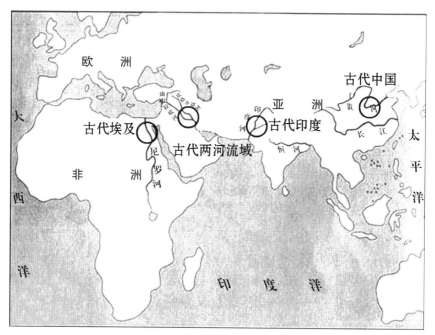

地图 1.1 古代四大文明分布

为什么是这样,为什么文明没有能够扩散到全世界?这是由地理因素决定的。欧亚南部和非洲北部这些地区,气候、水流、资源、植被、动植物种类等,都是最适合人类生存的,人类容易繁衍,文明也就有可能在这些地区生成与发展,而不容易被毁灭。其实,人类适应环境、维持自己生存的能力是非常强的,在千百万年时间中,人类从起源地向外扩散,最终散布到全世界,以至于后来整个世界上到处都有人。可是文明并没有跟着人类的扩散而扩散到地球的每一个角落,原因是受到了地理环境的限制。在地图上可以看到:欧亚南部到非洲北部在地理位置上是绵延不断的,而其他地区都和它隔绝,有地理障碍。这些障碍把人类文明长时间地限制在欧亚南部和非洲北部,造成了文明的高度集中。

其实,被地理障碍隔绝的不是人类,而是农业,是农业未能跨越这些障碍而进入更广泛的地区,这使得文明不能在其他地区生成发育。

我们看地图:欧亚大陆北部天气寒冷,从来就人烟稀少,农业生产难以展开,因此文明不容易传播进来。但是欧洲北部在公元10世纪前后进入文明状态,亚洲北部(西伯利亚)则差不多要晚一千年,地理因素明显在这个差异中起了作用:因为欧洲西海岸有一道环大西洋暖流,所以像英国、挪威这些地方也可以发展农业,而西伯利亚则寒冷无比,除少数人类坚持艰苦的驯鹿、渔猎生活外,完全没有垦殖的可能性。

非洲大陆除地中海地区和大西洋、印度洋沿岸,其他地区都不适宜农业的传播,有些地方如撒哈拉大沙漠、热带雨林,是人类很难生存的地方,恶劣的自然环境阻碍了农业的传播,也阻碍了人类文明的渗透。至于大洋洲,它离其他大陆太遥远,在被欧洲人"发现"之前,没有受其他地区文明的影响,而它自己又没有生成过本土文明。在大洋洲,有些地方自然条件太恶劣,人类难以生存;有些地方自然条件又太好,人类不用费劲就能够很好地生存下去,因此不需要出现农业,也就不可能催生文明。

美洲在四五万年以前还有陆桥与亚洲相连(今天的白令海峡),但以后它就与其他大陆完全分离,结果,尽管在中美洲、南美北部曾经酝酿出本土文明,像玛雅文明和印加文明等,但在西方殖民者入侵美洲前,它们仍然处在发育过程中,还没有发展到成熟的阶段。有一个现象很有意思:美洲本土没有出现过"车"。这似乎是个小事情,但其实问题很大,因为没有车就不能进行大规模的物质交流,谁都不能够用头顶、用肩扛,就可以把大量物资运送到遥远的地方去。对文明来说,交流是非常重要的,包括物质

印第安人神庙中的壁画

— 人类的出现 —

的交流和思想的交流；交流触发文明，并且推动文明的发展。事实上，无论美洲还是大洋洲，它们最大的问题就是和世界其他地区隔离开了，于是就没有办法在交流中得到启发，从别人那里得到灵感。农业其实是一种发明，除少数原发地区之外，农业都是传播进去的。

在谈农业之前，先要谈一个更古老的话题，即人的出现。文明是人的属性，动物不会有文明。可是人从哪里来？我们说人从动物变过来，尽管到今天还是有人不赞成这种说法，但反对这种说法的人已经不多了。动物演化而成为人，这是整个生物进化链上的最后一个环节。与人最接近的是古代一种类人灵长动物，它们是人的祖先。其实，今天的某些猿类，比如大猩猩、黑猩猩，它们的祖先和人类祖先应该是同一个物种，至少是接近的物种。今天的科学告诉我们，人类的这种灵长类祖先大约生活在距今400万—300万年以前，目前古人类学家一般都接受这种说法。可是从那种灵长类动物向人的方向迈出第一步是怎么发生的？这是一个大问题，因为只有迈出这一步，动物才变成了人。因此，我们要探讨的是：是什么原因使一种动物开始变成"人"。

讽刺进化论的漫画 嘲笑达尔文是从猴子变来的

大家都熟悉达尔文的进化论，按照达尔文的说法，生物从低级向高级进化，最终进化成人，很多人认为这种进化是不可避免的，动物最终一定进化成人。可是如果退回到距今400万—300万年以前，我们并不能认定，有一种动物一定要成为人；也就是说，在几百万年以前，动物向"人"的方向发展并非"必然"，生物变异的各种可能性都存在，向"智能"方向发展只是其中的一种。有人会说：生物进化的最终结果一定是把动物变成人,因为进化的结果就是这样。但这是站在今天的角度往回看,是从结果去推定过程,是从现在看过去。一旦换一个角度,换到过去的某个时间来看这个过程,站在以前看以后,情况就会不同了。比如,我们今天是不是可以预测到一百年两百年以后、一年两年以后,甚至只是一个月两个月一天两天以后发生的事?我想不可能。现在流行的一种思维方式,认为历史上发生的一切都是必然的,每一个过程都不会有其他结果,现在是过去的必然结局,历史没有其他的可能性——这种思维方式很流行,我们同学在看待历史时经常使用这种思维。可是这样思考历史,就把历史看作一个预先设定的过程了,每一件事、每一种现象都在事先安排好了,不会出现其他的结果。人们说:这就是规律,规律就是必然性,动物演化成人就是生物进化的必然结果,是一种必然性。但是我们没有想一想:进化,但没进化到"人",是不是有可能?为什么进化就一定进化到"人"?为什么不可以向另一个方向进化?或者,虽然向人的方向进化,但进化的过程

原上猿　　腊玛古猿　　南方古猿　　直立猿人　　尼安德特人　　克罗马农人

人类的进化

被打断了,结果没有出现人?我们今天说人的出现是进化的结果,那不意味着进化一定出现人;在几百万年之前,什么可能性都存在。例如,刚才说到大猩猩、黑猩猩的祖先和人的祖先是同一种动物,而大猩猩、黑猩猩又确实是从那种动物"进化"来的,这就说明"进化"不一定向人的方向进化,它可以向大猩猩、黑猩猩的方向发展。退回到 500 万年、1000 万年之前,在那个时候,谁也不能断定,生物将进化并最终形成"人"。

站在现在看过去,知道了结果说过程,这是一种典型的西方人观察历史的方法,而且是近代西方人观察历史的方法。用这种思维来解释历史,那么一切都是必然的,比如罗马一定出现恺撒,中国必然要出个秦始皇,英国一定发动工业革命,美国必定控制全球——甚至连奥巴马当选总统也是必然的……可是这样去解释历史,历史就不需要解释了,因为现在是什么情况,就说明它本来就应该是这种情况,历史的必然性规定了它只能是这种情况。这种逻辑显然有一个问题无法回避,那就是:是谁事先安排了历史的结局?基督教说,是上帝安排了历史,历史按照上帝的安排展现出来,只是为了证明上帝的存在。现在很多西方人已经不说上帝了,但西方的历史观却始终建立在这样一种思维方式的原点上——历史是安排好的——启蒙运动也没有改变这种思维方式。

回到"人如何出现"这个问题上来。已经说过在几百万年之前存在着动物进化的各种可能性,有一些比较偶然的因素凑在一起,结果就造成动物向"人"的方向演变。达尔文进化论有一个原则:适者生存。几百万年以前,地球上某个地方出现了重大的环境变迁,"人"就在这个变迁中被引发了。

根据我们现在知道的情况,大约三四百万年以前,在非洲东部,也就是我们现在找到人类最早的直系祖先的遗骸的地方,地壳发生断裂,地球表面向两边拉开,最终形成一道深沟,这就是今天的东非大裂谷。这里原本是茂密的大森林,里面有各种动物,其中也有灵长类。大裂谷的出现造成一个严重的后果,就是原来完全一样的自然状态,包括生物分布、植被、气候等，开始向不同的方向发展：西边仍然是茂密森林，维持着原有的自然状态；东边的森林逐渐消失，成了大草原。于是，原来在森林中生活的动物经受了巨大的考验，很多物种会消失，而为了躲避灾难，有一些动物就跟着森林向西撤退，有一些却留了下来，但必须适应新的环境。同样的情况也发生在灵长类动物身上：一部分灵长类动物跟着森林往西去，这在当时显然是明智的选择，因为它们还生

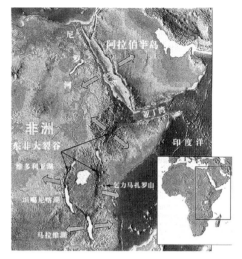

地图 1.2　东非大裂谷板块示意图

存在先前的自然环境中，可以过原来的生活，不需要做太大的改变就可以维持生存。这些动物延续下来，就成为今天非洲大森林中的各种猿类，比如大猩猩。可是另外一些古灵长类动物——有的是因为眷恋家园，有的是因为懒惰、不愿意跟着森林走，有的是想走却没走成——留下来，它们发现自己的生存环境发生变化了，它们被抛在一个完全陌生的环境中，不能像以前那样生活，于是就面对着非常严峻的现实：要么被新的环境所消灭，要么适应新环境、改变自己，也就是所谓的"适者生存"。比如，那些习惯在树上生活的灵长类动物，一旦没有了树，就只能从树上下来，被迫站到地上。这是一个巨大的挑战，整个生活方式完全改变了，食物和居住条件都发生变化，危险和威胁来自四方。原先居住在树上，受到高空的保护，林间果品充足；现在却要脚踏实地，要应付各种敌人，要寻找新的食物来源。而能够适应新的生存条件的灵长类动物就能够存活下来，繁衍后代；不能适应的动物就不能存在，它们一定是在某个方面缺少了适应的能力，结果遭到自然的淘汰。

现在我们知道，"站"对于"人"的出现产生重大的影响，有一些从树

东非大裂谷

上下来的灵长类动物学会了"站",就是后肢直立。"站"使它们得到一个好处,就是用后肢着地,前肢腾空了,可以用来抢东西吃,或者抓着食物逃跑。大家想一想:哺乳类动物都是四肢着地吃东西的,猫和狗是这样,狮子老虎也是这样,如果有其他动物跑过来抢它的东西吃,它要么殴打,要么用嘴叼一条鱼或一根骨头逃跑。可是一只猫只能叼一条鱼,一只狗只能衔一块骨头,但直立的动物却获得了更好的争抢食物的优势,它可以用前肢抱着一批食物,然后用后肢逃跑。这种优势也表现在哺育幼子上,因为它可以"拿"更多的食物去养育幼子。此外,直立的动物视野更开阔,能看得更远、更广,这些都给它带来更强的生存能力,这是那些跟着大森林往西退去的灵长类动物所不具备的。而更重要的变化也许发生在脑部:"站"起来的动物,为了协调复杂、多样的动作,脑容量就变大了,并且"站立"

这个姿势也更容易让脑颅空间变大。于是,"站"成了向"人"转变的一个关键性因素。大峡谷两边的动物本来是没有区别的,现在却出现区别了,有一部分动物开始向"人"的方向变化。

"站"起来并且解放前肢还引发更重要的后果,就是学会劳动。中学的课堂上老师会讲人是如何出现的,劳动创造人,对吗?这是恩格斯的说法。可是怎么理解这句话?有人说,要看我们怎么定义"劳动"。对呀,什么是"劳动"?动物能劳动吗?蜜蜂很勤劳,蚂蚁也很勤劳,很多小鸟会筑巢,这些是劳动吗?大家说"不是"。那么,什么是"劳动"?是使用工具?

劳动确实有一个标志,但不是使用工具,而是制造工具。现代科学已经证明,很多动物都能够使用工具。这方面证据已经有很多,不少动物是会使用工具的,但是没有一种动物能够制造工具。有些动物可以折一根树枝做棍棒,用棍棒来摘取树上的果实,但它不会把树枝削尖,当长矛狩猎,或者当渔叉捕鱼。削尖树枝需要用工具,比如石器或铁器,只有人能够制造工具,任何动物都不

骨镞 装在弓箭上的狩猎工具

会。所以人和动物的根本区别是制造工具,而不是使用工具。制造工具是"劳动"的标志。

可是"劳动创造人"的说法隐藏着一个逻辑问题。比如,你看到有一种东西在"劳动",也就是制造工具,你就会判断他不是动物而是人,因为只有人才会劳动。但是那个"人"已经在"劳动"了,判断"人"的标准就是劳动。那么,劳动怎么去"创造"他呢?不会有一种东西是先"劳动",再变成人的,否则,就意味着动物也是会劳动的,动物也能够制造工具,这样"人"和动物之间的区别就没有了。因此,只要能够"劳动",他就已

经是人，不会在"劳动"过程中才变成人。但如果说"劳动"的标志是制造工具，那么"站"的意义就无比巨大，因为"站"解放了双手，从而有可能去制造工具。"站"让"劳动"成为可能，人通过"劳动"而取得了最强大的生存机会。

回到人的出现的问题上。由于自然环境的剧烈变化，森林中的灵长类动物面临着巨大挑战，逼着它们做出选择：是留下，还是撤退？我们看到不同的个体和不同的群体都做出不同的选择，结果就是其中一部分向"人"的方向发展，另一部分继续做动物。"适者生存"的原则在这里起了作用，但无论后来成为"人"，还是继续做动物，都是"适者生存"的结果，只是各自适应了不同的生存环境。因此在那个时候，不意味着必定会出现"人"。比如说，当森林西去时，有可能所有的灵长类都跟着往西去，那么它们能够继续适应原有的环境；也可能留下来的动物都不能适应新的环境，因而全都被消灭；或者留下来的动物找到另外一种适应的方式，不需要"站"起来，结果也就不会变成"人"了。但有一点是毋庸置疑的，是生活环境的剧烈变化使种群受到灭绝威胁，迫使其中一部分向"人"的方向发展。如果地球上还有其他地方也是人类的发源地，那么在那些地方，也一定发生了使远古灵长类动物受到灭绝威胁的自然环境变化。

现在向大家介绍一种最新的说法，当然也经受着激烈的论争。有人指出：现在的"人"，无论在地球的哪一个角落，都出自一个共同的祖先，这个祖先有一个漂亮的名字，叫"黑色维纳斯"；这个维纳斯曾经生活在东非，今天的肯尼亚，她的后代后来分布到全世界，成为今天的"人"。这种说法的依据是什么？是尖端的现代科学检测，即 DNA 生物检测。人们在世界各地采集人类各个种群的 DNA 样本，经过检测，发现所有现代人的基因构成都来自那个黑色维纳斯。而且，离她越远的人群，DNA 变异与她的差距越大，这说明她的后代是从她这个"家"出发、向全世界各地扩散的，离她越远，变化越大。令人惊讶的是，黑色维纳斯生活在距今只有 6 万年之前，换句话说，现在世界上所有的人，都是在 6 万年前从同一个祖先的同一个"家"里走出来的。按照这个理论,我们先前关于人类史前史的所有看法都被颠覆了,比如北京直立人生活在距今 50 万年之前,因此不可能是现代人的祖先;比北京直立人更早的元谋直立人或欧洲尼安德特人就更不是现代人类的祖先了——考古学的最基本体系都给推翻了。我们很难想象在 6 万年的时间中,现代人类就从非洲出发而散布于全球,并且把它改造成现在这个样子。当然,DNA 的说法现在也受到激烈的挑战,争论的关键在于:人类是单起源还是多起源?关于

劳塞尔的维纳斯　2 万多年前法国中部一个岩洞石壁上的浮雕图像

这个问题目前争论得非常激烈,并且很容易变成一个不纯粹是科学的问题,因为它和各国家的民族感情纠缠在一起。

在类人灵长类动物向人转化的几百万年时间中,人类祖先怎么生活?现在要复原出来几乎不可能。我们大概知道的是,早期人类靠渔猎采集为生,在几百万年的时间中,这种谋生手段非常有效。但是突然之间,他们放弃了这种生活,不再打猎,不再采集,而去饲养和种植,也就是说,他们以农业为生了。就我们现在能够找到的考古证据而言,最早的农业出现在一万年前,地点是在地中海东岸——土耳其山区、两河流域等地。最近一段时间,中国学者在浙江良渚发现那里的农业出现在一万年甚至一万多年前,当然还有待国际学术界的进一步认证。于是就产生了同样的问题,即农业是单起源还是多起源?西方学者长期以来说是单起源,但现在多数学者会接受多起源说,当然不是很多起源,只是若干起源。农业的起源地

— 农业的出现 —

古埃及谷物收获图

包括中东、南美、西非一些地方、南亚，还有中国。从作物情况来看：中东是麦类的起源地，包括大麦、小麦、燕麦等；中国是黍类、桑蚕的起源地，还有稻、稷、高粱等；南亚培育了薯类，南美则有南瓜、玉米之类。

但农业是如何出现的？这又是一个很大的问题。而最奇怪的问题在于，如果说一万年前才出现农业，那么在人类生存的三四百万年时间中，百分之九十九以上时间是靠渔猎采集为生的，也就是说不到百分之一的时间里人类才以农业为生。那么，为什么在那么长的时间中，都不能进入农业状态？我们经常说，那是因为生产力太低了，不能进入农业生产，要等生产力慢慢发展了，强大到足以产生农业的程度才会出现农业生产。但这里又出现一个逻辑问题：没有生产，哪里来的生产力？渔猎采集算不上生产，只是攫取，是从自然界里直接获得食物，而不是制造食物。严格地说，这种方式和牛羊在草地上吃草、虎豹在林子里捕食没有实质性区别，区别在于人能够利用制造出来的工具进行渔猎采集，而动物不会制造工具。因此，如果说生产力程度低、不足以产生农业，就不大说得过去。再有，即便到现在，地球上仍然存在着极少量的人群还处于渔猎采集的状态中，比如南美洲亚马孙大森林里的某些部落，他们人数极少，一个部落可能只有几十人、几百人，现在仍然以渔猎采集为生。非洲南部大沙漠里也有，特别是在西南非洲。太平洋岛屿特别是巴布亚新几内亚这些地方布满茂密的大森林，其中也有一些人以渔猎采集为生。那么，他们为什么始终没有进入农业呢？事实上，他们很早就和有农业的人群进行接触了，但是他们为什么不进入农业？

现在很多学者很好奇这样的生存方式是怎样的？而相关的材料也越来越丰富了。结果人们发现，渔猎采集的生活并不像人们想象的那么糟糕——没有吃，没有穿，饥寒交迫，整天饿肚子。相反，根据一些人类学家的说法，那种生活挺悠闲的，并不是生存无依、衣食无着。人们不需要做很多工作就可以吃饱肚子，平均每天三四个小时出去寻找食物就够了，足以维持生活的需要。他们的营养状况也挺好，不比现在的营养结构差，蛋白质、维生素、脂肪、矿物质等都很丰富。西南非洲是一片沙漠，跟我们西部的戈壁滩差不多，没有树林，没有草丛，一眼看过去望不到边，即便在那种地方，靠渔猎采集为生的原始人群，他们的营养状况也不差，地上爬着的很多小动物——蜥蜴、蝎子之类，都是很好的肉食品，仙人掌类植物则是很好的菜蔬。但这么一来问题就更严重了：渔猎采集可能不意味着艰苦，农业的出现也不意味着摆脱艰苦，那么，为什么要进入农业呢？

其实，农业劳动可能更加艰苦，"面朝黄土背朝天""日出而作，日落而息"，这些都是描写几千年

古埃及捕鱼图

的中国农民生活的民间谚语，可以想见他们的生活是多么艰苦！中国的情况是这样，其他地方难道不是这样？我们看基督教有这样一个故事，亚当和夏娃，他们原来生活在伊甸园里，不愁吃不愁穿，没有风没有雨，没有艰苦也没有困难，无忧无虑的。但后来他们自己不知趣，惹怒了上帝，被驱赶出伊甸园，上帝罚他们，要靠劳动为生，这就是基督教中的"原罪"，是上帝对人类的惩罚。这个故事就好像是一个寓言，它的寓意是：劳动艰苦，人因为不听上帝的话而被罚劳动。既然如此，人为什么要进入农业，进入以劳动为生的生存状态？

可能和人脱离动物界、开始成为"人"一样，人们面对着环境的挑战。在我们现有的知识范围内，地球上最早出现农业的地区在西亚，具体说是在伊朗高原、两河流域。距离现在大约3.5万年到1.2万年之间，地球上曾经有过一个冰期，当时人类已经在很多地方活动了，生存了很长时间。大约从1.2万年前开始，冰期慢慢过去，全球气候变暖，冰雪融化了，海平面上升，气候发生了重大变化，原来比较寒冷的地方变得温暖起来，其中包括伊朗高原、两河流域。这些地方原来都相当冷，天气变暖后，植被发生了变化，原来的植物不能适应新的环境，慢慢消失，或者数量减少了，新的植被开始出现，它们能够适应新环境。原来的动物也面临危机，它们在寒冷的气候中已经生活了几万年、几十万年，身上都披着厚厚的毛，太阳一出来，冰化了，天气暖和了，身上的毛却脱不掉——不像我们身上穿的毛线衣，想脱就可以脱掉。于是这些动物就往北走，走到比较寒冷的地方去，维持自己原有的生活。以渔猎采集为生的人从来都是跟在动物后面走的，大动物走到哪里，他们就会跟到哪里；当时人们最喜欢追捕鹿、牦牛、熊这些大动物，它们给人类提供了充足的食品。现在大动物往北走了，渔猎采集的人也要往北走，人跟在动物后面已经走了几百万年，现在还要继续走下去。可是终究有些人没有走，留在原地了，这种情况就好像当年东非大森林里的灵长类动物一样，有些跟着森林走，有些留下来没有走。走和不走的原因都是说不清楚的，人类当时有各种不同的选择；但是跟着

以狩猎、捕鱼、驯鹿为生的因纽特人

走的人和不跟着走的人开始变成两种不同类型的人，向两个不同方向发展。跟着动物走的人一直维持着原有的生存方式，渔猎采集，不需要改变自己的谋生手段，后来，他们可能走到北冰洋，成为现在因纽特人或者鄂伦春人的祖先，到今天仍然以猎取海豹、北极熊这些大动物为生。可是留下来的人呢，他们面对着严峻的挑战，因为他们的生存环境改变了，以前的食物越来越少，他们处在一个陌生的环境里，必须寻找新的食物。正是这些人创造出一种新的生存方式，是他们发展出了农业。

可以想象当时出现的情况：大动物走了，留下了小动物，比如山羊。山羊也是可以吃的，尽管没有鹿那么大，于是人们去追捕山羊。渐渐地，他们发现山羊比较温顺，愿意接受人提供的青草，人们捕获很多山羊，吃不完就带着走，慢慢地，就形成了畜牧业，驯化的家畜出现了。在更往南的地方，天气更加温暖，原有的植被发生变化，有些植物消失了，有些植物大量生长，而且长得很好。以前，人们对有些植物是看不上的，因为数量太少，吃起来很麻烦，还需要加工，比如野麦，那其实是一种野草，它们成片成片地生长，有点像狗尾巴草，狗尾巴草里面有小粒的种子，最早的野生麦子差不多就是那样，麦粒不比狗尾巴草的种子大多少。但是它们现在到处生长，人类就开始大量采集，慢慢地，他们越来越依赖于这些植物，并且有意识地去保护它们，比如把其他野草拔掉，把野麦留下来。接下去，人们可能给它松松土，挖挖坑，让它长得更好；再接着，就把麦粒丢在土里，把野麦"种"出来了，农业于是出现了！实际上人们早就知道植物果实掉在土里会长成植株，只是到现在，人们才有意识地"种"它们，让它们按照人的意志生长，而这就是农业。从采集到种植是一个非常漫长的过程，可能需要几千年时间。这个变化起源于生存环境的变化，人们为了适应新的环境，被迫"创造"出农业。

中东的情况是这样，其他农业发源地的情况应该也是这样。农业是一些突发事变引生的结果，人类为了生存，而放弃了渔猎采集的生活方式。

接下来我们看到：当野麦的种子收获多了，人们就去贮藏它，否则到了冬天，人们就无法生存。可是贮藏一旦出现，人的生活方式就会发生巨大的变化，就是人需要定居了。以前的人是跟在动物后面走的，动物到哪里，人就跟到哪里。现在不跟动物走了，人以种植为生，土地成了"财产"，收获也成为财富。一旦有了财产，人就不愿意四处流动了，人们守着财产，守着自己的"家"。农业一旦产生，定居就一定出现。畜牧的社会可以是流动的，比如像蒙古人、匈奴人就是那样；但农业的社会必然是定居的，而一旦定居，人口的数量就会增加，并且增长得很快。为什么呢？我们举这样的例子：一个流动的人群，每个母亲能带上几个孩子？最多是抱一个、背一个，这已经把她给累坏了，所以多余的孩子是要被丢弃的，人群的增长速度就很慢。但一旦定居，就可以养很多孩子，三个、五个甚至更多，只要有足够的食品给他们吃就行，而农业确实能做到这一点。但是农业的生产能力毕竟是有限的，随着人口增加，生存的压力就会增大，而解决问题的办法就是向周边迁徙，农业于是向四处扩张，逐渐传播到四面八方。农业社会的扩张力绝对不小于工业社会，只是速度比较慢，在一万年以前出现的农

— 文明的出现 —

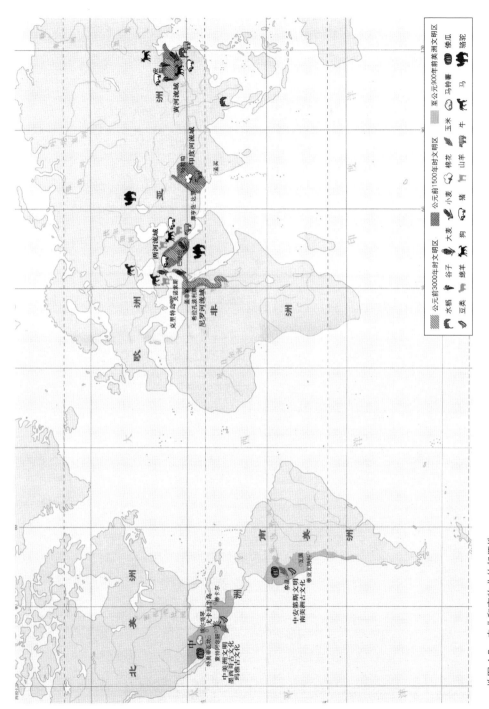

地图1.3 农业和畜牧业的起源地

业，经过9500年的时间扩张到地球上许多地区，而世界上所谓的"文明"地区，在很大程度上和农业地区相吻合，这就是所谓的"农业文明"。工业生产出现后，只花了大约200年时间就覆盖了整个地球，这是工业和农业的区别。不过农业直接引发了文明，把人类带进了文明阶段。

国家的出现，统治者的出现，职业的分工，村落和城市，也许还有文字……所有这些加在一起，就叫"文明"。

远古世界一定是出现过不少文明，出于各种原因，很多文明被消灭掉了，即使一些成熟的文明、比较强大的文明，在历史过程中也可能被其他文明兼并，或者互相融合。

文明像是一把火，在狂风呼啸的黑夜里，一支火把很容易被扑灭，可是如果有一片篝火、许多火把，火与火之间互相支撑，同时也彼此竞争，这样的火就不容易熄灭，或者说，彼灭此起。

第二讲

西亚、北非和文明的出现

◎ 两河文明的出现

◎ 苏美尔

◎ 巴比伦，亚述，新巴比伦

◎ 古埃及文明

上一讲我们说到，由于有了农业，食物就有了保障，开垦的土地越来越多，产量也不断增长，人们定居下来，生活比较安定了，可以养育更多的孩子，成活率也逐渐提高，这样，人口就越来越多。为养活这些人，人们就必须开垦更多的土地，于是在更多的地区出现农业。所以农业是一种扩张的力量，它要求越来越多的土地。

在西亚地区，最早的农业出现在丘陵山地，这是容易理解的，山丘地势较高，不易受水患侵扰，几百万年中，那里都是人类栖息的居所，而人就在这些地方最早发展出农业。但是如果农业出现后人口增长速度太快，

——
两河文明
的出现
——

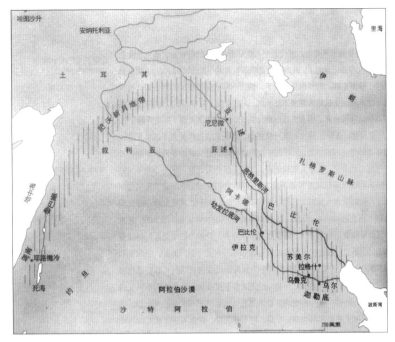

地图 2.1 　古代两河流域

就会形成生存压力，食物增长赶不上人口增长的速度，贫瘠的土地养不活更多的人，有些人就会沿着河流向下迁徙，比如去幼发拉底河和底格里斯河下游，也就是一般所说的"两河流域"，那里有冲积平原，土地非常肥沃，能够生产出很多粮食。

但是有一个很大的问题，就是这里夏天太热，黏土被太阳一晒，就结成坚硬的泥块，地面开裂，硬邦邦的一片，不能生长植物。所以在这个地方发展农业就必须灌溉，让土壤始终保持水分。于是，人们就需要在这里开沟、挖渠、引水，保证干涸的土地能够通过浇灌而使作物生长。

这样一来，许多问题就跟着出来了，人类有更多的事情需要处理，不仅是在地上拔草、挖土、丢种子了，而且需要组织生产，需要有组织地进行开沟、挖渠、引水，这些活动需要大量人工协同劳动，于是就需要一批专门的人——通常是比较聪明的人，或者有组织能力的人——出面来组织大规模的劳动。这样，"领导者"就出现了，他们是人类社会早期的"领袖"。

随着人口越来越多，定居点也越来越多，形成了一个一个村庄。村庄和村庄之间既需要协作，也会出现矛盾。大家想一想：同学住在一起，与隔壁房间就有可能闹矛盾，说不定还会吵架、打架；村庄之间当然更是这样，彼此的冲突总是有的。这样，人类社会就变得越来越复杂了，需要处理的问题也越来越多。为了处理这些事情，有些人慢慢脱离生产第一线，去从事专职的社会管理：有人吵架了，他就去调解；有人打架了，他就去制止。这些人可能就是"长老"，后来变成了"法官"或地方官。还有些人会指天说地，会预测未来，会帮助人们去摆脱精神方面的困惑或恐惧，这些人变成了"巫师"。还有人出面维持秩序，并且保护自己的村庄不受外来人侵犯；一个地方越富裕就越容易招惹别人的注意，一片富裕地区，招惹周围人垂涎羡慕，于是打家劫舍的事就出现了，结帮占地的事也会发生。老远的人跑来入侵，都是一伙一伙的，这样，"士兵"就会出现，需要他们去保卫村庄、保卫家乡。最后，一个复杂而庞大的共同体形成了，在这个共同体中，有领袖，有军队，有专职的法官或地方官员，有巫师，当然最基本的是农民，国家于是形成了，国王也就跟着出现，这就是早期的国家。

因此，随农业的发展而必定出现一种新的社会组织形式，它的名字叫"国家"。国家的出现，统治者的出现，职业的分工，村落和城市，也许还有文字……所有这些加在一起，就叫"文明"。农业本身不是文明，但农业一定引发文明，当然这是一个漫长的过程，需要几千年时间。因此我们在西亚看到的是：农业发生在大约10000年以前，国家却要到大约5500年以前才出现。现在人们有据可考的最早的"国家"出现在两河流域下游近海处，那个地方叫苏美尔。

文明出现的原因很简单，因为农业造成定居，一旦定居，社会就变得越来越复杂；为了处理这些复杂的关系，就需要有一种社会机制，也就是社会组织，因此国家就一定会出现。国家是一种复杂的社会组织，也是文明的标志；我们不能说国家是文明的唯一内涵，文明包含着广阔的内容；但国家的出现确实是文明诞生的明确信号，所以国家的出现很重要。

— 苏美尔 —

回到西亚。西亚最早的国家为什么出现在苏美尔？这和地理位置有关，这个地方的地理位置很有意思。人类的史前史，从三四百万年前到文明的出现，乃至此后相当长的时间中，地理因素一直起重要作用。越是在人类的早期，地理因素会越重要，因为人对自然的控制能力小，环境的影响当然就大。反过来，越到人类历史的后来，地理因素就越来越不重要了。

来看苏美尔地区，刚才说这个地方很有意思。它有方便的水、陆交通，是通往四方的大十字路口：往北，可以进入高加索，穿越过去就是东欧；往西可以通往中欧，再往西就到达西欧；往东，可以到伊朗和印度，甚至可以到中亚和远东；往南则是阿拉伯半岛，还可以进入非洲。而水路则连接着波斯湾和红海，通向印度洋；向西如果进入地中海，就可以进入大西洋。我们不要低估早期人类的行动能力，早期人类在聪明程度上绝不比现代人类差，那个时候的人虽然没有飞机，但流动的能力很了不得，我们直到最近才意识到，早期人类的活动能力非常强大，这让我们感到十分震惊。有很多证据说明这一点，比如，一个地方周围几百里没有岩石，离这里最近的石头也在几百里之外，可是在这里建筑起巨大的石头神庙，哪里来的石头？有人说是外星人送过来的，那只是说说笑话而已。远古人类的活动能力非常强，像这样的十字路口就是四方人类流动的中心、交往的平台，各种人从四面八方来到这里，有的从水路，有的从陆地，东南西北、海上陆上，只是还不能从天上过来。各种人群来来往往，不断交流，把各种思想和制度、物质和非物质的东西都传送过来了，这就催生了文明，并且让文明能够延续下去——很难设想在一个完全封闭的小地方和小小的一批人当中可以产生文明。

有人会问，这个世界上一定产生过许多文明，可是为什么我们现在看到的那么少？这个问题非常好。在远古世界一定是出现过不少文明，但是多数文明在出现之后，出于各种原因，比如灾难、疾病、地震、火山爆发、大水冲击、猛兽侵袭、敌对人群的进攻……诸如此类，被消灭掉了，即使一些成熟的文明、比较强大的文明，在历史过程中也可能被其他文明兼并，

苏美尔人的雕刻 描绘人们祈求水神保佑风调雨顺

或者互相融合。我相信,世界上被消灭的文明比存留下来的文明更多,情况一定是这样。汤因比写《历史研究》,其中提到一个重要的观点,他打了一个生动的比方,说文明好像是一群人在爬山,他们从山脚爬上来,我们看到的时候,他们正在半山腰一块突出的石头上休息,下面是万丈深渊,上面是千仞峻岭、是高不可攀的珠穆朗玛峰。这块石头上有好多人,其中有的在睡觉,有的坐着不动,也有一些在攀登。我们不知道这些往上爬的人当中有多少可以最终爬到山顶,可是我们知道最终能够顺利到达顶峰的,会远远少于跌下深渊而粉身碎骨的。这就是文明——被消灭的远远多于存留下来的。

可是在什么情况下文明最容易留存?那是在一个相对狭小的区域,一下子出现好多文明,各个文明之间的距离相差不远,在这样的区域里文明之间易于交流,有竞争也有合作,有学习也有争斗,这就形成一种机制,形成一种动力,残酷的竞争会刺激每一种文明都不断改变自己、学习别人,从而争取更好的生存机会。文明就是在这样的机制里生存下来了,否则就被消灭。没有刺激就没有进步,没有交流就没有创造,文明像是一把火,在狂风呼啸的黑夜里,一支火把很容易被扑灭,可是如果有一片篝火、许多火把，火与火之间互相支撑，同时也彼此竞争，这样的火就不容易熄灭，或者说，彼灭此起。文明就是这样的。

我们现在讨论的这个地区就是西亚地区，我们看到好多古代文明几乎同时出现：伊朗高原、两河流域、地中海东岸、安纳托利亚、高加索、北非，都出现了文明，这样的文明可以生存下来。中国的情况也一样，黄河、长江、云贵高原、荆楚之地，都出现过古代文明。我们有很多的传说，比如黄帝、炎帝、蚩尤、共工，等等，那些都是远古时期的部落首领，在最早产生文明的那一刻，活动在一个相对狭小的地域内，之间的关系有你死我活，也有友好往来，各种文明汇聚到一起，最终形成了中华文明。而在这个过程中，很多远古文明消失了，比如我们到今天都不知道三星堆文明究竟是怎么回事。我们知道的，远远少于我们不知道的，文明就是这样形成和发展了。地理因素在这里起着关键作用，苏美尔是人类交往的要害之处，各种人从四面八方汇聚到这里，于是就产生了最早的文明。

苏美尔文明是在公元前3500年左右产生的，离现在大约5500年，迄今为止，这是最早的两河文明，也是我们知道的世界上最早的文明。顺便交代：埃及文明出现在大约5000年前；接下来是印度文明，离现在大约4500年。中国有据可考的远古文明离现在大约不到4000年，应该是3600—3700年前，和我们通常说的5000年有相当距离。为什么是这样？因为确定文明的出现需要有一些硬性的要求，要么有当时人的文字记录（不是后来人写的文字），要么有非常坚实的考古证据。苏美尔文明有大约5500年以前留下来的文字记录，这是非常坚实的考古依据，当时已经有文字了，就是楔形文字，清楚地记载着苏美尔国家的存在。

到目前为止，中国有文字的记载是从殷商开始的，具体说是甲骨文，比这更早的出土器具上可能有一些类似文字的符号，但都很孤单，还不能判别为已经是文字。关于殷商之前、夏代的情况，至今没有找到文字记录，考古发掘只说明在那个时代大量存在着远古聚落，也就是人居住的地方，但这些发现都没有办法证明夏王朝的存在，所以到现在为止，"夏"仍然只

苏美尔的楔形文字

乌尔城塔庙遗迹　公元前22世纪至公元前21世纪

是传说。我们相信夏王朝是存在过的，但仍然需要寻找坚实的考古证据。这是一项艰巨的任务！

　　苏美尔有文字记载的历史是从公元前3200年或者更早时期开始的。在它早期存在的1000年中，大约有900年是城邦并立时期，许多小城市同时存在，它们是"城邦"，是一种早期的国家形态。那时已经有文字记录，记载了这些国家的活动。城邦之间的关系非常复杂，既有战争，也有交流，但没有出现统一的国家。后来，到公元前24世纪时，阿卡德在一个武士萨尔贡大帝的领导下统一了苏美尔地区，但很快又从伊朗来了一批入侵者，消灭了阿卡德，城邦之间再次混战，最后，一个叫乌尔的城市取得霸权，乌尔的统治延续到公元前2000年，也就是4000年之前。

　　公元前2000年左右，一个新的民族——闪族的一个部分，侵占了苏美尔和阿卡德地区，在巴比伦城建立起强大的国家，叫"巴比伦"，因为后来又出现一个巴比伦，所以这个巴比伦就叫古巴比伦，存在了大约400年时间，从公元前2000年到前1600年，相当于中国历史上的夏代，时间上几乎重叠。

——巴比伦，亚述，新巴比伦——

到了公元前 1600 年前后，有一批加西特人和赫梯人进入两河，他们属印欧人种。顺便说一下什么是闪族，什么是印欧人种。印欧人大家听说得比较多，今天的印欧人分布很广，高加索往北，欧洲大部分，基本上都属于印欧人种，伊朗和印度也属于印欧人。闪族其实大家也是知道的，只不过对"闪"这个概念不熟悉，今天的阿拉伯人、以色列人都属于闪族。闪族起源于阿拉伯半岛，进入两河流域就要往北走；印欧人生存在伊朗高原或更北方，他们进入两河应该往南走。两河出现文明之后变得非常富裕，两个种群于是不断争夺，都想霸占这块肥沃的土地。南边的闪族向北进攻，北边的印欧人向南进攻，这就使两河流域在远古时期非常混乱，这拨人走了那拨人进来。

再来看苏美尔。苏美尔人属于哪个人种？好像谁都不属于。苏美尔方言非常奇特，既不属于印欧语系，也不属于闪语系，有人甚至说它和古代汉语有点像，但这是我们无法判断的。

回到政治变更上来。公元前 1300 年左右，两河北部有一个小城叫亚述，当地人尚武，征服了整个西亚。亚述的统治延续了 700 年之久。接下来出现一个新政权叫新巴比伦，统治族裔是迦勒底人，也属于闪族。公元前 539 年新巴比伦被波斯人消灭，这以后古代两河文明就不存在了。自从波斯人夺权以后，两河流域就一直被外来人所统治，波斯人走后是希腊人，希腊人走后是罗马人，罗马人走后是阿拉伯人，远古两河本土文明再也没有恢复。公元 7 世纪以后，阿拉伯人主宰两河地区，伊斯兰文明成为主导文明。十八九世纪，又有一批新人跑进来，他们是现代的帝国主义分子，是英国人、法国人、

亚述巴尼帕狩猎图《杀死受伤的雄狮》

美国人等。古代两河文明早已消失了，现在只剩下辉煌的历史遗迹。

在文化和科技方面，古代两河的成就很大，包括艺术、宗教、法律等多方面。苏美尔人对人类的贡献包括一些新工具，比如轮和车，对生产发展和物质交流起了很大作用。车还用于打仗，而战争对于人类文明的刺激作用是很大的，它始终在刺激着各种新技术的发明，直到今天仍是这样，比如因特网，起初就是美国军队为改进通信能力而创造出来的一种新技术。在天文方面，苏美尔人发明了太阴历，根据月亮的运动把一年分成12个月，这跟中国有点像，苏美尔在太阴历方面有相当大的成就。

最早的文字也出现在苏美尔，是一种象形文字。起初文字就是画画，祭司在祭祀时把需要记录的东西画出来，好让后人也知道怎么祭祀。文字的另外一个起源是计数，比如城邦首领收了很多税，如何记录呢？他就画画。比如他收了20头牛，他就画一个牛头，再创造一个符号表示"20"。今天考古发现，看见古代一块石头上凿着两行窟窿，第一行5个窟窿，第二行4个窟窿，这些就是数字了，表示54，有点像中国的算盘计数。两行窟窿下面画一个牛头，这就代表54头牛。后来人们嫌画牛头太麻烦了，想简单一点，于是眼睛、额头、嘴就不画了，只画两个角，甚至一个角，角就表示牛。同样，表示吃饭，画嘴太麻烦，就画个圆圈，那就是"口"，象形文字就是这样发展出来的。后来苏美尔人想简化这些文字，就用刀斜着切削芦苇秆，形成一个椭圆形的斜面，用这个斜面在潮湿的泥板上刻画，划出像楔子一样的线条，这就成了楔形文字。楔形文字是从象形文字变化过来的，今天能看到的世界上最早的文字，就是在苏美尔出现的。

宗教也在苏美尔地区初显痕迹，我们看右图，图上是一些泥巴捏成的小人，两手抱胸，他们是在

苏美尔庙宇中膜拜者雕像图

刻有《汉谟拉比法典》的石柱

祷告,请求神明保护。苏美尔时期已经形成宗教了,最早的宗教证据就在这里;此外还有神庙,那也是宗教的证据。

古巴比伦最突出的成就是它的法律体系。《汉谟拉比法典》是世界上最早的有系统的法典,它的全文刻在石头上。这块石头很值得玩味。我们看左图:石头上部刻着两个人,坐着的是神,站着的是汉谟拉比,这意思是说,神把法典交给人间的统治者,让他去执行。在西方"法"的思想中,"法"是从神那里来的,人只是服从"法"和执行"法",在《汉谟拉比法典》石刻上,就已经看到了这个苗头。法典开宗明义就说:制定这部法典是为了追求公正和正义,让正义之光照耀大地,消灭一切罪恶、一切恶人,使强者不可以压迫弱者,弱者可以得到保护。说得很好,几乎和今天最好的法学思想一样。再看内容,如果把几百个条款归纳起来可以得出这样的结论:它的基本原则是"以牙还牙,以眼还眼"。一个人如果把别人的眼睛打瞎了,就应该把他的眼睛也打瞎;一个人如果把别人的牙齿打掉了,就应该把他的牙齿也打掉——这就是以牙还牙,以眼还眼,是不是很公平?可是用现代法观念审查,却还是有问题的。因为有些伤害是无意的,某个人站起来甩动一下膀子,把人家的牙碰掉了,那完全是无意的,但还是要把他的牙也打掉。现代的法律要讲究动机,但《汉谟拉比法典》不讲动机,那个时代的人对于公正的看法就是这样。还有一个问题就更严重了。根据这部法典,不同的人犯同样的过失,承担的责任会有不同:上等人伤害别人受到的处罚会小,中等人伤害了别人受到的处罚是中等,下等人如果伤害了跟他一样的人,受到的惩罚就很大,而如果伤害了上等人,那就不得了。法律上的不平等,这就是阶级!人有不同的身份,地位有高有低,在法典眼中,他们承担的法律责任不同,等级差别非常清楚。这样,法律

用楔形文字书写的《汉谟拉比法典》

的公正还有多少呢？但人类所有的法律都带有阶级色彩，一直到今天仍然如此。

第三个问题很奇怪，我们可以看出法典在保护商业，因此盗窃寺庙和盗窃商行都会被判重罪，商业的地位和神的地位一样高，这说明古巴比伦对商业很重视。不过一个人如果买东西买到了假冒伪劣的，他去告状，法官一定判买的人不对——谁让你买假货了？因此要受惩罚。这很奇怪，这怎么叫公平正义呢？卖假货的人不受惩罚而上当的人要受处罚，就好比你们今天买了掺有三聚氰胺的牛奶，那是你们的罪过，你们要受处罚的。你们去告状，不仅讨不到公道，还要判有罪！有些教科书上解释说，这是为了维护社会稳定，警告买东西的人各自小心，不要上当，上了当不可以吵架，应该忍气吞声，自认倒霉。我不知道这种解释有什么道理，不过在现代人眼里，这是很荒唐的。最后，法典中还有一些很有意思的规定，体现着一定程度的社会福利思想。它会照顾一些没有生活保障的人比如老人，甚至有这样的规定：如果一个人东西被偷，财产丢光了，人也受了伤，法律会要求地方政府帮助这个受害人。如果在现实中真的这样执行倒也是不错的，可以大大减轻受害人的损失。以上就是《汉谟拉比法典》中一些主要原则，但它最大的意义却在于，它是人类历史上最早的一部成文法典。

接下来看亚述。亚述这个国家尚武、很凶悍，在历史上留下不好的名声。

亚述人高超的雕刻艺术

提到亚述,人们就说它嗜好征服,凶残杀人,在西方文化传统中亚述仿佛是恶魔。亚述征服的手段和统治的残酷非常突出。可是我们也要看到亚述的另一面,比如它的艺术。上面两张图片都是亚述时代留下的艺术品,虽说场面都是战争或狩猎,但艺术价值很高,手法逼真。亚述新建了一个都城,叫尼尼微,非常漂亮,是建筑史上的一大奇迹,不过后来被敌人毁灭了。

最后看新巴比伦。我们特别要提到它的城墙和空中花园,它们都是建筑奇观,非常漂亮。城墙用琉璃砖铺饰,花纹图案中包括多种动物、花草,五彩缤纷。中国的城墙,最出色的是用城砖砌出来的,明以后才普遍采用,而元代城墙还是用夯土建筑,所以北京有西土城、北土城这些地名。但新巴伦城墙却用琉璃烧制,确实很稀罕。不过这样的城墙到底是为了打仗还是为了

巴比伦古城遗址

好看？我们却说不清楚了，但它确实很漂亮。除此以外还有一个空中花园，也是古代七大奇观之一。两河流域是黏土地，一马平川，夏天非常热，植被很少，在今天的伊拉克我们还能看到这种情况。空中花园是在这样单调无味的黏土地上修筑一个高大的花坛，平地而起，高高耸立，其中种上各种花草，四季生长，从远处看就好像是一个绿色的山丘，其实是一个大花园。设计中最大的问题是灌溉，为了解决这个问题，人们使用了多种机械装置，技术含量很高，把水从河里抽上去。古代两河文明就说这么多了。

继两河之后，埃及也是最早出现文明的地方，我们先讲埃及的政治变迁。古代埃及国家形成于公元前3100年，大约是5000年之前，但此前尼罗河地区应该已经有国家存在了，只是缺乏文字记录。根据传说，尼罗河流域在很长时间里分为上、下两段，存在两个国家，南边是上埃及，北边是下埃及。上埃及的首都在底比斯，下埃及首都在孟菲斯，今天的开罗属于下埃及。大约在公元前3100年，上、下埃及统一成一个国家，这是最早的古埃及王国，人们把它叫作早期王国。此后大约两千年时间，古代埃及国家一直延绵生存，没有出现重大变化。这种情况和两河不同，两河一直在动荡，不同人群进进出出，你出来我进去，战乱不已。而埃及却相当平静，从早期王国开始，历经两千年而几乎不变，这是很令人惊讶的。

大家可能还没意识到"两千年"意味着什么，比较一下：从耶稣元年到现在（2012年）是多少年？两千零一十二年，这样漫长的一个时期，世界上发生了多少变化？可是埃及古代国家却一直存在、很少变化，这是难以想象的。人们说是地理因素在起作用：古埃及以尼罗河为轴心，沿着尼罗河形成国家，尼罗河每年定期泛滥，河水在每年的几乎同一天泛滥，然后又在每年的几乎同一天消退。河水这样有规律的泛滥对于埃及来说是大好事，河水带来大量淤泥，等于是给两岸土地覆上一层肥沃的土壤。一旦河水落去，肥沃的土壤就是良田，种什么都可以，随便种一下就可以吃之不尽用之不尽。这种定期的河水泛滥让埃及人觉得自然界给他们的恩赐太大了，一切都有保障，一个稳定的社会就建筑在这样一种稳定的自然环境中。

— 古埃及文明 —

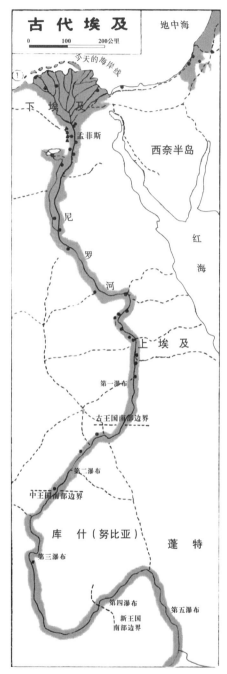

尼罗河东面是红海，虽然是一道狭窄的海域，在古代却是难以跨越的。后来《圣经》中说，摩西带领以色列人渡过红海来到西奈半岛，这叫"出埃及记"。可是在古埃及时代，狭窄的红海无法穿越，形成一道天然的屏障，保护了埃及东部。埃及北面是地中海，既然连红海那道狭窄的海域都很难穿越，那么地中海就更是不可逾越了，没有人能渡海进埃及。埃及西面是利比亚，前些时候西方人对利比亚动武，干涉该国内政，推翻了卡扎菲政权，当时叛军从班加西向首都的黎波里进攻，中间隔着500公里的沙漠，如果不是西方动用飞机从空中打击卡扎菲的军队，消灭了他们的战斗力，这500公里沙漠就很难穿行；"二战"时，英国的蒙哥马利和德国的隆美尔就在这沙漠里大打出手，打出了"二战"中最著名的战役之一，所以沙漠也是一道天然屏障，从西面保护埃及。再看尼罗河本身：从底比

地图 2.2 古代埃及国家分布图

斯向南就出现阶梯式河床，一路向上，换句话说，是南边高、北边低，如果从南方沿河而下，到一个地方就下不去了，那是一个大瀑布，船只需垂直向下才能再随着河水往下游走，可是走不了多久又是一个大瀑布，所以尼罗河并不是一条方便的通道，让人们任意往来。溯尼罗河而上，越向南就越深入热带雨林，那又是一个大屏障，从南方保护埃及。所以，在技术不发达的古代，埃及是被封闭的，上天赐予它肥沃的土壤，又给它封闭的地理环境，埃及文明就是在这样一个地方孕育出来的，延续两千年之久而几乎不变，所以不足为怪——古代埃及真所谓"得天独厚"。

当然，我们说古代埃及国家历经两千年之久而几乎不变，并不是说在两千年中没有政治变迁。公元前3100年左右出现统一国家后，经历了两个王朝，就是第一王朝和第二王朝，它们是"早期王国"。关于这个时期的情况人们知道得非常少，因为留下来的资料寥寥无几。接下来进入"古王国"时期，包括第三到第六王朝，这时，形成了以法老为中心的专制制度，法老的权力至高无上；"法老"就是国王，埃及的国王称"法老"，但这个词不是埃及人自己使用的，是后来希腊人打进埃及、控制了埃及，才把埃及国王称为"法老"。埃及古代政治制度有个非常突出的特点：法老被等同于神。对神的崇拜也波及对法老的崇拜，既然国王等同于神，那么他就权力无边、法力无边，这是理所当然的事。

第五、第六王朝时，

埃及第四王朝时期的王子王妃雕像

中央权力受到各地"州长"的挑战。从理论上说，州长应听命于法老，但如果碰到不很强势的国王，地方势力就开始增长，挑战中央权力，最终引发内乱，类似的情况在中国古代也是有的，在其他集权国家也会有——当然不集权的国家从来都是一派混乱，就如同西欧的封建社会那样，这个问题以后讲。回到古埃及。州长势力做大以后出现混乱，各地州长争权夺利，结果形成内战，由此进入"第一中间期"，就是在"古王国"和"中王国"中间的那一段时期。这段时期大约为时 150 年，非常混乱，中央政权名存实亡，各地军阀混战，短命王朝一个接一个，如走马灯一般。所以尽管只有 150 年，却经历第七至第十共四个王朝统治。类似情况在中国古代也出现过，比如大唐帝国灭亡后，梁、唐、晋、汉、周都是短命王朝。公元前 2050 年，又一个强势君主在埃及出现了，国家再度统一，经历了第十一、第十二两个王朝，它们是"中王国"。第十二王朝非常重要，被看作古代埃及的辉煌顶点。"中王国"时期，中央权力不像古王国时期那样强大，中央政府存在，却不能专权，地方势力也很大，结果形成平衡，这被西方历史学家称为"埃及的封建时期"。这个叫法让中国人感到很困惑，怎么会是"封建时期"呢，因为中国的"封建社会"好像王权很强大。这种叫法，和西方关于"封建"的概念有关。在西方概念中，"封建"是指权力分散，因此不集中的权力就应该是"封建"的；"中王国"大约 300 年时间里中央和地方分权，所以被叫作"封建时期"。这是埃及的黄金时代，文化和社会高度发展、高度繁荣，也是经济发展的成熟期，是古埃及文明的辉煌制高点。

十二王朝之后又出现一个混乱时期，似乎是应了《三国演义》中的一句名言："分久必合，合久必分"。这个混乱期和"第一中间期"有一些不同，即内部的分裂引来了外族的入侵。前面我们说过古埃及地理环境特别好，四面都有屏障，保护了埃及的稳定。但是到公元前 18 世纪时，一些新技术出现了，特别是骑马打仗的技术，这比走路打仗威力大得多，对步兵的冲击力极大。在冷兵器时代，一队骑兵冲过来，步兵往往无法抵挡，13 世纪蒙古人在亚洲北部草原崛起，横扫欧亚大陆，用的就是骑兵战术。骑

象征强大王权的拉美西斯二世雕像

马打仗的技术在远古就出现了,最早出现在西亚山地。公元前18世纪,埃及北方有一拨人叫西科索人,骑着马从伊朗高原南下,穿越两河流域,沿地中海东岸进入埃及,埃及的地理优势立刻就消失了,因为马的行进速度快,迅速造成埃及的混乱。这次混乱延续了200多年,历经第十三至十七共五个王朝;外来入侵严重冲击了埃及社会,宁静的埃及文明也在冲击中发生变化。到混乱结束的时候,埃及本地人不堪重压,开始反抗,最终把西科索人赶走了,国家再次统一,并且再次出现强大的王朝。从公元前16世纪到公元前11世纪,经历了第十八至二十共三个王朝;第十八王朝特别强大,正是在这个王朝的领导下埃及人赶走了入侵者,恢复了自己国家的统治。

这以后是"新王国"时期,埃及政治上出现前所未有的专制政体,比以前任何时候都专制得多。"新王国"时期还有一个特点,就是埃及人学会打仗了,在抗击西科索人的斗争中埃及人学会了打仗。以前埃及人太封闭,不会打仗,但是一旦学会打仗,他们就变得喜欢打仗了,先是被别人侵略,接着去侵略别人,埃及开始向外扩张,结果形成一个帝国,埃及的统治范围延伸到后来的巴勒斯坦地区，包括现在的叙利亚、黎巴嫩、巴勒斯坦国和以色列。但是这种扩张把埃及暴露在其他人的觊觎之下，各方人群都开始垂涎埃及，到公元前 10 世纪，利比亚人打过来，在埃及建立了蛮族王国，当时利比亚是蛮族之地，毫无文明可言。接下来努比亚人也打进来，努比亚人原本居住在尼罗河上游东部，是埃及南面的一个族群，也属于蛮族。如果只是蛮族入侵，那么问题就不算严重，因为埃及的文明程度高，足以同化这两个蛮族。但是接下来的情况就不同了，其他文明族裔开始进攻埃及，公元前 671 年亚述征服埃及。亚述是两河地区最凶悍、最能打仗的国家，它统治埃及虽然只有 8 年，却对埃及造成巨大的破坏；尽管埃及人很快恢复了自己的统治，但埃及国家已经摇摇欲坠了。公元前 525 年波斯消灭埃及，这以后埃及被并入波斯帝国，标志着古埃及国家的终结。后来，希腊人取代波斯人，罗马人又取代希腊人，古代埃及文明消失了，其他文明进入，成为主导性文明。最后，是阿拉伯人统治了埃及，这已经是公元后 7 世纪了。

今天的埃及不是古代的埃及，今天在埃及这个地方，虽然可以看到古代埃及的文明光辉，有许多古代埃及的文明遗址，但今天的埃及不是古代埃及的直接继承者，它掺杂了很多因素，包括波斯的、希腊的、罗马的、伊斯兰的。现在，伊斯兰文化是埃及的主导文化，埃及是一个伊斯兰国家。

最后提一下希伯来文明，更详细的情况我们以后再讲。希伯来文明形成于地中海东岸，就是今天的以色列—巴勒斯坦地区。这个文明对后来西方文明的形成和发展产生直接的影响，尤其在精神领域极为深刻。古代希伯来文明出现在亚洲，它属于"东方"而不是"西方"，古希伯来人是一个东方民族，隶属于今天"中东"这个地区。西方文明的发源地在"东方"，这是我们下一堂课要讲的问题。

神话和人类的史前史有关系,这是现代神话学的一个共识。

希腊神话中关于欧罗巴和公牛的故事里隐藏着某些古代的事实。

关于欧洲文明起源的问题,被隐隐约约地连成了一条线。

第三讲

欧洲文明的起源

◎ 欧洲文明的渊源
◎ 神话与真实
◎ 希腊的政治发展
◎ 城邦与战争

大家会觉得奇怪,讲了两次课,还没有讲到"西方"!我们介绍"西方"文化,可是直到现在还在讲"东方",连西方的边都没有碰上。这堂课终于要讲西方了,"西方文明"现在就出现。

大家会问:既然讲西方文明,为什么先从东方讲起?当然这里的"东方"指中东,而不是远东,不是中国、日本,或南亚、印度。在古代欧洲人的脑子里,东方是指中东。但为什么从中东开始讲呢?那是因为西方人都这么说,西方人认为中东的早期历史属于他们的文明历史。大家觉得奇怪,西方人总是不讲理;但如果他们不这么说,西方的文明就有点短,充

— 欧洲文明的渊源 —

其量只有3000多年历史，于是他们就把古代的两河文明也包括进去了。不过这个地方现在却很穷，西方人就不认它了。他们说，这个地方不是西方，而是东方，他们的文明不是我们的文明。古代的文明是他们的，现在的文明不是他们的，西方人总是很有道理。

但是，中东地区和西方文明有没有关系？确实有，说西方文明的源头在东方，的确不算错。先讲一个故事：

希腊这个地方有一座山，叫奥林匹斯山，山上住着的不是人而是神，众神有一个首领叫宙斯，他负责管理这些神，也负责维护人间的秩序。为此，他在空中走来走去，巡游视察，看什么地方发生了什么事，乘职务之便，他也顺便看看地面上有没有漂亮的小姑娘。有一天，他确实看到一个漂亮的小姑娘正和一群女孩子玩耍，那些女孩都是她的侍女，这个姑娘是腓尼基国王的女儿，叫"欧罗巴"。腓尼基在今天地中海的东岸，差不多就是黎巴嫩这个地方。大神宙斯看到欧美丽又可爱，就变身为一头公牛。小姑娘看它光泽铮亮，而且温文尔雅，于是就走过去，用手抚摸它。公牛显得很温顺，舔一舔她，还跪下来，让小姑娘骑上去。不过等她爬上公牛的背，牛就猛地站起来，狂奔到海边，海水分成两半，每边都巨浪滔天，中间劈开了一条路。公牛狂奔了两天一夜来到一块陆地，登陆之后现出原形，原来就是宙斯。小姑娘没有办法，只好接受宙斯的求婚做他的妻子；其实宙斯有很多妻子，现在只是又多了一个。小姑娘登陆的地方后来就以她的名字命名叫"欧罗巴"，中国人把它翻译成"欧洲"。不过，这个地方应该是今天的克里特岛，当然它属于欧洲。

欧罗巴被劫　卡萨利 绘

大家觉得很奇怪，我们只是说了

一个神话，而神话有点胡编乱造；那么，我们为什么要说欧罗巴在克里特岛登陆呢？为了说明这一点，我还要再讲一个故事：

古代，希腊以南的地方有个米诺斯王国，国王是宙斯与欧罗巴的儿子。这个国王非常能干，对老百姓很善良，米诺斯王国繁荣富庶，国泰民安，大家都高高兴兴，没有战争，是一个非常安宁与和平的国度。但是不知道从哪里来了一头怪牛，是半人半牛怪。它脾气暴躁，动不动就发火，还要吃人，国家被扰得不得安宁。米诺斯国王想出一个办法，他建造了一座迷宫，把牛关到迷宫里，这以后它就出不来了，国家又恢复了平静。但什么是迷宫呢？有同学去过圆明园，那里有一个皇帝和妃子做游戏的地方，一圈墙套着一圈墙，每圈墙上都有一些缺口，人一旦进去以后就很不容易出来，那就是迷宫——当然米诺斯的迷宫是根本出不来的。怪牛关进去以后，天下就太平了。

这又是一个神话！不过这个神话中的人物与第一个神话中的人物有关系——希腊神话的特点就是这样，所有神话故事都可以串到一起，最终编织成一个完整的体系。尽管如此，神话终究是神话。可是在19世纪末20世纪初的时候，人们发现其中很多传说有事实的依据。有一个英国考古学家坚信克里特岛上曾经存在过米诺斯王国，他带着一批人去发掘，果然找到了迷宫，这就证明至少关于迷宫的说法是确凿的。他继续发掘，又发现了米诺斯王宫，而王宫的式样和规模都很了不起，证明在这个地方确实存在过繁荣的国家。再挖掘，结果把城市挖出来了，于是就充分证明了一个古代国家的存在。经过多年的考古，人们逐渐知道了这个国家是怎么建立的，这个地方的人是从哪里来的，这里的文明大概发生在什么时候。现在人们知道，这里的人来自地中海东岸，大概是现在的黎巴嫩和叙利亚。可是这样一来就很有趣了：欧罗巴是腓尼基国王的女儿，腓尼基在哪里？差不多就在黎巴嫩！看来，传说中确实隐含着真实的成分，传说是古代人类的记忆，用神话的形式记录下来，流传给后代，成为后代的神奇想象。神话和人类的史前史有关系，这是现代神话学的一个共识。

米诺斯王宫

因此，希腊神话中关于欧罗巴和公牛的故事里隐藏着某些古代的事实。现代考古学已经证明，克里特岛确实是欧洲最早出现文明的地方，但克里特人从哪里来？恰恰来自地中海东岸，是古代腓尼基人的地方；欧罗巴这位古代腓尼基王的女儿，她的神话中一定浓缩了某些远古的真实。可以相信，克里特岛的文明来自地中海沿岸，至少是受到那个地区的实质性影响；克里特文明早于希腊文明，而欧洲最早的文明确实出现在克里特——这样，关于欧洲文明起源的问题，被隐隐约约地连成了一条线。

欧洲人长期相信希腊文明出现在公元前800年左右，相当于中国的西周晚期。那时确实出现了文字的记载，说希腊已经有国家，产生了文明。希腊国家叫"城邦"，是城市国家，每个国家都以城市为中心，连同周边的农村，形成独立的政权。但这种信念后来被人们打破了，人们发现希腊文明要早得多。早到什么时候？又要说到奥林匹斯山上的众神了。根据希腊神话，海的女神忒提斯与地上的英雄帕琉斯结婚（"英雄"是半人半神，不是普通的人），为此大摆宴席，宴请所有的神。但她忘记了厄里斯——"纷

— 神话与真实 —

争女神",厄里斯专门掌管制造矛盾,也就是"是非之神",这样就惹出麻烦来了。厄里斯不请自到,在婚宴桌上放了一个金苹果,上面写着"献给最美丽的女神"。但谁是"最美丽的女神"呢?女神中出现三位竞争者。第一位是天后赫拉,宙斯的正妻;第二位是雅典娜,智慧之神与雅典城的守护人;第三位是美的女神阿芙洛狄忒,也就是爱神,罗马人把她叫作维纳斯。三女神争执不下,就去找宙斯评判。宙斯说:这不归我管,你们去找一个人,他住在特洛伊城,是特洛伊国王的儿子也就是王子,他一眼就能看出你们当中谁最漂亮。

三女神于是去找特洛伊王子帕里斯,她们都想当上最美丽的女神,于是就去贿赂他——神也会贿赂啊,而且是在古希腊呢,可见不正之风盛行已久!赫拉说:你让我当上最美丽的女神,我就给你权势——赫拉是天后、宙斯的妻子,所以她说这样的话。雅典娜说:我给你智慧,让你当最聪明的人。最后阿芙洛狄忒对帕里斯说:我给你天底下最美的女人,只要你说我是最美丽的女神。帕里斯很喜欢,就说:好,我要她。于是,阿芙洛狄

帕里斯的评判 弗拉克斯曼 绘

根据《荷马史诗》制作的装饰画　画中人物是斯巴达美女海伦和特洛伊国王

忒成了最美的女神。但最美的女人在哪里呢？在斯巴达，斯巴达是一个希腊城邦，斯巴达国王的妻子是天底下最美的女人，她叫海伦。阿芙洛狄忒履行诺言，她把海伦拐骗到特洛伊，交给帕里斯，帕里斯于是得到了海伦。但希腊人却无比愤怒，所有的希腊人团结起来，要血洗这个奇耻大辱。在迈锡尼国王阿伽门农的带领下，希腊所有城邦组建联军，浩浩荡荡前往特洛伊，把城围起来打了十年仗，还是没能打下来。最后，有人献了一个木马计，木马里藏着的希腊勇士在半夜里冲出来，里应外合，攻下了特洛伊城。

特洛伊的故事在希腊神话里非常著名，这个故事写在荷马的一部史诗中，也就是《伊利亚特》。同学们觉得奇怪，我通篇讲希腊神话，这跟西方文明有什么关系？看起来没有关系——神话是神话，文明是文明，但神话与文明竟可以紧密地联系在一起：19 世纪 70 年代，德国人谢里曼证明了《伊利亚特》不是"诗"，而是"史"。谢里曼从小喜欢读《伊利亚特》，读得十分入迷，心想以后只要有可能，就一定要去寻找特洛伊城。后来他经商，赚了一大笔钱，便开始寻找特洛伊城。他采用的方法很荒唐：拿一张大地图，对照《伊利亚特》故事里的描写，用一支笔、一把尺，按照故事的叙述在地图上画线，最后把希腊军队的行军路线标出在地图上，最终指向土耳其西北角一个不毛之地——当时那里是一片黄沙，还有一个土堆。谢里曼相信这就是当年的特洛伊所在地。于是他找来一批人挖掘，挖了一个月，什么也没有，再挖几个月，还是什么也没有，继续挖下去，居然挖出东西来了。当时，大家都觉得这个人脑子不对，怎么会相信荷马传说是真事？但结果却让所有的人都大吃一惊：特洛伊城确实是给挖出来了！挖出来的地方，和《荷马史诗》所描写的城市——其街道、布局等——基本一致，这就有力地证明了特洛伊战争确实曾经发生过，而荷马传说中隐藏着许多历史事实！由此，整个世界为之哗然，对神话的看法也发生了改变。接下来，谢里曼一不做二不休，又跑到希腊去发掘迈锡尼城。在《荷马史诗》中，迈锡尼国王是希腊联军的指挥官，他带领联军攻打特洛伊城；迈锡尼如果找到了，就更加证明了《荷马史诗》的真实性。谢里曼真的非常幸运，这一次，他在希腊一个叫"迈锡尼"的地方挖掘迈锡尼城，结果不仅找到了迈锡尼，而且挖出一个黄金宝库，那里的许多墓葬中藏着大量黄金，而这也让他大大地发了一次财。谢里曼靠着相信荷马而证明了荷马，这在考古学上是一次奇迹！

现在我们知道，特洛伊战争大概发生在公元前1250年，比人们以前认为的希腊文明发生的时间（公元前800年）早了400多年，并且，此前还有更加古老的文明存在。就在迈锡尼文明形成之时，希腊更南部的地方已经有更早的城市存在，它们形成于公元前1600年左右。而迈锡尼文明与克里特文明是什么关系呢？克里特文明比迈锡尼文明还要早，但后来迈锡尼文明消灭了克里特文明，这在《荷马史诗》里也有记载；克里特文明被南部希腊所接受，我们把这个时期叫作克里特—迈锡尼文明。希腊的这个部分是整个欧洲最早的文明所在地，而这个地方的文明又起源于地中海东岸。于是，中东和现在的欧洲在文明上是有联系的，欧洲出现文明，是受到了中东文明传播的影响。当然，关于欧

迈锡尼的狮子门

荷马雕像

罗巴和公牛的神话是没有办法证明的，但文明传递的脉络现在大体上知道了。

最后，《荷马史诗》从哪里来？为什么《荷马史诗》里隐藏着那么多真实的成分？可以这样设想：特洛伊战争结束后，也就是公元前13世纪，参加过战争的战士们回到家中，那是段光荣的历史，战士们返乡，会把他们看到的、听到的、亲身经历的事讲给乡亲们听，其中还有些胡编瞎造的传说，如海怪、女神之类。有人觉得好玩，就再讲给其他人听，结果故事就越传越离奇了。慢慢传到"行吟诗人"那里，也就是说书、卖唱的那些人耳中，他们是以讲故事为生的，四方游荡说书卖唱，说得好村民就拿面包给他们吃，说得不好就把他们赶走，所以他们就会不断地把故事编得更加离奇、更加丰满，越编越神奇，金苹果和复仇女神都出来了。最后，有人将所有这些故事汇集在一起，就成了《伊利亚特》和《奥德赛》。再到后来，人们说这个编故事的人是个盲人，叫"荷马"，他因为双目失明做不了其他事，就专门靠说故事为生，《荷马史诗》由此出现了。但荷马存在过吗？我们的确不知道，也许"荷马"是很多人、是很多盲人，也许只是人们想象中的一个人。但是从特洛伊战争到《荷马史诗》的出现间隔了好几百年时间，在《荷马史诗》出现时，希腊文明已经发生变化，那时是公元前9—前8世纪了。

特洛伊战争以希腊的胜利而告终，但对于希腊城邦来说，持续了十年的战争依然带来巨大的损耗——试想，如今的超级大国美国在伊拉克打了十年仗也大伤元气，当年的希腊城邦怎能经得起战争的长期折磨！在这个背景下，北方有一批蛮族乘虚而入，他们是多利亚人；希腊无力抵抗，于是，就在特洛伊战争结束后约50年，多利亚人消灭了早期希腊城邦，而特洛伊、迈锡尼这些地方也就永久消失了，被深深地埋藏在人们的记忆里。

此后，希腊进入大约400年的"黑暗时期"，有文字的记载断裂了，后人无法了解其中的情况。像这种文明中断的现象在人类历史上不止一次出现，比如印度最古老的文明因为"雅利安人"的到来而消失，新的文明需要重新萌生。印度文明有一个重要的特点是种姓制度，在这

反映亚瑟王和圆桌骑士传说的绘画

个制度下，社会最底层的人叫"不可接触者"，是贱民，今天被称为"表列种姓"，只是比较好听一点而已——他们就是被消灭的古老文明的后裔，雅利安人征服之后，把他们变成了奴隶。在英国，盎格鲁-撒克逊人入侵后也进入约200年的"黑暗时期"，直到现在我们都不知道那段时间里发生了什么，流传下来的只有一个"亚瑟王与四十圆桌骑士"的美好传说。

回到希腊。"黑暗时期"过去了，城邦又重新出现了，不过这时的希腊人已经是带着蛮族血统的新人了，这些人，才是我们现在所说的"希腊人"。公元前800年左右，希腊存在着好多城邦，包括斯巴达、底比斯、雅典等，希腊半岛没有多大，却存在着几百个城邦，每一个城邦都有一个独立的政府，事实上就是一个独立的国家。这种国家与后来人们知道的人口众多、行政统一、资源丰富、机构复杂的国王或总统的国家不同，与同时代世界其他地方存在的国家比如埃及、波斯也不同。希腊是一个以城邦为基础的"希腊世界"，它只在和其他地方发生战争的时候才是"希腊"，否则就只是一些城市国家，分别叫"雅典""斯巴达"等。这些城邦有许多共同之处：第一，大家都讲希腊语，所以走到哪里都能听懂别人的话；第二，相互之间总是在不断打仗，你打我、我打你，不过有一个休战时期，就是奥林匹克

— 希腊的政治发展 —

斯巴达步兵对垒图

运动会期间,到了那个时候,所有的希腊人都不打仗,借此来表达共同的身份。不过,体育场上还是有对抗的,只不过是体育对抗,而不是战争对抗,谁比赢了,就等于把其他人打败了;第三,当外来敌人入侵时,所有的城邦都会团结起来,组成共同的希腊联军,希波战争就是这种情况,只有在这种情况下,"希腊"才是一个共同体,才具有"希腊"的真实含义。

城邦中最大的大约有 6000 平方公里,那是斯巴达;接下来是雅典,2000 多平方公里,与香港差不多,所以都不是大地方。其余的就更小了,面积只有数百平方公里,如果要在中国的土地上摆满城邦,要摆上好几万个才行,否则 960 万平方公里怎么填得满?但正因为小才能成为城邦,否则就应该是帝国了。城邦的人口也很少,雅典在人口最多的时候大概有 30 万人,斯巴达最多时达到 35 万——这个数字是很小的,现在北大的校园里应该有四五万人了。

城邦的政治制度很有意思,这里介绍两个城邦:雅典与斯巴达。斯巴达三十几万人口中只有 8000 多公民;这 8000 多公民应该是从北方南下的多利亚人的后裔,他们征服了当地居民,称这些人为"希洛人",意思是国家奴隶。希洛人不可以离开自己的土地,没有公民权,也没有国家义务,他们不参加战争,只是为斯巴达人种地,养活那 8000 多个公民。公民负责管理与保卫城邦,这既是他们的权利,也是他们的义务。他们选举 30 人组成长老会议,这是国家大政方针及政策制定和裁决的机构,成员只能在 60 岁以上的男性公民中挑选,其中包括 28 个长老、两个国王,但国王没有实权,唯一的职责是在战争爆发时率领军队出征打仗。设立两个国王是为了权力制衡,一个国王就可能大权独揽,变成后来的拿破仑。长老会议之外,所有其他公民组成公民大会，这是斯巴达最高的权力机构，决定城邦的最高事务。此外还设置5个监察官，负责日常行政，逐年改选换届。

雅典的情况有所不同，很长一段时间里它都是一个贵族统治的城邦国家。"贵族"这个词需要做一点说明，它和我们通常理解的不一定相同。希腊城邦起先建立在氏族的基础上，氏族以血缘为纽带，按父系或母系确定成员资格。在氏族制度下，夫妻分属于不同的氏族，家庭是被拆开的，一家人从身份上说不一致，经济利益和社会利益也不完全一样。但在以地域为基础的国家日益完善后，家庭会变得越来越重要，逐渐成为社会的基本单元，氏族社会也就慢慢瓦解了，但氏族的观念仍然会存在，任何人出身于哪一个氏族，大家心中都很明白。有一些氏族自古以来就高人一等，它们是"高贵的氏族"。这种氏族里的每一个成员都是贵族，整个氏族是贵族。这种情况和中国古代不一样，比如《红楼梦》里贾宝玉的祖父为皇帝打仗，立了战功受封荣国公，他这个人成了贵族，一家子也跟着他成了贵族家庭。希腊的"贵族"不是一种个人的身份，而是一种氏族的身份。

在希腊，所有城邦开始时几乎都由贵族掌权，也就是说，由属于贵族的氏族掌权。公元前500年左右，贵族和非贵族之间的矛盾越来越尖锐，危及城邦的稳定，于是有一个政治家梭伦进行改革，把以血统为基础的政治结构改变成以财产为基础的政治结构，也就是财产决定政治权利。这样，富人的地位就提高了，贵族则受到打击。梭伦改革得罪了许多人，因此在梭伦死后情况又变回去。不过变革的趋势却未能停止，公元前480年左右，公民大会取得雅典的最高权力，公民大会是雅典所有公民都可以出席的一种集会，它取得最高权力，就意味着所有雅典公民都可以参与决定城邦的最重要事务。因此，后来很多人说雅典的制度是民主制度，与斯巴达的制度完全不同。公民大会还选出500人组成长老院，并从这些人中选举执政官，任期一年。从理论上说，每一个雅典公民都具有同样的政治权利，也承担相同的社会职责。

但关键是雅典有多少"公民"？只有4万人。雅典总共有30多万人口，

反映梭伦改革前夕贵族就雅典社会问题激烈辩论的油画

其中4万是公民,占总数的1/8或1/9,这样就出现问题了。其中的原因,首先,雅典是奴隶制社会,奴隶占人口的多数,奴隶没有任何权利,和在斯巴达的情况是一样的。其次,人口的一半是女性,在当时希腊人眼里,女人不属于"人",当然不会有公民权。再次,未成年人也不具备公民资格,所以在30多万人口中,就只有4万多公民了。从理论上说,这4万人具有平等的政治权利,他们中的每一个人都应当为城邦效劳,可以并且有责任承担公职。

但实际情况却没有那么简单,问题在于任公职者不拿工资、没有俸禄,穷人于是不愿干——整整一年没有收入,穷人的生活如何维持呢?结果愿意承担公职的就只剩下富人了,雅典由此而成为富人掌权的国家。人们从来都把雅典看作西方民主制度的起源,可是在"民主"的源头上,我们就看到了金钱的力量。有钱人不一定是血统上的贵族,但他们是金钱上的贵族。

另外一个问题是雅典和斯巴达的比较。西方主流话语说斯巴达是寡头政治,雅典是民主政治,至今西方人都赞美雅典、贬抑斯巴达。当然,斯

伯里克利像

伯罗奔尼撒古城堡遗迹

巴达只有8000人享有公民权，而雅典有4万，但就本质而言，它们有什么区别呢？一个城邦的1/8是公民，另一个城邦的1/40是公民，我们就说这个城邦好、那个城邦不好，岂不是典型的五十步笑百步或者二十五步笑百步？可是西方人为什么贬低斯巴达、赞扬雅典呢？其实是把雅典的制度概念化、抽象化了，作为意识形态来使用。斯巴达有王，雅典没有，但斯巴达的"王"是打仗的，相当于将军，并不是后来意义上的国王、君主。雅典领兵打仗的是将军，在雅典，所有公职都是一年换一次，只有将军不换，可以连任，比如伯里克利，他一直连任，这种将军和斯巴达的"王"不知道有没有很大区别。伯里克利时代据说是雅典城邦民主制度最辉煌的时代，伯里克利有好多名言被看作民主理论的经典名句。人们指责斯巴达，说它好战，小男孩十一二岁就要接受严酷的军事训练，男子的一生都在准备打仗。但是，伯里克利时代是什么时代？是雅典的战争时代，伯罗奔尼撒战争就发生在此时，伯里克利是战争指挥官。伯罗奔尼撒战争是希腊世界最

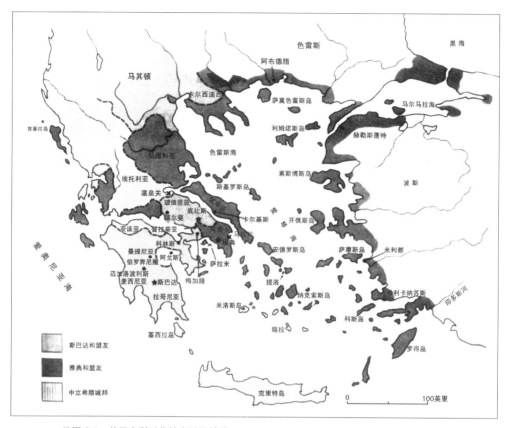

地图 3.1 伯里克利时代结束时的希腊

惨烈的一场战争,其规模超出希波战争,时间也更长。但是为什么打这场战争?是因为雅典要控制其他城邦,想称霸整个希腊世界,它要征服别的城邦,让它们给它交钱纳税,这引起许多城邦的不满,造成斯巴达和雅典各自组织军事同盟,打起了希腊人的内战。伯里克利就是这个时代的雅典将军,他声称雅典为伟大的理想而战,那个理想就是民主。但战争的目的其实是建立雅典帝国,要控制希腊世界的所有财富;如果民主的理想就是如此,那么至少对于其他城邦来说,它们的感觉会是怎样?

雅典的民主制度从初步形成到基本结束，大约存在了180年，后来西方人说：雅典的制度是永恒的，一直延续到今天；西方民主制度已经有两千多年历史了，延绵不断。但事实并不是这样。伯里克利时期的政治制度很快就中断了，斯巴达打赢了伯罗奔尼撒战争，雅典投降，于是斯巴达的制度在希腊世界占了上风。这以后局面异常混乱，乱到了极点，希腊半岛上战争不断，内讧、政变，乱成一片。天下的乱局引出了新的变化，那就是马其顿南侵。马其顿是希腊北方一个"专制国家"，也可以说是一个"蛮族国家"，它的最高统治者是"王"，"王"大权在握，是真正的统治者。马其顿国王趁着希腊的混乱举兵南下，控制了希腊世界，但同时也恢复了秩序，在全希腊推行集权统治。到这时，希腊才第一次被统一起来，成为一个完整的"国家"。不过，真正的"希腊时代"也过去了，地中海进入了"希腊化"时期，这个时期的特点是希腊人把自己的文化连同它的军事扩张一同带到地中海东部地域，其影响力一直达到今天的印度边界。

马其顿的第二个统治者是亚历山大，这是个被西方传统称为"大帝"的人。他率领统一的希腊军队冲向东方，一直打到印度河流域。"亚历山大东征"没有留下任何民主的痕迹，希腊人到了东方，就完全推行专制制度：他们征服了埃及，就做埃及的法老，跟法老一样神王合一；征服了波斯，就做波斯的国王，像波斯王那样独断专行。雅典的民主制度在伯里克利前后那60年左右的时间达到鼎盛，但即便在那60年里，公民大会也做出过非常荒唐的决定，比如处死苏格拉底。苏格拉底是个哲学家，他老是喋喋不休地宣讲他那一套，大家听腻了，就把他清除掉。其实像苏格拉底、柏拉图、亚里士多德这些古代希腊哲人并不欣赏雅典那样的直接民主制，他们主张混合政体，认为人间最好的政治制度是君主制＋贵族制＋民主制，君主代表王就是权威，贵族代表精英就是理智，民主代表全体公民也就是民意。这三种制度，其中任何一种单独起作用都会有问题，三个加在一起才最理想。但是把这三种制度混在一起根本就不可能，因为它们是互相冲突的。什么样的政治制度最理想呢？应该是没有，任何一种制度都是有缺

苏格拉底之死 大卫 绘

陷的,不可能十全十美。其实,一种制度只要符合一个时代的需要,能解决这个时代的问题,它就可以被视为"好"、有它的时代合理性。我希望同学们能认识到这一点。

后来有一个人写了《伯罗奔尼撒战争史》,他是雅典的修昔底德。作为雅典人,他为雅典的失败感到惋惜,不过他认为是雅典的政治制度造成了雅典的失败,这是雅典人应该吸取的教训。他的这个观点影响了后来的一千年,直到文艺复兴以后才慢慢发生变化。但他对伯里克利的赞颂却给后来的人们留下深刻的印象,让他们对雅典的"民主"产生了丰富的想象。

现在我们都知道有这样一个说法，即西方是民主的、自由的，东方是专制的、奴役的；西方是美好的、理想的，东方是黑暗的、罪恶的。这个说法到现在都有很大市场，归结为一个词，叫"东方专制主义"。这个说法从哪里来？

古希腊是西方文化的一个源头，在古希腊形成的东西，不管好坏，有很多都流传到现在的西方。

第四讲

古代希腊文化

◎ 希波战争
◎ 马其顿征服
◎ 希腊化时期
◎ 希腊文化与艺术

上次讲到伯罗奔尼撒战争，尽管没有详细介绍战争的过程，但已经说到一个非常重要的问题，就是人们怎样把雅典美化、同时又把斯巴达丑化的。雅典和斯巴达同属于希腊世界，但是为了战争的目的，为了各自城邦的利益，同是希腊人也可以把自己的同胞丑化为异类。

对待同胞是这样，对待其他人就更是这样了，希腊人在这一点上为后来所有的西方人开启了先例，以后的西方人都会做一件事，就是将其他人妖魔化。希腊这个例子发生在希波战争中。

一 希波战争

伯罗奔尼撒战争之前希腊经历过另一场战争,对当时的希腊和以后的西方世界都造成很大影响,那就是希波战争——希腊和波斯之间的战争。战争起因是领土,希腊和波斯争夺领地。希腊半岛地域狭小,存在着很多城邦,当人口增长、土地不够用时,许多人就开始移民,去海外开垦殖民地。西方的殖民传统在古希腊时期就形成了,希腊地处半岛,三面环海,水路通畅,因此向海洋扩张是一种必然的选择。久而久之,希腊人把地中海中许多岛屿和沿海地区变成自己的殖民地,并按照城邦的形式组织起来,保留自己的文化和生活方式,形成一个希腊文化圈。地中海东岸今天的土耳其沿海部分、就是"小亚细亚"的沿海地区也出现不少希腊殖民地,这样就与当时的波斯帝国发生了利益冲突。一段时期内波斯人控制了这个地区,希腊人不能接受,于是发动起义进行反抗,整个希腊世界支持反抗地区,

地图 4.1 公元前 550 年的希腊及其殖民地

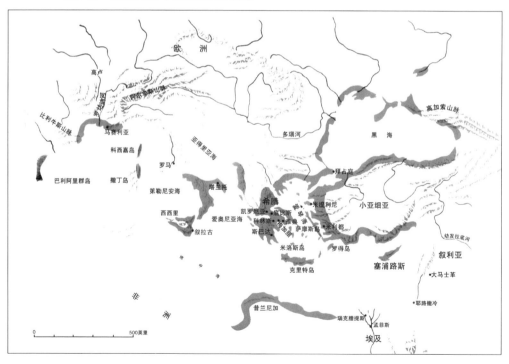

于是就引发了战争，希腊和波斯武力对抗。

希波战争中有两次战役非常有名，第一次是马拉松战役，主要由雅典城抵御波斯入侵者，这场战役产生了一位英雄，他的故事到今天还为人们津津乐道：当雅典人打败波斯入侵者、派这位英雄回城报信时，他一口气跑回雅典，报完喜讯就永远爬不起来了——这就是当代马拉松赛跑的故事起源。十年以后，波斯再次发动战争，更多的军队入侵希腊，企图一举摧毁它。这

李奥尼达在温泉关战役中

一次战争的主角是斯巴达，它在温泉关打了一场硬仗：国王李奥尼达（我们在上堂课介绍过斯巴达的"王"其实就是将军）率领300名勇士对抗波斯10万大军，在一个关隘处血战到底，最后，包括国王在内的300名战士全部战死，但是为希腊各城邦联军的集结赢得了宝贵的三天三夜时间，为战争的最终胜利作出了决定性的贡献——这就是温泉关战役。

不过我这里介绍的不是战争的过程，而是希腊人如何丑化他的对手、把一个根深蒂固的观念永久埋在了历史的叙述中。直到现在我们都知道有这样一个说法，即西方是民主的、自由的，东方是专制的、奴役的；西方是美好的、理想的，东方是黑暗的、罪恶的。这个说法到现在都有很大市场，归结为一个词，叫"东方专制主义"。这个说法从哪里来？在古希腊时期就见雏形，渊源就是希波战争。当时，波斯处于强势，希腊处于弱势，波斯攻打希腊是侵略的一方，在物资、军力、战争手段等多方面都据有优势。希腊则内部分裂，城邦之间互相打仗，没有统一的权威，也形成不了统一的力量。要战胜敌人，就必须培养强大的内部凝聚力，形成一种号召，

瓶画 希腊人与波斯人格斗图

让所有的希腊城邦都能够认同。换句话说，它需要一种意识形态，或者"思想"，或者"理念"之类。但当时的希腊世界是分裂的，它不是一个国家，无法用"保卫祖国"这样的口号来团结全体希腊人；于是，一种说法就出现了：希腊是自由的，波斯是奴役的；希腊的制度是美好的，波斯的制度是罪恶的；希腊城邦意味着自由，波斯帝国代表着强权——"东方专制主义"由此出现，而"东方专制主义"等同于"罪恶"。

当希腊被侵略之时，寻找一种意识形态来唤起全体"希腊人"的共同意识，为保卫家园而战，当然就必不可少，否则希腊人就不能团结、不能打败波斯人。关于"希腊自由"的信念实际上起着一种振奋士气和激扬斗志的作用，为希腊的胜利提供了精神支撑。可是，战争胜利后这种说法维持下去，并转变成无须思考的意识形态、一种不言自明的"信念"，这样问题就出来了。希波战争结束后不久，伯罗奔尼撒战争接着爆发，这次战争是雅典争夺霸权的战争，但它同样把对手说成是"专制"的，于是斯巴达就成了雅典的对立面，也被钉到了历史的耻辱柱上——可是，斯巴达比雅典"专制"多少呢？这个问题我们在上堂课时说过。后来，每当希腊人发动战争、去征服其他地方时，他就拿出同样的理由：我是自由的，你们是受奴役的；我是正义的，你们是罪恶的；我打你们是合理的，因为你们野蛮。很奇怪，我们在后来的历史上又看到这种情况，现在的西方人又在用这种口气说话。看来，说西方的传统形成在古希腊时期，应该是千真万确的！

— 马其顿征服 —

亚历山大东征又是一个例子。希腊人带着强烈的优越感随亚历山大侵占东方，尽管希腊人号称"自由"，但具有讽刺意义的是，亚历山大到哪里，就扮演那里的专制君主：他穿东方君主的长袍，坐东方君主的宝座，要别人向他下跪、吻他的脚；他手下的将军也个个如此，后来这些将军都占地为王，成了"东方"的专制君主，托勒密和塞琉古都是这样。20世纪，一位巴勒斯坦出身的美国学者赛义德指出：西方在很久以前就学会制造"他者"（the other），然后把他矮化、丑化、妖魔化；别人矮了，自己就"高"了，从而为打压、欺凌其他人寻找意识形态基础。"矮化策略"确实在古希腊时期就出现了，最早把波斯乃至整个东方说成罪恶的专制的就是希腊人。号称"西方史学第一人"的历史学家希罗多德写过一本书名为《历史》，内容是记述希波战争的。在这本书中，他严格区分"自由的"西方和"奴役的"东方，在很大程度上为希腊人的战争正义性提供了道义的支撑。赛义德的"东方主义"理论其实相当深刻，它为理解"西方"指出了一个很值得注意的观察视角。

希波战争结束后雅典变得趾高气扬，它认为自己的贡献很大，应该成为希腊世界的盟主和领袖；它把自己标榜为尽善尽美的榜样，为争霸

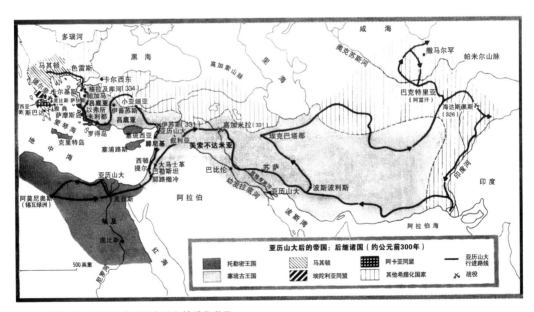

地图 4.2 亚历山大后的帝国和希腊化世界

亚历山大大帝头像

行径寻找"道德制高点"。它要求其他城邦向它纳税,企图控制整个希腊的财富并由此而控制其他城邦,这样就引发了伯罗奔尼撒战争。战争期间希腊半岛乱成一团,乱到不可收拾的时候,人们就希望出现一个强大的力量来收拾残局,于是就发生了马其顿的南侵。但马其顿入侵造成一个直接的后果,就是希腊的"民主"也因此而告终,不再延续了。雅典的霸权努力不仅伤害了其他希腊城邦,而且中断了古代西方的民主制度。在世界上所有古老的文明中,希腊制度确实相当特别,它形成了公民参与的政治制度,出现democracy理念,从字面上看,democracy是指"民众的政治";但是democracy在希腊城邦的内乱中寿终正寝,它不提供集中的权力,这是古希腊"民主制度"的致命伤。混乱和战争给了它致命的一击,而雅典霸权主义则最终葬送了它。这是很讥讽的:雅典以"民主"的标杆自诩,但当它试图用武力输出"民主"、用"民主"去征服希腊世界时,它最终摧毁了"民主"。这是古希腊世界的悲剧,也是后世人应该永远记取的教训,可是西方历史书很少从这个角度去思考问题,它不告诉读者古希腊民主是如何消亡的。

— 希腊化时期 —

马其顿是希腊北部一个地区,当时还处于部落状态,经济社会发展落后。在希腊内乱时,马其顿国王腓力率军南下,希腊人无法抵抗,在公元前338年被征服。腓力去世后,亚历山大继承王位,这个人是一个奇迹,他继承王位时只有18岁,用了两年时间平定希腊,把它内部的反抗扑灭了。20岁时他率领大军开始东征,在几年时间里就把军队带到了印度边界,把古代世界的文明地区,包括两河流域、地中海东岸、埃及、波斯等,全都征服了。不过,尽管他有才能,有魄力,也长得漂亮,但造物却不给他天年,公元前 323 年，他年仅 33 岁就去世了，留下一个庞大的帝国，从爱琴海一直延伸到印度河边。他手下的将军争夺空位，经过多年的混战，形成了几个相互敌对的国家，都由希腊人进行统治，但是都接受了东方式的专制统治形式。希腊本土保留着一些城邦的形式，但也不是以前那种独立的城邦了。这样一个庞大的希腊统治地区，叫"希腊化"地区。

亚历山大征服造成东西方文化的第一次大交流，希腊文化，包括美术、戏剧、生活方式甚至希腊语言等，传播到东方许多地区。希腊文化传播的力度是难以想象的，比如，在中国南京，作为古代中国多个王朝的都城，有很多帝王陵墓，其中有一个南朝皇帝的墓葬，陵墓早已被毁坏了，但是保留着一些地面遗迹，其中一根石柱带有明显的希腊雕刻艺术的特征，有希腊式风格的柱头。很奇怪，希腊艺术怎么会传播到那么遥远的地方？然而文化传播又是双向的，东方文化也对希腊产生影响，东方一些传统影响了希腊人。特别有意思的是在政治方面。前面说过，亚历山大本人就变成了一个东方君主，他每征服一个地区都要摆出很大的排场，在埃及甚至学

亚历山大战胜波斯国王大流士三世 公元前 3 世纪作品

一
希腊文化与艺术

法老，把自己当作神。"自由的"希腊接受了"奴役的"东方的政治文化，这就很有讽刺意义。

下面讲一些希腊和"希腊化"时期的文化、科学、艺术成就，这些成就非常重要，对以后的西方文化产生了极为深远的影响，直到现在都是这样。古希腊人有一个重要的特点就是充满好奇心，对许多东西都想去追问"为什么"；由于这种好奇心，古希腊人的精神活动总是以刨根问底、追究原因为特点。他们经常问：世界是由什么组成的？物质存在不存在？人和精神是什么关系？种种现象有没有原因？等等。把这些问题想来想去，就产生了一个学术领域，后来人把它叫作哲学。在古希腊，哲学的地位非常高，哲学思考是古希腊人的一大特点。世界上其他民族会有不同的关注重点，比如犹太人更关心人类是否犯了错误，是否会触怒上帝、受到上帝的惩罚；中国人比较关心天与人的关系、人与人的关系、伦理、五常这些方面。希腊人则关心哲学问题，因此在那个时候就有人思考世界是什么、精神是什么，有人认为世界是由水组成的，有人认为是火而不是水，也有人认为气是组成世界的基本元素。有个非常突出的人物叫德谟克利特，他认为世界万物由原子构成，这就有点太超前了，超到20世纪去了！不过他的原子论只是一种天才的猜想，并没有科学依据。原子在德谟克利特那里是不可再分割的最小粒子，但我们今天知道原子也是可以分割的，这样才会有核爆炸、有核电站。

古希腊有三位重要的哲学家，是师徒三代：柏拉图是苏格拉底的弟子，亚里士多德是柏拉图的弟子。这三人在哲学领域的地位非常高，今天还在影响着西方人的思想，并影响整个世界。三个人虽说师徒相承，但都有自己的思想体系，不像中国人作画，从师父到徒弟再到徒孙，画得越像祖师爷越好。古希腊人就比较喜欢独立思考，要想得和老师不同才好。苏格拉底之前已经有朴素的唯物主义，后来出现神秘主义，开始怀疑真实。到苏格拉底生活的时代出现了一种强烈的倾向否定物质的存在，不承认感觉是可以被信赖的，因此，真实也是靠不住的。苏格拉底试图扭转这种倾向，他想证明

雅典学院 拉斐尔 绘

客观的存在。他的做法很有趣,他是一个辩论家,自己并没有留下文字的著述,他不断跟别人辩论,辩论的时候让对方说话,然后抓住对方的话题不断提问,让对方自己陷入矛盾,最后就将其逼到死角上去了,由此证明对方的说法靠不住,按中国古语,这叫"以子之矛,攻子之盾"。

柏拉图将苏格拉底的辩论记录下来,因此苏格拉底的思想就被流传下来了。但柏拉图并没有完全接受苏格拉底的思想,他有他自己的想法,他也说世界的真实是存在的,物质是存在的,但他认为所有的物质都来源于一种最高的精神,而整个世界就是从这个完美无缺的精神即"善"那里发出的,精神之流从高到低流淌,越淌越到低端,就越加物质化,因此物质是精神的渣子。他试图用这个办法来证实真实的存在和物质的存在,当然,按照后来哲学的分类,人们说这是唯心主义。

柏拉图的学生亚里士多德又修改了柏拉图的观点,他认为物质本身就是存在的，不必来自最高的精神"善"，由此他变成了唯物主义哲学家，师徒三代，竟是这么一种思想关系。亚里士多德一般被认为是西方古典哲学的集大成者，他认为理性是人的本质；可是在柏拉图那里，理性不依赖于物质，因此是高出于人的一种存在。此外，亚里士多德在逻辑学、物理学、生物学方面也都有成就，他的政治学造诣很高，他关于政治体制的说法，即政治形态的分类及混合制是最好的制度的说法，有非常深刻的影响。

古希腊人是一个热爱生活和热爱美的民族，在文学和艺术方面成就斐然。首先是神话。希腊神话非常优美，最大的特点是把所有的故事都编织在一起，首尾相接，连接成一个庞大而美好的体系，其完整的程度，是其他民族的神话所没有的。第二个特点是，希腊神话中有神、英雄和人（英雄是半神半人，介乎于神和人之间），希腊神话里的神在本质上和人一样——小心眼、嫉妒、虚荣心、吃醋、找女孩子玩，等等，人干的事他都干，而且有过之无不及。其他民族的神通常总是板起脸来教训人，叫他们规规矩矩，否则下地狱。希腊的神自己干的事都不知道是好是坏，所以他们就板不起脸来。希腊神话中也有地狱，地狱虽黑但不恐怖。地狱之神叫哈德斯，他抢了一个女孩，女孩非常思念母亲，她母亲是谷神，就去求大神宙斯帮忙。宙斯心软了，就去向哈德斯说情，哈德斯不同意，后来经过讨价还价，最后让女孩子一半时间在地狱，一半时间回母亲身边。这样，当女孩子回到母亲身边时，她母亲心情愉快，于是人间就草木茂盛、春风秋阳；当女孩子回到地狱时，她母亲悲伤欲绝，人间也就寒风瑟瑟、冰天

哈德斯的抢劫

雪地了，四季就是这样形成的。很有意思：一个关于地狱的故事，在其他民族那里一定是阴森恐怖的，但在希腊人这里却充满了期待，充满了人性。总之，希腊的神表达着人间的喜怒哀乐，确实是希腊人自己形象的反射。

希腊的雕刻艺术达到了出神入化的地步，先看这两个作品。一是《吹笛的女郎》，她的身体看起来那么细腻、柔软，似乎一碰就可以碰到细嫩的肌肤，仿佛是真实的肌体。但这是用冷冰冰的大理石雕刻出来的，能做到这一点，确实让人难以想象。另一个作品是《提篮的老妇》，她大概要去交租，提着一只沉甸甸的篮子，里面装着送给东家的礼物，她气喘吁吁地往前走，悲伤而痛苦；她的衣褶条分缕析，随风摆荡，让人感觉这不是石头，而是衣布！再看另外一个雕塑《阿芙洛狄忒从海中升起》，请注意她的衣服——是透明的，用石头表现透明的效果，我相信你们今天到外面去买一件薄纱的衣服，也做不到那样的透明！可见，艺术水平的确达到了出神入化的地步。希腊化时期的雕塑造诣不亚于古希腊，《胜利女神像》《拉奥孔和他的儿子》《垂死的高卢人》都是非常杰出的作品，其生动、传神、震动人心的艺术表达能力，都让所有看过这些作品的人深深感动。但是希腊雕刻艺术并没有被罗马人传承

吹笛的女郎

胜利女神像

提篮的老妇　　　　拉奥孔和他的儿子

阿芙洛狄忒从海中升起

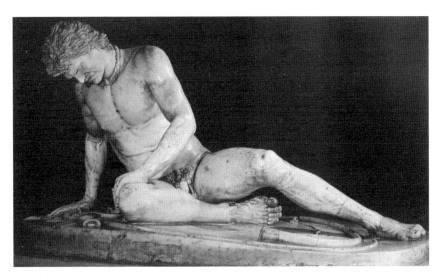

垂死的高卢人

下去；而罗马衰亡后，这种艺术技巧居然消失了，要等大约一千年，到文艺复兴时期才再次出现。

希腊艺术的另一成就是建筑，帕特农神庙是其中的典型。希腊式建筑最主要的特点是主线条横向延伸，给人一种平稳和庄重感。不像在其他民族那里，希腊神庙不是供人拜祭的，它是神的住所，人不可以进去。中国的庙是供人朝拜的，土地庙拜土地，关公庙拜关公，孔子庙拜孔子，观音庙保佑人家生儿育女。希腊的神庙不供人朝拜，它是神的居所，是庄重的地方。建筑风格体现着时代的理念，中世纪基督教兴起后，建筑风格转变成拔地而起、直上苍穹，为什么是这样？因为上帝在上，天国在上，上帝引导人们进天国。

希腊的戏剧负有盛名，但用今天的眼光来看肯定不精彩，你们如果去见识一下，只要3分钟，90%的人一定睡着了。演出是在露天圆形剧场举行的，剧场设在山脚，观众坐在山坡上半圆形的席位中。戏剧的表演方式是一个演员出来歌唱，唱一段故事或人物的心理活动，当演员不唱的时候，

| 第四讲 | 古代希腊文化 | 073

帕特农神庙

舞台旁边的合唱队就开始齐唱,来铺陈剧情。后来有可能增加到两个或三个演员,分别代表不同的角色,但直到希腊戏剧消失,其基本的形式都是一样的,表演手段其实很单调。

诗歌方面最著名的是《荷马史诗》,很长时间中人们以为《荷马史诗》是

露天圆形剧场遗址

神话,只是一种"文学",是人们编造出来的故事。后来人们才发现《荷马史诗》中蕴含有许多真实的历史内容,它不单单是"文学",也是一种"历史"。但《荷马史诗》的文学价值又很高,它给后人留下了许多艺术创作的素材,还有很多典故和隐喻。在文学方面,《伊索寓言》也声名很大,那些短小精悍的寓言故事,比如像酸葡萄啦,龟兔赛跑啦,等等,给后世留下了无穷无尽的文学创作的题材和灵感。

科学方面,如果把希腊化时代算进去,数学、几何、物理、天文学等方面都很有成就。天文学方面曾经出现过地心说和日心说,但后来地心说占了主导地位,以后直到哥白尼、伽利略等人出现才推翻地心说,影响西方达千年之久。在地理学方面,也有人提出过地是球形的假设,但这和德谟克利特的原子论一样,只是猜想,并没有科学证据。基督教兴起后,因为《圣经》主张上帝造物之说,天、地、星辰都只是上帝的创造,所以地圆说也就不能维持了。整体而言,希腊文化对西方的影响极其深远,它成为西方文化的重要源头之一。

希腊最大的败笔是奴隶制,所有的希腊城邦都是奴隶制城邦,雅典是奴隶制城邦,斯巴达也是奴隶制城邦。不过雅典的奴隶是私人占有的,斯巴达的奴隶(希洛人)属城邦公民集体占有,这造成两个城邦在许多方面

有很大差异，比如斯巴达人的集体意识比较强，并且强调彼此之间的平等关系；雅典人则更强调公民个人的权利，贫富差距也很容易拉开。奴隶制到罗马时期登峰造极，罗马在许多方面继承古希腊的传统，将欧洲古典文化推向另一个高潮。

总而言之，古希腊是西方文化的一个源头，在古希腊形成的东西，不管好坏，有很多都流传到现在的西方。

罗马经历过人类历史上迄今为止出现过的所有政治形式，却唯独没有民主制，它同时又抛弃了父传子继的世袭制，而这两种制度恰恰是能够保证权力交接制度化的方法。罗马为什么没出现民主制，为什么不能找到制度化的权力交接方式，这是我们在读罗马历史的时候应该好好去深思的。

第五讲

古罗马政治与社会

◎ 罗马共和国

◎ 罗马帝国

◎ 蛮族入侵

◎ 罗马文化

先讲一个故事。特洛伊战争后,守城的特洛伊人弃城流亡,城中有一位英雄率领残军剩勇远渡重洋,来到亚平宁半岛的台伯河畔定居下来,他们是罗马人的祖先。罗马人对自己的起源一直是这么说的,但现代考古证据说明这种说法不对。今天的考古证明:罗马人从阿尔卑斯山以北进入亚平宁半岛,时间在公元前2000—前1000年之间。阿尔卑斯山在意大利北方,和特洛伊是两个方向;罗马人讲印欧语系的拉丁语,这也和爱琴海沿岸不同。可是为什么罗马人把自己说成是特洛伊人的后代呢?这应该是人类的一种共性,大家都喜欢把自己的祖先说得非常光荣,就好像中国的历代帝王都会把自己的族谱追溯到远古的黄帝或者尧舜禹,至少也要到文王、武王,似乎这样就可以增加统治权力的合法性。但罗马人的祖先不是获胜的希腊英雄,却是落败的特洛伊人,这好像有点不光彩。不过,即便在当时的希腊英雄眼中,特洛伊人也并非流窜的草寇或无能之辈,他们能坚守十年之久,对抗强大的希腊联军,后来只是中了希腊人的诡计才被破了城,所以特洛伊人没有什么不光彩,连希腊人也对他们很敬重。英雄终归是英雄,后来罗马强大了,把希腊世界全都征服了,那个古老的特洛伊传说似乎有一点报复的意味。不过很遗憾,罗马人确实不是从特洛伊过来的。

关于罗马城的建立又有一个传说。特洛伊流亡者在台伯河建立了国家,传了好几代,后来就传到一个国王那里,但王位被他的弟弟篡夺了。这个弟弟不希望哥哥有后代留下来,他打听到哥哥的女儿生下了两个男孩,就要将他们斩尽杀绝、不留后患。于是他就下令将这两个孩子放进一个篮子,顺水漂流,想把他们淹死,同时又不背上谋杀侄外孙的罪名。但想不到孩子被一位穷苦的牧人捡上岸来,放在河边,结果,一头母狼将这两个孩子喂养长大,成就了一段狼孩子的故事。现实中确实有"狼孩子"出现过,

母狼与两兄弟 青铜雕塑

罗马建城的故事 浮雕 出土于罗马附近

但这些孩子会养成狼的习性，比如不会站着走，趴在地上用嘴叼肉吃，很难恢复人性。可是我们这个传说中的两个孩子长大后为外祖父报了仇，杀死了篡位的叔外祖父，夺回王位。这以后，两个孩子之间却为争夺王位发生战争，哥哥获胜了，就在河边建立起罗马城——哥哥的名字叫罗慕洛，罗马城就根据他的名字命名了，当时，据说是公元前753年。今天考古证明罗马城的确建立于公元前8世纪，那时希腊荷马时代刚刚过去，涌现出一大批城邦，因此，罗马建城的时间与希腊本土大多数城邦几乎重叠，这个巧合很有趣。母狼的传说一直流传下来，今天罗马市政厅附近还陈列着母狼哺乳两个孩子的青铜塑像，大家去罗马观光时，别忘了去看看。

— 罗马共和国 —

到公元前500年，就是传说中建城后200多年时间里，罗马一直处在王政统治下。所谓王政，顾名思义就是有国王，当时，当国王的并不一定是罗马人，罗马人常受到外族的统治。意大利北部有一个更早定居的伊特鲁利亚人，他们常常统治罗马，做罗马的国王。意大利南部还有希腊移民建立的城市，西西里岛和那不勒斯等地也有希腊移民。早期意大利是由这三种人组成的，因此罗马人一方面受伊特鲁利亚人的影响，但更加受到希腊人的影响。罗马人特别崇拜希腊文化，有意无意地去模仿希腊。

和东方的君主很不相同，罗马国王需要由一个机构选出来，这个机构叫元老院，由各部落的长老组成，有点像某种形式的酋长会议。选出的国王不可以世袭，这方面有点像斯巴达。换句话说，国王终身而止，下一个国王可以是元老院推选出的任何人，因此就出现了由其他民族的人当国王的情况。选举国王的内幕一定是非常复杂的，不会像人们想象的那么美好，会有很多阴谋诡计，也会出现一些僭主（就是没有资格的人夺取王位）。王政维持到公元前500年左右，以后，就进入共和国时期，王政结束了。

细细一想，在政治结构方面，共和国和王政的区别并不大，原有的机构基本上存在，比如元老院，还有各部落成员组成的大会，叫"库利亚"；类似的机构在人类早期社会都会存在，比如在中国远古时期，黄帝、炎帝时代也应该会有某种形式的会议。但共和国没有国王，国王换成了两个执

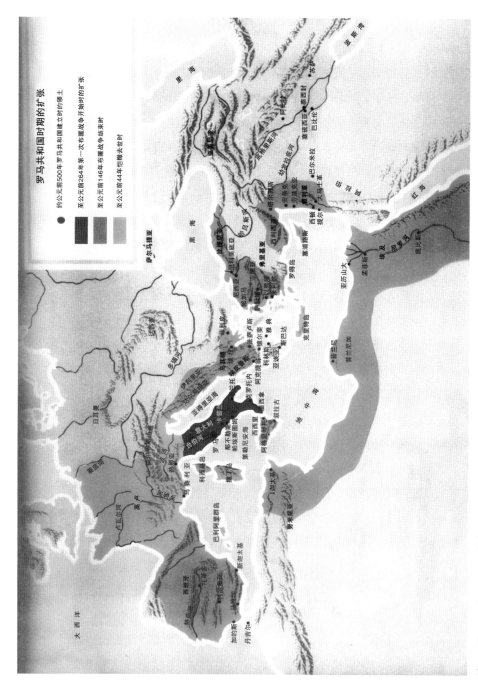

地图 5.1 罗马共和国时期的扩张

政官，其他的机制依然保留着。从理论上说，执政官应该由各部落的库利亚大会来选举，但事实上不是。因为部落都受到元老们的控制，因此执政官事实上是由部落长老们推选出来的，长老就是贵族。执政官有任期，通常是一年，特殊时期也可以连任；之所以设置两个执政官，是因为人们认为一个国王有可能专权，两个执政官可以把权力分散。共和国早期的政治结构就是这样，它和王政时期的区别不大。

共和国是贵族政治，由贵族进行统治，元老院是权力最大的机构。但慢慢地平民就觉得不满意了，他们要求增加自己的发言权。面对这种局面，贵族有时会做出一些让步，在王政被推翻的200多年中，平民逐步扩大了自己的权力，体现为人民大会的权力增加了，甚至出现和长老院相抗衡的情况。以后又新设一种职务叫保民官，代表平民，保民官权力最大的时候可以否决执政官的决策。向平民化方向发展是早期罗马共和国的一个趋势，如果这个趋势延续下去，可能会发展出民主制度，就像雅典一样。但罗马终究没有发展出民主制，原因在于打仗。

两百多年中，罗马一直在向外扩张，战争不断。到公元前265年，罗马已经把整个意大利控制住了，它不再是城邦，而是一个拥有广阔领土的大型国家。在那样一个国家中实行雅典式的公民直接民主是没有可操作性的，况且在战争状态下，也不可能大幅度改变政治制度。公元前264年，在征服整个意大利后，罗马走出意大利半岛，去争夺地中海霸权。持续不断的战争又进行了一百多年，罗马的民主发展的可能性也就被彻底葬送了。罗马是一个好战的国家，这一点我们现在看得很清楚。

此时，地中海南岸有一个强大的国家叫迦太基，在今天北非的突尼斯、利比亚一带，非常富裕。迦太基人来自腓尼基，就是神话中那个被宙斯拐走的女孩的家乡。迦太基原为腓尼基的殖民地，后来逐渐强盛，成为地中海一霸。罗马统一意大利后野心膨胀，开始与迦太基争夺地中海霸权，就像近代以后英国和法国争夺世界海洋霸权一样。争夺的结果是打了三场布匿战争，迦太基被消灭了。罗马人非常残酷，烧了迦太基城，杀了迦太基

反映罗马与迦太基大战的《扎马之战》

人,还把迦太基的土地深翻一遍,撒上盐,让它永不长草木,种不了庄稼,迦太基也就从此消失了。在战争中,迦太基也曾出现过英雄,最著名的就是汉尼拔,他率领军队翻越阿尔卑斯山,进入意大利,横扫半岛,所向无敌,差一点消灭罗马国家。汉尼拔军中最厉害的是大象队,弓箭手站在大象背上的堡垒里向外射箭,其场面就像是后来的坦克车队,谁也挡不住。这时罗马也出现了一个杰出人物,名叫费边,他知道打不过大象队,罗马步兵在巨大的大象脚下,根本就不是对手。费边于是采用一种迂回战术和汉尼拔周旋,就好像我们今天的游击战,迦太基军队一来他就跑,一驻扎他就骚扰,弄得迦太基人吃不好、睡不好,随时都有人来骚扰,最后被拖得筋疲力尽,这时罗马军队才正面出击,最终将其消灭。费边的这种打法非常有效,后来将军事上、政治上的迂回绕行、避免正面冲突的做法称为"费边主义"。

20世纪英国出现过费边社，就是想用迂回的办法改造资本主义。

布匿战争对罗马共和国影响深远。首先，罗马自此走上了通往大帝国的道路，三次布匿战争的胜利使得罗马在西地中海确立了霸权。罗马又通过一系列战争征服了希腊、小亚细亚等地，使地中海成为罗马的内湖。通过控制土地，罗马获得了财富，被征服地区的财富滚滚流入罗马，使罗马具有非常强大的获取财富的能力。以罗马城为中心的意大利地区也变得非常富裕，文化和社会繁荣相继出现，形成了欧洲古典文明的辉煌时期。

其次，罗马人带回了大量战俘，把他们变为奴隶，女的干家务，男的做工种地，奴隶遍布整个罗马，成为主要的劳动力。罗马成为典型的奴隶制国家，全部经济活动都依靠奴隶，罗马人自己什么都不干，因为只需要打仗就能够掠夺大量财富。于是罗马的征服欲就更强了，不停地打仗，不停地抓捕奴隶，罗马国家的繁荣就建立在战争和奴隶的基础上。这是一种畸形状态，不打仗就没有罗马，可是战争总是有限度的，一旦超越这个限度，罗马国家的危机就来了。我们把罗马的穷兵黩武和斯巴达的尚武风气放在一起比较，斯巴达就算不得什么了。罗马是古典帝国主义和古典殖民主义的典型代表，但是现代西方人却对罗马情有独钟，将它的扩张说成是传播文明，于是就有了道德的合法性。这种说法到近代以后西方再一次扩张时又出现了，看来西方的帝国主义传统由来已久。

再次，战争改变了罗马社会，使各种矛盾日益深化。罗马经济和希腊不同，罗马以农业为基础，希腊则更偏重于商业。大批奴隶进入罗马后，许多罗马自由农破产，因为越富有的人就拥有越多的奴隶，而奴隶越多其经济实力就越强。穷人的奴隶少，甚至没有奴隶，最后只有破产；破产以后进入城市，可是城市也没有工作做，这些人就开始闹事。为了平息事态，政府就把他们养起来，有一段时间罗马城里供养过30万无所事事的人，而这些人成了社会动荡的温床，随时准备跟随任何野心家采取任何冒险行动。贫富差距使穷人和富人的矛盾非常尖锐，而穷人和富人又同时面对着奴隶的威胁。共和国晚期这些矛盾愈演愈烈，最终瓦解了共和国。罗马不但没

罗马贵族观赏奴隶与野兽搏斗的圆形角斗场内景

有走向民主制,反而在矛盾和冲突中走向了帝制,共和国变成了罗马帝国。

最后一次布匿战争于公元前146年结束,从这一年开始罗马进入晚期共和国时代。这以后罗马内部的社会矛盾尖锐化了,首先是奴隶起义,太多的奴隶进行反抗。罗马对奴隶非常残酷,比如对角斗士,完全没有人性,在这种情况下设想奴隶不反抗是不可能的。而罗马的奴隶多来自战俘,来自被罗马征服的各个地区,他们中的许多人在自己的家乡是贵族或酋长,有领导军事的才能,在奴隶的反抗中发挥着主导作用。到共和国晚期,奴隶反抗已成为常态,西西里曾发生过两次大规模起义,每次都有数万,甚至上十万奴隶参加,控制过全岛,并建立国家。但罗马共和国最著名的一次奴隶起义是斯巴达克领导的。斯巴达克是个非常出色的军事领袖,他出生在色雷斯,是当地的贵族,罗马征服该地时受到该地人的反抗,斯巴达克在战争中被捕,沦为奴隶,所以当他发动奴隶起义后,他的作战才能充分表现出来。起义坚持了两年之久（公元前73—前71年），虽说最终失败了，但起义军由南向北、又由北向南两次打遍意大利半岛，连续战胜罗马军队，可以说是敌人望风披靡。这次起义对罗马社会的震动非常大，暴露出罗马社会的重大缺陷，说明奴隶制是罗马社会不安定的因素。但罗马国家却是建立在奴隶劳动的基础上的，没有奴隶就没有罗马，这是罗马最深层次的矛盾。

其次是平民和贵族的矛盾，是由社会差距拉大所造成的矛盾。王政以后，贵族控制政权，元老院是权力最大的国家机构。但是罗马社会的贫富差距越来越大，社会对立越来越尖锐，贵族和平民之间的矛盾随时都会爆发，威胁着罗马国家的存在。在这种情况下出现了格拉古兄弟的改革（公元前133年和公元前123—前122年）。格拉古兄弟出任保民官，保民官这一职位的出现就体现了平民力量的增强，格拉古兄弟担任保民官时宣称自己代表普通民众，他们先后采取了一些措施，试图扩大平民的权利，解决罗马社会中最不合理的一些现象。这就使贵族、元老院非常不满意，双方发生了激烈的冲突，格拉古兄弟后来都被贵族杀害，两人的改革企图都失败了。在贵族和平民的斗争中，贵族取得胜利。

但双方的斗争却破坏了罗马共和国的政治基础，使共和国不能再存在下去。格拉古兄弟代表平民，虽说立场是正义的，但他们有些做法却不符合罗马自从建国以来就形成的几百年传统。比如说，大格拉古，即提比略，在任期届满后还想连任，这就违背了罗马的先例，被元老院抓住了把柄，说他想搞独裁；他还在任期中解除了另一位保民官的职务，这又不符合规矩，给他的政敌授以把柄，贵族院于是发动暴乱，把他刺杀了。小格拉古即盖约，也是被暴力清除的。盖约任职期间采取了一些非常激烈的措施，侵犯了贵族的利益，贵族再次使用暴力把他清除。到这个时候，用暴力进行政治斗争成了常态，元老院、人民大会这些机构都不能通过正常的手段发挥作用，暗杀、暴乱成了政客的工具，政局动荡，这样，共和国的末日也就临近了。今天我们看这段历史应该明白：只有在稳定的社会状态下采用稳妥的措施才能进行改革，动荡的局面无助于改革成功，只能造成玉石俱焚。罗马共和国接下来的历史说明了这一点。

格拉古兄弟改革失败后,有一位将军出人头地,他就是马略。这是一位很出色的将军,南征北战,打了很多胜仗,他声称自己代表平民,他也是平民出身,后来当上执政官(公元前107年),并且在这个位子上坐着不走,他让军队压迫元老院,强制延续他的任期,这就把军队引进了政治斗争。元老院用苏拉来制衡他,那也是一位能征善战的将军,但他不代表平民,他代表贵族的利益。两个人都用军队作为政治斗争的工具,元老院也只能用一个将军来制衡另一个将军,罗马的政治生活从此走上歧途。在那之前,共和国的运转机制都算是正常的,尽管有矛盾,大家都把它放在机制内加以解决。可是,一旦使用暴力、把军队请出来,事态就严重了,正常的机制再也无法运作,谁有军队,谁就能控制政权,这以后政治权威就要靠军队来树立了,马略和苏拉就是这样的两个开头人物。马略死后,苏拉实行个人独裁(公元前81年),他代表贵族的利益,是罗马历史上第一个"独裁者",也就是dictator。苏拉的独裁受到抵制,但个人独裁的趋势却不可阻挡了,有两个人都声称自己代表平民,都以平民的名义反对苏拉,但实际上都以军队为工具,为自己争夺权力。这两个人一个是庞培,一个是恺撒,他们都是罗马历史上著名的将领,跻身于全世界最有才能的战将之列。庞培以征服东方(即地中海东部地区,包括小亚细亚、叙利亚、埃及等)闻名,恺撒则以征服地中海西部(包括现在的西班牙、法国以及莱茵河西岸)而传名于世。恺撒留下一部非常有名的著作叫《征高卢记》,也就是《高卢战记》,当然不是他自己写的,而是由别人代笔的。书中留下很多记载,为我们了解当时的情况提供了线索。在庞培和恺撒的时代,罗马的疆域极大地扩展,把地中

恺撒头像

恺撒口述他的《高卢战记》 帕拉基奥 绘

海变成了它的内湖。

为了争夺最高权力，庞培和恺撒进行血腥的战争，死了很多人。庞培以东部为根据地，恺撒则以西部为基础，战争最后以恺撒的胜利而告终，恺撒也就成了罗马的独裁者、终身执政官（公元前47—前44年）。但是恺撒没有活多久，拥护共和制的人痛恨他，就把他刺死了。恺撒死后，他的侄孙屋大维再次演绎恺撒与庞培的权力争斗，他的对手是安东尼，又是两个军人，又都控制军权，并且又是一个控制东部、另一个控制西部，于是再次上演东、西罗马大战，又死了许多人。有意思的是，战争再次以西方的胜利而告终，屋大维取得胜利（公元前31年），他当时非常年轻，只有32岁。

自格拉古兄弟改革以来，罗马社会一片混乱，各种利益集团不断争斗，各种矛盾不断深化，而罗马国家竟没有一种机制可以化解这些矛盾、调和这些斗争，结果只好让军人出场解决问题，在战争中寻找出路。共和国就在这一片混乱中被摧毁了。面对混乱，人们渴望出现一个强大的力量来结束动荡，强人政治的思想基础形成了。公元前27年，屋大维接受"皇帝"

— 罗马帝国 —

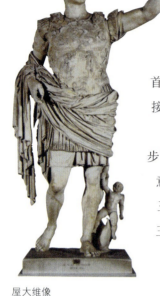

屋大维像

称号（Kaiser，原本是"大将军"的意思，并非东方的"皇帝"），共和国也因此转变成帝国。帝国是一个人统治的权力载体，皇帝是最高统治者；但屋大维不愿称自己是"皇帝"，他宁愿使用另一个头衔"奥古斯都"，也就是"元首"或"第一公民"。到这个时候，共和国其实就灭亡了，接替它的是帝国。

同学们也许觉得很奇怪：怎么罗马的政治制度"退步"了？我们习惯于一种思维方式，叫"历史进步论"，意思是说历史总在"进步"，越到后面就越好，因此王国应该排在前面，共和国应该排在后面，共和国比王国好，王国比部落好，部落比群居好，等等。我们习惯于一种从"落后"到"先进"的排列顺序，认为这是历史规律，因此从共和国变成帝国就倒退了，因为共和国是好多人统治的，帝国是一个人统治的，从好多人统治到一个人统治就是"退步"。我们在这里不讨论是不是后面的东西一定比前面的好，其实是不一定的，也许有些东西"好"，有些东西反而"不好"；我们只谈政治制度的问题，谈谈政治制度的"好"与"不好"。以前向你们介绍过苏格拉底、柏拉图、亚里士多德这些人脑子里最理想的政治制度是什么，他们认为是"混合制"。亚里士多德对此有充分的论述，他说，人类有三种政治制度，第一种是一个人的统治，第二种是少数人的统治，第三种是多数人的统治。一个人的统治分成好的和坏的，好的叫"君主制"，坏的叫"暴君制"：君主制是英明君主的统治，为国家、为人民，专门做好事；暴君制是暴君的统治，杀人、放火，时时做坏事。少数人的统治也分成好的和坏的，好的叫"贵族制"，坏的叫"寡头制"：贵族统治彬彬有礼，好像家长爱护子女；寡头统治则蛮不讲理，胡作非为，以势压人。多数人的统治同样分成两种，好的叫"民主制"，坏的叫"暴民制"：民主制是理性的、多数人的协商,按规矩办事,相互尊重;暴民统治则是任性胡为,乱打乱杀,毫无秩序,如野兽一般。亚里士多德生活在两千多年前,他说的这些话居然在现实当中一再重现,到今天为止,我们确实没有看到超出这三种类型、六种形式的政治制度出现。因此按照他的说法,问题不在于有多少人在统治,而在于统治的"好"和"坏";并且在他看来,暴民统治是最坏的统治,因为在暴民统治下,一切规矩都没有了,所有的人都互相敌对,把其他人当作仇敌,社会因此混乱无比、流血成河。亚里士多德设想最理想的政治制度是"混合制",也就是把"君主制""贵族制""民主制"结合在一起,既能兼顾各种利益,又能吸取不同政治制度的优点,避免缺点,做到完美无缺。不过,迄今为止这种制度都没有出现过,它只

亚里士多德的《雅典政制》一书的插图　由上至下分别为:君主制(一人决策)、贵族制(少数人决策)、民主制(多数人决策)

是亚里士多德的设想。事实上,人类任何制度都不可能十全十美,这是我们在议论政治制度时必须十分明白的。在罗马,共和国不能应对社会的全面混乱,因此一种新的国家形式出现了,它解决了国家混乱的问题,它是"好"还是"不好"?

当时,亚里士多德去世不到300年,共和国却走到了末日。面对它内部的种种矛盾,共和国完全没有应对的机制,相反,局面越来越混乱,各派政治力量都依靠暴力争夺权力,将军们则追求实现自己的政治野心,把

军队作为争权的工具。对很多政客来说,共和还是独裁、贵族还是平民,都只是蛊惑人心的口号,掩饰不了争权夺利的实质。到那个时候,许多人期待的"好"就是结束混乱,恢复秩序,停止无休无止的流血战争,让百姓回到平静的生活中去。一个时代哪一种政治制度"好",完全是由那个时代的需要所决定的,是那个时代民众最迫切的要求的体现。现在有不少意识形态专家,尤其是西方理论家,把政治制度的"好""坏"绝对化,按照他们自己的标准贴上"进步"或"落后"的标签,其实质是把自己的意志强加于人,宣扬自己的意识形态。但西方自己的历史也不为这种理论提供依据,罗马从共和国转变成帝国,恰恰证明政治制度的变化完全依据当时的时代需要,不存在"进步"或"退步"的问题。类似的情况在希腊就曾经发生过。大家记得在伯罗奔尼撒战争结束时,希腊世界一片混乱,结果就出现了从雅典的"民主"制度向马其顿的"专制"制度"倒退"的情况。很奇怪,西方的历史书在谈到这些情况时总是遮遮掩掩、含糊其词,而它们对罗马帝国,对恺撒、屋大维这些人物一般又都是正面评价,所以具体到他们自己的历史问题时,"进步"与"倒退"这些判断"好""坏"的标准都不见了,可见这些标准是何等的意识形态化。

罗马在混乱中转变成帝国,国家在深刻的危机时刻发生了变化。屋大维掌权后把国家的政体完全改变了,从此后,罗马就在一个强大的统治者的控制之下,帝国的历史由此开始。按照亚里士多德的说法,一个人的统治有好也有坏,多数人的统治也是有好也有坏;奥古斯都的统治算是好的,但他去世之后就出现了暴君。奥古斯都以后差不多200年时间中,一半是坏的统治,一半是好的统治。坏的典型是尼禄(公元54—68年),大家都说他是暴君。尼禄之后出现"五贤帝"(公元96—180年),包括涅尔瓦、图拉真、哈德良、安敦尼和马可·奥勒留,他们被看成是好皇帝,相继执政近一百年。这是罗马帝国史上的"黄金时代",也是帝国最强盛的时期。

在帝国早期,皇帝的产生比较规范,主要的程序是由前一任皇帝提名自己的接班人,然后交给元老院批准,元老院的权力还比较大,保留着一点共和国的特色。这种情况有点像中国古代的"禅让"制：尧举舜，舜举禹，可是禹把权力交给了儿子。罗马"五贤帝"中的最后一位马可·奥勒留也把权力交给了儿子（公元180年），而他的儿子康茂德却是个暴君。这样，就有人挺身而出推翻康茂德，采用的是宫廷密谋手段。从这时起，罗马帝国制度上的缺陷就暴露无遗，而且不可收拾了。帝国没有设计出一套制度

哈德良长城　罗马皇帝哈德良为抵御蛮族进攻，在边境修建的长城

性的保障，让权力能够有序地交接。康茂德本人死于非命，他死后，因为没有指定继承人，各地将军就带着自己的军队来争夺政权，于是历史又走到两百多年以前去了：谁掌握军权，谁就得到国家。问题变得很严重，最高统治权要通过战争来取得，国家因此就变得天无宁日，所有的将军都试图争夺帝位，有时候，一年中会出现两三个皇帝，然后又都被其他人杀死。对于国家来说，有保障的权力交接制度是非常重要的，否则就是一片混乱。罗马帝国没能形成这种制度，这是它最终灭亡的一个十分重要的原因。

　　从这个角度我们来看世袭制和民主制。世袭制是儿子接老子的班，民主制是投票选举领导人，两种制度看起来完全不同，但有一点是相同的，就是都有权力交接的制度性保障。中国的帝制，政权交接程序非常明确，长子继承，或者立太子，尽管立太子的方式会很复杂，充满了各种宫廷阴谋，但这是一种制度性的保障，所有的人都接受，结果中国的帝制延续两千多年仍能存在。那个时候人们不会选举，也不可能把农民都找出来投票，因此每当出现政权交接，要么按照"龙生龙，凤生凤，皇帝的儿子当皇帝"的原则办，大家都接受；要么就大打出手，按"胜者为王败者为寇"的办法做。每当一个皇帝死掉就打一场仗，因此就"生灵涂炭"，大家受得了吗？所以，长

子继承其实是一种制度安排。再看民主制度。民主制究竟是什么,有很多不同的说法,可是从政权交接这个角度看,会发现它是一种制度安排,是有序的权力交接手段。现在发育良好的民主国家,民主的重要作用就是用一种所有人都能接受的和平手段有序交接政权,但必须有一个前提,就是所有的人都接受游戏规则,即选举的规则,任何一方破坏规则,选举就毫无意义。你们看现在的埃及,埃及就出问题了,一方不接受选举结果,想用非程序的手段推翻这个结果,在这种情况下国家会无休无止地乱下去,各方都不会接受任何结果。到最后,人们会希望看到有一个强人出面来收拾乱局,"民主"也就不存在了。一个人破坏,整个游戏就无法进行,这和打扑克是一样的。打扑克要有规矩,一个人翻桌子、砸牌,游戏就告吹了;民主也是这样,有一方翻牌就要打架,不是用拳头打,而是用飞机、大炮。

回到罗马。公元180年以后,帝国进入混乱时期,又是一百多年的混乱,始终没有找到一种有效的办法来合法地产生继承人。其中有50年时间,公元235—284年,出现了26位皇帝,而除了其中的一个寿终正寝以外,其他都死于非命。这样,终于把强人再次引上政治舞台。第一位是戴克里先(284—305年在位),第二位是君士坦丁(306—337年在位),他们都是军人,也是后期帝国最出名的政治人物。戴克里先上台后立刻进行改革,最重要的改革是军政分离,结束军人干预政权的局面。他试图建立一种制度性的政权交接方式,把帝国分成东、西两个管辖区,每一个管辖区有一个正王、一个副王,正王离职后由副王接替,希望这样能够使政权交接制度化。但当他把权力交给自己的副王之后,争夺权力的战争又开始了,直到君士坦丁夺取权力,实行他一个人的独裁统治。他

戴克里先、君士坦丁、马克西米安、伽列里乌斯四帝像

还想把权力传给儿子，实行世袭制，但世袭制在 800 年以前王政结束时就废止了，共和国以后就不再实行。君士坦丁把政权交给三个儿子，让他们每人管理帝国的一个部分；这又立刻引起三个儿子之间的战争，政权交接问题仍旧没有解决。此后一直到公元 476 年西罗马帝国崩溃，将近一个半世纪的时间里，罗马帝国苟延残喘，间或出现一个强人，天下就比较太平；但权力斗争始终不断，帝国内部战乱不已。不能解决制度性的权力交接问题是罗马帝国解体的重要原因。有趣的是，自公元前 8 世纪罗马建城以来，罗马国家经历过人类历史上迄今为止出现过的所有政治形式，却唯独没有民主制，它同时又抛弃了父传子继的世袭制，而这两种制度恰恰是能够保证权力交接制度化的方法。罗马为什么没出现民主制，为什么不能找到制度化的权力交接方式，这是我们在读罗马历史的时候，应该好好去深思的。

帝国时代的罗马进入扩张的高峰期，"五贤帝"时期是顶点。帝国疆域最大时，东起波斯湾，西至今日的西班牙、摩洛哥，南到撒哈拉沙漠、尼罗河上游，北抵多瑙河、爱丁堡一线。地中海成了它的内湖，从波斯湾到大西洋沿岸出现一个庞大的政治体。几百年时间中，罗马一统天下，没有能与它抗衡的力量，这就是所谓的"罗马的和平"（Pax Romana），罗马治下和平或者罗马式和平。这种情况在中国古代没有出现过，中国有的是朝贡体系。18 世纪时又出现了"英国的和平"（Pax Britannia），英国治下和平，现在美国则竭力想打造出一个"美国的和平"（Pax Americana），美国治下和平，用"美国的和平"控制世界。同学们慢慢能理解西方文明是什么了，从罗马到美国一脉相承。

但帝国的扩张最终导致帝国的解体，这也是一个辩证关系。除了已经提到的各地总督拥兵自重、动辄打仗争夺帝位外，奴隶制是另一个重要因素。罗马把奴隶制发展到极点，从事生产的都是奴隶，罗马人自己不进行生产，帝国的扩张给罗马带来源源不断的劳动力，战俘就是奴隶的来源。但扩张总是有限度的，"五贤帝"以后罗马的边境基本固定，能征服的地方都被征服了，打不下来的地方也没法再打，于是对外战争越来越少了，这造成一

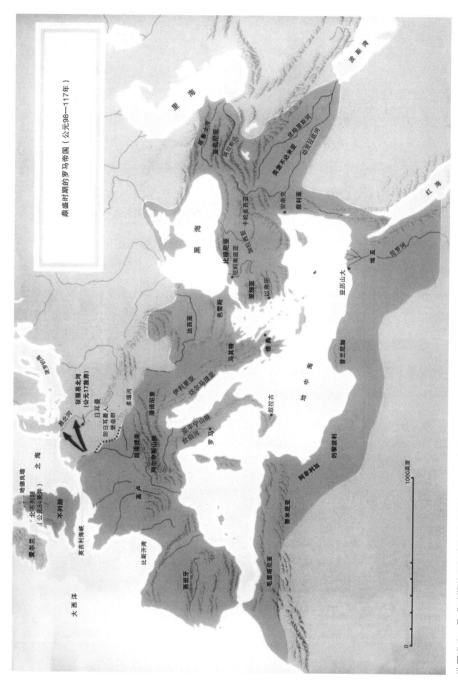

地图 5.2 鼎盛时期的罗马帝国（公元 98—117 年）

个严重后果,就是奴隶的来源枯竭了。同时罗马人对奴隶又非常残暴,奴隶活不了多少时间,慢慢地,罗马经济开始衰落了,主要是指西部罗马的经济不断衰落,西罗马是以农业经济为主的,农业生产依靠大量的奴隶劳动。东罗马则继承了希腊的许多传统,城市和商业比较发达,所以东罗马就显得相当繁荣。这样,东部和西部拉开了距离,东部比西部富裕,戴克里先和君士坦丁都把统治的中心转移到东部——很奇怪,罗马国家的首都现在不在罗马了,而转移到由君士坦丁建造的新城市,现在叫伊斯坦布尔,当时叫君士坦丁堡,是按照他自己的名字起的名。

— 蛮族入侵 —

将帝国摧毁的最后一个因素是"蛮族"入侵。所谓的"蛮族",主要是指日耳曼人,他们居住在多瑙河以北、帝国的疆界之外。帝国曾长期与他们进行战争,试图征服他们的土地,但都没有成功。后来,帝国内部开始腐败,军队也丧失了战斗力,帝国开始采用一种"安抚"政策来对付日耳曼人,不仅让他们进驻帝国边境,而且招募他们当雇佣军,替罗马人打仗。这些人慢慢熟悉了罗马文化,而且羡慕罗马的富裕,就企图进入罗马境内,去享受罗马的财富。后来终于形成大规模的"民族大迁徙",最终发展成"蛮

罗马人与异邦人之间的战斗

族"入侵。但归根究底，罗马不是由"蛮族"摧毁的。"蛮族"入侵时，东哥特部落只有一万多人，最强大的汪达尔人，整个部落才七万人，七万人把那么大一个帝国打得七零八落，完全是不可思议！所以其实是罗马自身的虚弱造成了这个结果。首先是内战不断，将军们争夺权力；其次是奴隶来源枯竭，经济实力大为下降；再次是整个社会腐朽不堪，到帝国末期，社会风气糜烂低迷，这时的罗马，早已不是 800 年前蒸蒸日上的青春罗马了！公元 476 年，最后一个罗马皇帝被"蛮族"雇佣军废除，这样，西罗马帝国就灭亡了。以前人们把西罗马帝国的灭亡看作整个罗马帝国的灭亡，这种说法并不准确，因为东罗马帝国仍旧存在了近一千年，这个帝国后来叫"拜占庭"。不过这个国家的社会和文化基础是希腊和地中海东岸世界的，它是罗马国家在东方扩张的结果，它在各方面都和西部罗马有很大的不同。

― 罗马文化 ―

最后讲一讲罗马的文化。罗马人非常推崇希腊文化，全心全意地拥抱希腊文化，甚至连希腊的神话也全数接收下来，只是改变了神的名字，比如宙斯变成朱庇特，阿芙洛狄忒变成维纳斯，等等。在艺术方面，罗马人对希腊作品进行拙劣的模仿，包括绘画、雕塑都是如此。今天人们看到的很多希腊艺术品其实只是罗马的仿制品，希腊原件早已丢失了，可是如果没有这些仿制品，我们就永远也不会知道希腊艺术品是什么模样！罗马征服希腊以后，把希腊及希腊化世界的艺术品一车一车地拉回罗马，不远万里，可见他们的崇拜程度。

但罗马仍然有许多自己的创造，首先是罗马的政治制度。前面已经说过，除了民主制，人类各种政治制度都在罗马出现过，所以罗马是政治制度的试验场。其次是罗马法律。罗马是一个法治国家，法律系统完备，最早出现的是十二铜表法，刻在柱子上，后来发展出一整套法律观念、体系和条文。学法律的同学都知道，今日西方有两大法系：一是罗马法，也就是大陆法系；二是习惯法，以英国为代表。罗马法包括三种：起初是"民法"，适用于意大利地区的罗马公民；后来帝国扩张，制定了对所有人都适用的"万民法"；但更重要的是一种被叫作"自然法"的关于法的观念，这也是罗马法中的一个组成部分。自然法观念对后来西方的法理及司法制度产生很大影响，因此需要做一点介绍。

罗马人认为，宇宙万物服从于一个最高的理念——正义，这种正义是不以任何人为转移的，无论身处何种地位，其头脑中自然就有正义的法的理念，人的任何行为都无法改变这种最高的法的理念。因此，罗马人和后来的西方人都有一种根深蒂固的观念，就是法高于一切。换句话说，所有人都被置于一个最高的法的控制之下，这和东方的法的观念就不同了。东方也有法，两河流域有《汉谟拉比法典》，比罗马法早得多，克里特岛也有法律，中国的法律也出现得很早，波斯、印度等地也都有自己的法律。但是，东西方在法方面最大的区别是：东方的法是统治者的法，是从统治者那里来的，是统治者为了统治而制定的；西方的法则被看作来自一个本源的存在、最高的存在，法是高于人和先于人而存在的。基督教出现后，本源的存在被置换为上帝，一切人都不可能高于上帝。既然如此，上帝之法即自然之法，是不可以被超越的，也是一切人都必须遵守的。这是西方文化中一个重要特点，到了近代这个问题就更重要了，法治思想由此而来。一切人都不可以逾越于法律，有了法，才会有完善的制度；没有法，制度根本就不可能存在。但什么是"法"？法其实就是我前面提到的游戏规则。规则太重要了，没有规则一切游戏都没法玩。由此可见，西方的法文化有一个很大的优势——法高于一切人，这才会形成人人都必须守法的观念。

在哲学方面，罗马人一方面继承了希腊的传统，一方面又吸收了很多东方神秘主义的宗教观，这和罗马帝国后来重心东移有关系。总体而言，希腊文化是乐观的、爱美的、世俗的、现世的，希腊的神只是"超人"，归根结底是一种"人"。像苏格拉底、柏拉图、亚里士多德这些哲人都非常现世主义，宗教对他们来说几乎不存在。最提倡有神的柏拉图把神看作一种精神，跟黑格尔的思想很接近。可是"东方"文化，包括埃及与两河流域，还有波斯，当然尤其是犹太人，他们的宗教意识非常强烈，所以当罗马帝国重心转移后，在哲学上也就吸收了许多"东方"元素，出现了"新柏拉

柏拉图的筵席　反映了雅典人的世俗生活　费尔巴哈　绘

图主义"。

　　刚才已经介绍，柏拉图认为所有的物质从最高的善与最高的理念中转化而来，而每个具体的物质对应最高的善中某个具体的部分，善是一种理念。新柏拉图主义认为物质从最高的善中流露出来时就已经变质了，流出来以后就失去了原先的崇高和伟大，腐败了，被降格一级，降格为人们头脑中的观念，那已经不是崇高的观念了；再往下流淌就变成物质，在新柏拉图主义者眼中，物质只是观念的渣滓，精华已被抽去，物质毫无价值。这种思想向宗教靠拢，就可以发展出末日说，因为国家太乱，世态炎凉，物质没有意义，人们到精神世界中去寻找解脱，盼望救世主的降临，最高的理念于是就转型为上帝，宗教也就取代了哲学。请注意，我已经把大家引向西方文化最重要的一个方面，也就是基督教了，基督的身影已经出现。不过要提醒大家，基督教出现在"东方"而不是"西方"，耶稣基督是巴勒斯坦人，出生在伯利恒。"东方"和"西方"结合起来了，那是帝国扩张的结果。

西方文明还有一个非常重要的源头，这个源头是基督教，而基督教的源头仍然在"东方"。

我们一定要明白，伊斯兰教、基督教、犹太教之间，有千丝万缕的联系。一神教的传统从犹太教到基督教、再到伊斯兰教，世界上其他宗教基本上都是多神教，印度的、伊朗的、非洲的、中国的，都是多神教，但这三个宗教是一神教，而且有连带关系。

第六讲

基督教的产生

◎ 犹太人的故事

◎ 一神教

◎ 基督教的出现

◎ 基督教会

讲到现在,我们只讲了西方文明的一个源头,而这个源头其实是今天西方人自己说的"东方",也就是中东地区;我们介绍了西方古典文明,包括古代希腊和古代罗马文明,它们都传自于这个"东方"。西方文明还有一个非常重要的源头,这个源头是基督教,而基督教的源头仍然在"东方"。提到基督教,当然首先要介绍犹太这个民族。这个民族人数很少,虽说曾建立过自己的国家,但是后来灭亡了,犹太人也散布到世界很多地方。但犹太人留下的精神遗产却对西方文明产生了巨大影响,这节课就介绍这方面的情况。关于宗教方面的问题,同学们可能比较生疏,但不了解宗教,

― 犹太人的故事 ―

就不能理解文明。

在古代,犹太民族只是西亚、两河、地中海东岸众多游牧民族中的一个小小的群体,最初叫希伯来人。根据今天的考古发现,我们大概可以认为希伯来民族起源于两河流域。两河流域最下游曾经有过一个强大的城邦叫乌尔——以前讲过的,在波斯湾的尽头、一个很小的地区,希伯来民族可能就出现在这里。后来他们迁徙到叙利亚一带,在古代那个地方叫迦南,大约在现在的巴勒斯坦、以色列、再加上一点黎巴嫩。希伯来人认为自己的祖先是亚伯拉罕,对他们来说,亚伯拉罕就相当于中国的先祖黄帝轩辕氏;我们关于亚伯拉罕的知识多是从《圣经》中得来的,其实没有办法考证亚伯拉罕到底存不存在。亚伯拉罕的儿子是以撒,以撒的儿子是雅各,在这段时间里(这个时段有多长我们也不知道),希伯来民族从乌尔迁移到迦南,中文《圣经》把它翻译成"迦南地"。关于雅各,《圣经》中是这么介绍的:有一天晚上他与人摔跤,摔了一整夜,天亮以后才知道与他格斗的人是天使。

雅各与天使格斗 伦勃朗 绘

雅各和天使摔跤,由此得到一个绰号,叫"以色列",意思是"和天使角斗的人",雅各的后代就自称为"以色列"。

由于迦南地离埃及很近,这批人觉得埃及更适合生存,就迁徙到埃及,时间是公元前17到前16世纪之间,居住了二三百年。但到新王朝时期(还记得埃及新王朝吗?它有个非常重要的特点就是对外侵略),以色列人受到迫害,他们忍受不了,就在摩西的领导下撤出埃及,进行"胜利大逃亡",这在《圣经》中叫"出埃及记",那是一段著名的故事。接下来他们来到西奈半岛,就是今天苏伊士运河穿过的地方。逃出来的以色列人在西奈半岛上转了很长时间,度过了好几十年,这个地方的自然环境很不理想,基本上属于半沙漠地区,他们很想回到自己以前的家乡去,就是迦南地。但迦南地已经被另一个游牧民族腓力斯人所占领(注意:腓力斯不是腓尼基。腓尼基在以色列王国的北部,是欧罗巴的故乡;腓力斯人在南面),以色列人要想返回迦南地,就必

上帝向摩西传授戒律 老克拉纳赫 绘

须打回去,通过战争,但这很不容易,因为以色列人非常弱小,人数很少。不过在摩西领导时发生了一件重要的事:摩西代表以色列人与上帝立约,这件事,对以色列人以及对西方,影响都非常深远。根据《圣经》记载,人们在西奈山下游荡的时候,摩西一个人走上山,在山上停留好几天,回来后他说一直在与上帝对话,从上帝那里得到了许多指示。作为以色列人的代表,他和上帝约定,以色列人从此只信奉一个神,只服从一个神,这个神就是上帝耶和华。他还把与上帝的谈话内容、得到的教导讲给族人听,族人把这些刻在石头上,这件事叫"以色列人和上帝立约",刻在石头上的字叫《约书》。这以后,以色列人在西奈半岛游荡的时候就一直扛着一个木头箱子,里面装着由两块石片刻成的《约书》,这个箱子叫"约柜"。自从以色列人与上帝立约之后,世界宗教发生了一个变化,在此之前,没有哪一个民族把控制世界的神看成只有一个,或者说,没有任何民族只承认单一神。尽管两河文明刚出现时人们就已经有宗教意识了,可是所有的古代

民族都认为有很多神，他们共同控制宇宙；但自从以色列人与上帝立约以后，单一神的意识形成了，这样就出现了"一神教"。

　　人是如何产生宗教意识的？这是一个非常复杂的问题，我们讲不了那么多，简单地说，大体情况是这样：大家知道，人的始祖和动物起初并没有区别，只是动物当中的一种。可是随着人的发展，他慢慢产生一种意识，觉得自己与周围环境不同，人是一种特殊的物体，这种意识把人从自然界剥离出来，变成一种外在物。举例说明，比如牛、羊、老虎、狮子，这些动物有没有意识或者思维？其实也是有的，当然我们不知道它们怎么思维，可是我们说这些动物的思维活动并没有把自己和自然界分开，它们会认为自己是自然界的一部分，与生存的环境完全融合。但是人到了一定阶段，会把自己从自然里拉出来，认为自然界没有他，他不是自然，这就是自我意识。一旦人有了自我意识，认为他超越于环境，人就最终形成了，他就离开了自然。

　　但是当人把自己从自然界抽离出来后，接着就出现一个新现象，他发现外部的自然世界是一种强大的力量，这种力量超出于自己，他不能控制；相反，自己反而随时随地被自然控制，被它掌握，被它打击，经历很多很多的磨难——狂风、暴雨、毒蛇、猛兽、干旱、山洪、食物短缺、天寒地冻，等等，人都很恐惧，这些威胁着人的生存。但是另一方面，人又会感到自然赐予自己很多资源，比如水、阳光、食物等。所以人会把自然外界理解为有精神的东西，和人一样，有思想、有生命，是一些生存的存在。一旦人把外界理解为"非我"，很快就出现一个逻辑：人感到外界有一种精神的力量，自然是有灵的、有意志的。早期宗教信仰就起源于人与自然的分野，起源于外界强大的力量。接下来，人会认为外界的每一样东西都有灵，每一个精灵都是神。比如他听到风声，就认为风后面有一个神；看到河流，就认为河里面有一个神。中国古代就是这样，中国民间信仰里有风神、河神、山神、树神、有土地神，当然还有天神、雷神、电神，动物后面也有神。但是，神是什么样子？你看不到风，只能听见风声呼呼地响，而风神是什么样子？于是人们就想象一下，把"风"人形化了：他长着白胡子，留着长头发，胡子和白发呼呼地飘摇，身上的大袍子也呼呼地发响，风神就出现了。世上万物都有神，多神教就是这样产生的。

随后，在众多神中，会有几个主要的神地位被抬高，神的地位开始不平等，就好像人类社会一样。被拔高的神体现在一两个形象中，比如宙斯和赫拉，或者中国的玉皇大帝、印度的梵天等。这些神高高在上，比如古代波斯的拜火教有两三个主神，代表光明和黑暗；金庸的小说里张无忌属明教，明教就是拜火教，光明是最主要的神。到以色列民族，所有的神性集中到一个神身上，这个神叫耶和华，于是一神教就产生了。这在人类宗教史上非常重要，因为神太多了人就顾不过来，比如罗马有几百个神，每个神有一个节庆日，每年就要有几百个节庆日。如果集中起来成为一个神，这个神就是至高无上的，人们随时祀奉他，他就和人立了约。开始的时候，神从万物中走出来，神是人格化的，具有人的外形；后来神又被去人格化了，他被高度抽象，成了至高的存在，是一种精神，完全看不到，只能靠想象。到这个时候，神不仅是唯一的，也是虚无缥缈和无所不在的，只可以意会而不可以体会。

这样，上帝成了以色列人唯一的神，摩西与上帝立约是第一步。公元前13—前11世纪末期，以色列进入"士师"时代，这时的社会是部落组织形态。"士师"就是法官，英文是Judge，意思是部落长老，遇到对内对外的重大事情他们走到一起商量办法，共同讨论共同执行。以色列当时四面受敌，北面有腓尼基，南面是腓力斯，还有其他民族、其他国家，它总是面对被其他民族消灭的危险。为了结束这种状态，以色列人开始意识到部落形式已经不能发挥作用了，于是就出现了王政，把民族的力量集中起来置于一人之手，就是国王。我们在上堂课提到，人类的政治制度是由时代的需要决定的，在以色列我们又看到一个例证。最早的以色列王是扫罗，接替扫罗的是大卫。大卫的名气很大，大家都知道他投石头打死了腓力斯人的首领歌利亚。大卫被后来的艺术家塑造成英俊勇武的形象，其中

大卫像 米开朗琪罗 作

最著名的是文艺复兴时期米开朗琪罗的大卫像,一个非常漂亮的年轻男子,那就是大卫;大卫时期是以色列国最强盛的时期。第三个国王是所罗门,所罗门做了一些事,留下了深远的影响。首先,他想建立一个雄伟的首都耶路撒冷;其次,他要建立一座神庙置放约柜——以色列人现在不愿意扛着柜子走了,要把它放在神庙里。这些事都要花费很多人力,消耗很多钱,虽然后来对以色列文化的发展和民族精神的确立意义非凡,但在当时的影响却十分糟糕,引起民怨沸腾,怨声载道,青年男子都被征用建设工程,南部的怨言最大。所罗门死后,以色列国家就分裂了,北部仍然叫以色列,南部叫犹太。这样,以色列民族就更加虚弱,外敌对它的侵害就更大。公元前722年,亚述灭以色列国;公元前586年,新巴比伦灭犹太国。此后以色列人一直没有自己的国家,直到第二次世界大战以后才重新立国。以色列民族历史上充满了悲惨的经历,它总是被别人打,总是被别人欺负,由此产生一种悲壮伤感的宗教倾向,它总是在想,我们为什么老是受苦受难,凄凄惨惨?新巴比伦国王尼布甲尼撒将犹太所有头面人物囚禁关押,这就是"新巴比伦之囚"。在这里,以色列人的宗教观进一步发展了。

一神教

摩西时代,耶和华只是以色列人的神,但这意味着还有其他神,其他民族服从其他的神。但是到"新巴比伦之囚"时期,犹太宗教家提出:整个宇宙只有一个神,这个神就是耶和华;其他的神都不存在,都是伪神。

到这时，一神教完成了它的形成过程。耶和华是神的名字，也就是上帝，但是我们不能直呼其名，我们把它叫作"神"，英文是 the God。你们看，既要大写又要加定冠词，意思是"那唯一的神"、特定的神。和希腊的神比较一下：希腊的神是人，他们有七情六欲，很可爱；而以色列的"这个神"（the God）却是严肃和高尚的、唯一正义的，永远板着脸教训人。由于以色列人与上帝立约，因此上帝对以色列人极其严厉，对他们进行强有力的束缚，不允许犯任何错误。一切罪恶都来自人间，与神无关，因此，不信奉神就会受惩罚，不遵循神的旨意就会受惩罚，犯错误就会受惩罚，万事万物稍不如意就会受惩罚。如此一来，以色列人长期经受的灾难就得到解释了，原因是他犯了错误，有罪。在《圣经》中，杀人是罪，偷东西是罪，不正当的男女关系是罪，不孝敬父母是罪……但这些只是次生的，人类还有一个更根本的罪，那是"原罪"。

大家都知道亚当、夏娃的故事，在这个故事中，人是由上帝造出来的。上帝漂浮于宇宙之间，第一天他看到宇宙是一片混沌，很不高兴，于是说要有光，就有了光。第二天上帝说要有天，就有了天。第三天上帝造了地，让地上长出花草树木。第四天造日月星辰，宇宙有生气了，星星闪呀闪，太阳白天升起、晚上落下。第五天造水中生物，鱼和虾；空中生物，鸟类禽类。第六天造陆上生物，牲畜野兽。上帝看了，觉得还不行啊，需要有东西来统治它们，于是造了人，亚当出现了。可是亚当太孤独，上帝趁他睡觉时抽出一根肋骨，把它变成夏娃，做亚当的妻子。第七天，上帝完成了一切工作，去休息了，于是这一天是休息日。

亚当和夏娃住在一个非常美的叫伊甸园的大花园里，上帝对他们说，园子里的任何东西都是可以吃的，可是有一棵树上的果子千万别吃，有毒，吃了要死。后来夏娃看到一条蛇，蛇引诱夏娃吃果子，说吃了就变得聪明，变得美丽了。夏娃吃了，还给亚当吃，吃完之后他们的眼睛变亮了，什么都看见了，智慧也有了，真的变聪明了。在此之前他们什么都不懂，跟自然混在一起；可是吃过智慧果以后，他们什么都懂了，和自然剥离开，知

亚当和夏娃被逐出天堂 卡瓦利耶 绘

道了是非，懂得不穿衣服很丑，于是就去摘无花果的叶子遮住身子，特别要遮住不好意思的地方。上帝发现后，知道他们偷吃了禁果，于是就要惩罚他们：他们从此以后必须靠自己的劳动生活，要汗流满面才能生存。他们不能再住在伊甸园里了，不能靠上帝的恩赐为生。本来，天下万物都是靠上帝的恩赐获得食物的，而人却不可以再这样了，上帝罚他以劳动为生，这就是人为什么要劳动，而其他动物却不需要。亚当和夏娃犯了罪，他们的子子孙孙因此都有罪，这个罪叫"原罪"，任何人永远不可摆脱。这些就是犹太教说给人们听的东西：一切人由于先祖的罪而有罪，因此，犹太教是个很悲观的宗教，但它却符合犹太人的悲伤心理。

以色列人的悲惨命运并没有结束，他们在新巴比伦被关了几十年，后来波斯人把新巴比伦消灭了，波斯国王把他们放回故土巴勒斯坦。在以后的 200 年中，以色列人在波斯的统治下过着半独立的生活，境况还算可以。但亚历山大东征以后，希腊人统治这个地区，对以色列人实行严厉的镇压，这时就出现了犹太人的马加比起义，赶走了希腊人，建立起自己独立的国家。但不久后罗马人又征服以色列，在罗马的统治下以色列的宗教思想又发生变化，人们从马加比起义和犹太王国的复活中似乎看到了希望，他们觉得当一个"救世主"比如马加比出现的时候，一定从上帝那里得到了指示，来解救以色列民族。马加比失败后，更多的犹太人期待着另一个救世主的出现，在犹太语言中，救世主被叫作"弥赛亚"。此后，犹太人就不断地等待新的救世主。

犹太人在罗马统治下命运更凄惨，于是发动了两次大规模起义，但都被残暴地镇压了，许多犹太人不得不背井离乡，四处流浪，走遍了欧洲、亚洲，一直往东走，甚至走到中国——犹太人走遍了全世界，这就是犹太人的"散居时代"。今日的犹太人各种肤色的都有，黑色的、红色的、黄色的、白色的，怎么会这样？就是由散居造成的。散居生活持续了极其漫长的两千年时间，直到1948年，犹太复国主义在西方列强支持下重新建国，在今天的巴勒斯坦土地上建立以色列国，而这时的巴勒斯坦却已经是阿拉伯人的家园了。在这两千多年时间中，犹太人不断期待新的救世主，可是当一个"救世主"真的出来的时候，犹太人却不承认他，这个人据说叫耶稣基督。

耶稣出生在大约公元前1世纪与公元后1世纪之间，确切的时间我们并不知道，而且也不知道是否有过一个叫耶稣基督的人存在，或者是不是由他创立了基督教。任何书面的史料都没有留下关于他的记载，只有一本书记录了他，那是《圣经》；这本书是后来一个宗教的经典，那是基督教。犹太教也有《圣经》，可是这个《圣经》记载的是犹太人或者更早的希伯来人的历史。当耶稣基督出现并且被人们认为是领导了一个新的宗教运动的时候，就出现了另外一个《圣经》，它接受了犹太人《圣经》中全部的叙事体系，但是加上了新的内容，就是耶稣的活动，由此

— 基督教的出现 —

基督降生 索埃斯特 绘

| 第六讲 | 基督教的产生 |

组成一部新的经书叫《新约全书》，而犹太教的经书就叫《旧约全书》。我们今天看到的《圣经》由两部分组成，前半部分是《旧约全书》，后半部分是《新约全书》。为什么叫"约"？约就是和上帝立约。摩西代表以色列人与上帝立约，那是"旧约"；耶稣用自己的生命和鲜血为人类赎罪，这就是"新约"。人类从一开始就是有罪的，到耶稣基督时，人类已经堕落到无以复加的地步了，苦难也因此达到极点。这时候，耶稣基督出现了，他是上帝的儿子（《圣经》中叫"人子"），上帝派他来拯救整个人类，而不仅仅是拯救以色列人。他用自己的生命和鲜血为代价为全人类赎罪，他就是新的救世主——这些就是新宗教的最基本内容。因此新的宗教和犹太教有千丝万缕的联系，其实是一脉相承的。然而新宗教是全人类的宗教，犹太教只属于以色列人，正因为如此，新宗教后来传遍了全世界，犹太教仍然只是犹太人的标志。

但这种普世性的新宗教思想也带来另一个后果，即"拯救全人类"成为基督教的基本口号，一直贯穿于西方文化。十字军东征的时候，"拯救全人类"就是它的口号；传教士传教的时候，"拯救全人类"也是他们的口号；到了近代西方帝国主义扩张的时候，所谓"拯救全人类"也是一个方便的借口，在它侵略的任何一个地方它都会说：我来拯救你们。时至今日，我们仍不断听说，我来拯救利比亚，我来拯救叙利亚，等等——这就是救世主。西方几乎所有的哲学思想都带有这种所谓"拯救全人类"的话语背景，几乎所有的有影响的思想都是这样——想一想是不是这样？所以说，西方的文化是有源头的，犹太人的思维方式深深影响着西方人的思想、哲学、精神、理念，根深蒂固地安插在西方人的脑子里。从"罪"到"获救"，从拯救自己到"拯救"别人，不管别人想不想被"拯救"，他总要去"拯救"别人。

下面简单介绍一下耶稣基督。我们今天确实不知道耶稣基督是否存在过，他有可能存在，也可能不存在；如果存在，那么他可能宣传过自己的思想，但这些思想被当时犹太教正统视为异端邪说，也就是邪教。那么他说过些什么呢？他说天父之下人人皆兄弟（有点像《水浒传》那样），上帝面前人人平等。但上帝面前人人平等的意思是：平等不在人间，而在天国。人世间的一切人，不论富贵贫穷，有地位或没有地位，受压迫还是压迫别人，被剥削还是剥削别人，这些都是短暂的浮尘，到最后终归会被上帝裁判；上帝根据每一个人在人间的表现来决定谁上天堂、谁下地狱，这叫"最后的审判"或"末日审判"。耶稣生活的时代，正是罗马人残酷压迫犹太人的时候，人间充满了苦难和不平等。这时候，有一个人站出来说，所有的人都是平等的，在上帝面前人人平等。尽管这个平等不在人间，而在天国，但在当时这种思想还是会吸引很多人，很多人会等待，等待救世主出来，把他们拯救进天堂。基督教甚至允许女人和男人平等，奴隶和主人平等，肤色不同的人平等。当然，这些平等只在上帝面前才有，所以一切

最后的审判（局部） 米开朗琪罗 绘

人都可以加入教会，不分种族、不分男女、不分贫富、不分黑白——这也是很能够吸引人心的，尤其是那些弱者。耶稣还说：己所不欲勿施于人（这好像有点像孔夫子），因此你自己不想做的事，千万不要对别人做；应该宽恕、爱你的敌人，因此左脸被人扇了一巴掌，应该把右脸也给他。耶稣还要求简化宗教仪式，这里指的是犹太教——那时候犹太教注重繁文缛节，走形式而不讲实质——这就得罪了犹太教的拉比，他们视之为异端。按照《圣经》的说法，罗马人指控耶稣聚众蛊惑，图谋造反，企图称王；耶稣回答说，他的国不在人间，在天国，意思是他不做地上的王，而是天上的王。因此他被罗马人抓住处死的时候，罗马人在他头上戴了一个荆冠，嘲笑他居然想称王。但在耶稣看来，一切人最终都要受到上帝的审判，他将在上帝那里得到复活，

天使报喜 安吉利科 绘

进入天堂；他以自己的血代表人类与上帝立约，由此而拯救全人类。

根据《圣经》记载，耶稣的父亲约瑟是木匠，母亲玛利亚也是穷苦人出身，玛利亚还没有结婚就怀孕了，约瑟十分不高兴，但他很快得到天使的启示，说玛利亚得到的是神的儿子，神把他派到人间，来拯救人类。耶稣诞生时，犹太国王听说诞生了人间之王，就派重兵前来抓捕。这时约瑟又得到天使的启示，就带着家人匆匆逃往埃及。耶稣出生在伯利恒，他出生的地方现在有一个教堂；每年12月25日是全世界基督徒最重要的纪念日，据说那就是耶稣出生的日子，因此叫"圣诞日"，也就是现在每年一度的"圣诞节"。这些说法都是没有办法考证的，宗教只是信仰，相信就可以了，不需要考证。

耶稣最早的信徒都是下层民众，耶稣自己就出身穷苦，耶稣的十二门徒，有的是渔夫，有的是木匠，有的是农人，有的是小官员，也都是平民百姓，其中有不少是耶稣的亲戚，或者是亲戚的朋友。从人员组成上说，早期基督教确实是穷人的宗教，是为穷人说话的。它试图在精神上安慰穷人，试图将穷人救出苦难；它宣扬人人平等的思想，坚信上帝将带给人类永恒的正义；它坚称信守上帝就能摆脱苦难，而人间的痛苦，将在天国得到解脱。

基督教的出现有它的背景。罗马统治时，以色列民族遭受巨大的苦难，人们都在等待弥赛亚，都希望救世主降临。这时会有很多人站出来说他是救世主，耶稣基督可能是其中的一个。那时候，有人暴动，有人起义，有人闹事，有人刺杀，也有人宣传忍耐与等待，耶稣基督就主张等待上帝，上帝会将末日的审判带到人间。他的说教对苦难大众有很大的吸引力，受到很多普通百姓的欢迎。基督教刚出现的时候是穷人的宗教，统治者对此都感到恐惧，他们担心基督教会成为穷人造反的旗帜，宗教聚会则变成有组织的反抗，所以当时的统治者竭尽全力要消灭这种异端邪说。但统治者没有看明白的是，基督教宣传的是末日，末日不在今生，而在死后，因此不会对现时的统治者构成威胁。等到统治者意识到这一点时，他们就会接受这种新的说法，并力图将其转变成对自己有利的工具。其实宗教从来都是双向的，它既可以为政权服务，也可以成为推翻政权的武器；在多数情况下，宗教很容易为统治者所利用，特别像基督教这样的宗教，它的基本观念就是忍耐，等待上帝的最后审判。

所以，到公元4世纪，基督教就成为罗马的国家宗教了，转折点发生在君士坦丁做皇帝的时候。公元313年他终止了对基督教的迫害，允许信徒自由信教，临终的时候，他自己也皈依了基督教。这以后，罗马除去一个皇帝外，所有的皇帝都是基督徒，新的宗教也被宣布为罗马的国教，而其他的宗教都不合法。原始的基督教到这时就改变性质了，它不再是穷人的宗教，也不是贫苦大众的精神避难所，它成了国家的一个组成部分，成了统治的工具，完全为统治者说话。宗教的仪式越来越奢华，教会摆排场，铺张炫耀，高级教士峨冠紫袍，与世俗的贵族无异。基督教的正宗地位也由此确立，并且一直延续到现在。虽说从19世纪起，政教分离，"国教"的地位已经丢失了，但基督教作为西方文明的标志仍然不可动摇，其基本理念也有形或无形地渗透在西方人的思想中。

一 基督教会一

基督教发生过几次大的分裂。第一次是在公元 11 世纪,原来罗马帝国疆域内的东、西两部分在意识形态方面彻底分裂,东部教会不承认罗马教皇的最高权威,自称为"正教",中文翻译时加了一个"东"字,变成了"东正教"。东正教的中心早期在君士坦丁堡,后来转移到俄罗斯,特别是拜占庭被土耳其人攻破后,莫斯科就成了东正教的中心。西部教会仍以罗马城为中心,它自称"公教",意思是普天之下的宗教,中国人称其为"天主教",教皇是最高首脑。第二次大分裂发生在 16 世纪,由马丁·路德的宗教改革开始,天主教方面分裂成以罗马为中心的旧教(仍称天主教)和由改革运动形成的新的教派,后者统称"新教";但"新教"也是中国人的叫法,西方人把它叫作"抗议派"(protestants),因为新教徒抗议罗马教廷的诸多做法,在他们看来,教会背叛了原始的基督精神,已经是腐化堕落的象征了。新教不是一个整体,它分成许多宗派,最重要的包括路德派、加尔文派和英国国教"安立甘派"(也可以称为"圣公会");其他比较有名的还有再洗礼派、长老会派、教友派、公理会派等。以后,新教派别一分再分,到 20 世纪已经出现了不知道多少宗派,包括许多邪教。美国是最常出现邪教的国家,因为它把宗教自由推到了极端,结果就有为非作歹的人打着宗教的旗子做坏事。

从教会组织形式看,东西方教会结构不同,区别在于东边的"正教"没有正式的中央机构,君士坦丁堡"牧首"曾经是最高的教职官员,后来隶属于各个国家,成了各国皇权的依附职务。西边的"公教"有一个完整的类似于国家的组织机构,最高首脑叫"教皇"或"教宗",在教会体系里看起来就像是罗马帝国的皇帝。教皇之下,按照罗马国家的建制组织了一个宫廷,与所有的宫廷一样,皇帝周围是"大臣",大臣就是红衣主教,又叫枢机主教。教廷之下有教省,管理教省的人是大主教。大主教下面是主教,管理一个教区。教区下面是堂区,每个堂区有一个教堂,主管人员叫本堂神父,此外还有执事等辅佐官员。这样一来,天主教的组织机构与罗马帝国就十分相像,形成了一个自上而下的阶梯构造。西罗马帝国解体后,天主教会可以起到将西欧各地区凝聚在一起的作用，不让它完全散开，其高度严密的组织结构起了重要作用。16世纪新教出现之后，各个教派的组织结构不相同，但是有一点是共同的，就是所有的新教派别都不承认教皇的最高权威，不服从他的领导。

第一任教皇是彼得，据《新约全书》说，他是耶稣的大弟子。耶稣罹难后，他的弟子们分散到各地去传播他的思想。彼得在罗马找到一个会所，聚集到一批人，在那里传教，但他被罗马军队抓起来，倒钉在十字架上处死。后来，在他被处死的地方建立了一个教堂，这就是圣彼得大教堂，也就是今日梵蒂冈所在地。当时，基督教是穷人的宗教，教皇无权无势，反而面临生命危险，不像后来的教皇有权有势，是西方世界最有权势的人物之一。

最后谈一下基督教与伊斯兰教的关系。我们一定要明白，伊斯兰教、基督教、犹太教之间，有千丝万缕的联系。伊斯兰教是由先知穆罕默德创立的，他在创立伊斯兰教的时候，阿拉伯人处于部落社会，各部落间战争不断，非常混乱。穆罕默德用一个宗教统一了诸部落，建立了一个国家。这个国家后来发展壮大，变成了阿拉伯帝国。伊斯兰教也是一神教，它的

圣彼得大教堂

最后的晚餐 达·芬奇 绘

神是安拉,安拉是至高无上的、唯一的神,一切人都应该服从他——事实上,伊斯兰的意思就是"服从"。一神教的传统从犹太教到基督教、再到伊斯兰教,世界上其他宗教基本上都是多神教,印度的、伊朗的、非洲的、中国的,都是多神教,但这三个宗教是一神教,而且有连带关系。犹太教和基督教的关系已经讲了很多,至于伊斯兰教,有一点很重要。穆罕默德曾经说,安拉向人间派送过六位使者:第一位阿丹,相当于亚当;第二位努海,相当于诺亚;第三位易卜拉欣,相当于亚伯拉罕;第四位穆萨,相当于摩西;第五位尔撒,就是耶稣;第六位呢,是先知穆罕默德自己,这以后,安拉就不再派使者去人间了。熟悉《圣经》的人都知道,前五位使者都是《圣经》人物,穆罕默德则是伊斯兰教的缔造者。穆斯林坚定不移地相信:上帝把一部分真理给了耶稣,但是把全部真理给了穆罕默德;因此,伊斯兰教是人世间最圆满的宗教。由此可以看出伊斯兰教和前面两个宗教的关系。后来伊斯兰教与基督教不共戴天,打斗了一千多年。犹太教与基督教也势不两立,延续了差不多两千年。按《新约全书》的说法,耶稣是被犹大出卖的,而收买犹大的是犹太教拉比,因此基督徒认为是犹太教徒害死了基督,双方的对立不可调和。但是到 20 世纪,面对着阿拉伯人的民族觉醒,西方列强觉得要在阿拉伯地区插一根楔子,以便控制这个地区,于是就把流散在欧洲的犹太人集结起来,支持犹太复国主义。那以后西方国家和今天的以色列国结成同盟,共同打压阿拉伯世界。

"蛮族"入侵后,整个欧洲的版图都变了——人种变了,社会结构变了,文化内涵也开始发生变化,基督教成为文化主体。

今天的欧洲确实与"蛮族"入侵或者说民族大迁徙有密切的关系,"蛮族"入侵消灭了古代世界,把欧洲引进新的时代即封建时代。

第七讲

中世纪社会文化

◎ 民族大迁徙

◎ 封建制

◎ 思想与文化

◎ 国家与社会

我们今天讲一个新的时期，就是通常所说的中世纪。到目前为止，按历史学公认的分期法，我们只讲了古代，现在要讲中世纪。

什么是"中世纪"？这个概念直到启蒙运动时才使用，指的是在西方文明的发展中，有一个光辉灿烂的古代，又有一个光芒四射的现代：一个如朝日初升，喷薄耀眼；一个如骄阳中天，辉煌万丈。真是好极了！但是在光辉灿烂的古代和光芒四射的现代之间，却有一个没有光明、没有阳光，一切都停滞、糟糕落后的时代，这个时代延续了一千年之久。一千年的黑暗是可耻的，为伏尔泰这样的启蒙思想家所不齿，他们把这个时期叫作"中"世纪，也就是处在"光芒"和"光辉"中间的那一段时间。这个时期被西方人视为奇耻大辱，为启蒙运动以后所嗤之以鼻，被称为"黑暗的中世纪"。不过我们今天已经意识到，其实中世纪也有许多变化和"进步"，有许多值得一提的事，比如技术进步、各种思想的涌现和社会的变动；只不过变动的速度比较慢，再加上人们对中世纪的偏见实在太深，因此产生了很多误解。对于启蒙时期的那代人来说，他们对"中世纪"是恨铁不成钢，因为放在整个世界文明中观察，中世纪的西欧特别"落后"，比不上东方文明地区，比如中国和印度。于是他们就责怪中世纪"愚昧""黑暗"，丢尽了古希腊、古罗马的脸；他们对中世纪的批判，有他们时代的偏见与怨恨。但现在学术界已经不再把中世纪看得那么"黑暗"了，中世纪其实也有它的光辉。

按照传统的说法，把西罗马帝国灭亡看作中世纪的起点，不过现在人们改变了看法，人们认为"中世纪"是慢慢到来的。现在人们越来越不愿意把某一个事件，或者某一个时间点（比如公元476年或者公元582年），看作一个时代的结束或另一个时代的起点。人们会说，整个历史是有延续性的，就好比流水一样，中国有一句古话，叫"抽刀断水水更流"。历史也是这样，不可能去找一个点，说这个点之前是一个时代，这个点之后是另一个时代，人类社会随时都在变化，就如同流水一样，虽说有时缓缓而流，有时湍急而过，但不会不流；人们不可用刀把水砍断，也不可能用时间把历史隔开。特别是，人们越来越不把历史只看作政治史，如果把社会看成历史的完整舞台，那么王朝的兴替、事件的发生，都只是大舞台上的小事情，社会的变化是连续的，也是逐步的，王朝和事件只是其中或大或小的插曲而已——这就是今天学者们日益表述的历史观。

因此，中世纪从什么时候开始？这个问题就比较大。按我们参考书的说法，它认为是公元600年前后。其他学者会有不同的看法。但人们已经把历史看作一个逐步变化的过程，不再由某些时间点分隔成不同的阶段。所以，中世纪无论是它的起点还是终点，在现在的学者们眼中，都是一个越来越不确定的过程。

— 民族大迁徙 —

我们回到公元476年西罗马帝国灭亡，大家都记得，中学教科书说那是由"蛮族入侵"造成的。这种说法虽说没有什么大错，但是用今天的历史观去看，我们仍然会看出西罗马帝国的灭亡是一个相当长的过程。这个问题，我在前一讲中已经提到了。实际上，罗马作为一个国家，发展壮大，然后盛极而衰，慢慢消亡，它一直在发生许多变化，最终不能应对内外压力，因而崩溃；"蛮族入侵"则是压垮西罗马帝国这头骆驼的最后一根草。现在就来看这个导致西罗马帝国灭亡的最直接的原因是怎样的。

后面这幅地图标示民族大迁徙的情况。最先出发的是哥特人，他们起源于北欧斯堪的纳维亚半岛，后来移居波罗的海南岸，再向东南方向迁徙，来到黑海以北的地方。在这里，他们撞上了西进的匈奴人，就是被东汉王朝打败后向西发展的匈奴人的后裔。这些人一路西迁，走了大约三百年时间来到今天的顿河流域，恰巧和南下的哥特人迎面相撞。尽管匈奴人没有打得过汉朝军队，但他们打哥特人部落还是绰绰有余的。哥特人于是掉头向西南方向移动，开始了所谓的"民族大迁徙"。现在有很多学者认为，导致西罗马帝国灭亡的那个事件其实是由东方的事变造成的，这么说当然也不为过，是有一定道理的。

哥特人分为两支。西哥特人向正南方移动，进入今天巴尔干半岛的东南部，一直走到爱琴海边，然后向西进入希腊，转过头来往北，沿着亚得里亚海进入意大利，并且攻下罗马城（公元410年）。但他们没有在意大利停留，很快就继续向西行进，进入今天的西班牙地区，在那里建立了自己的国家——西哥特王国。西哥特人在西罗马帝国灭亡的过程中起的作用最大，他们在帝国境内如入无人之境，从东

东哥特人

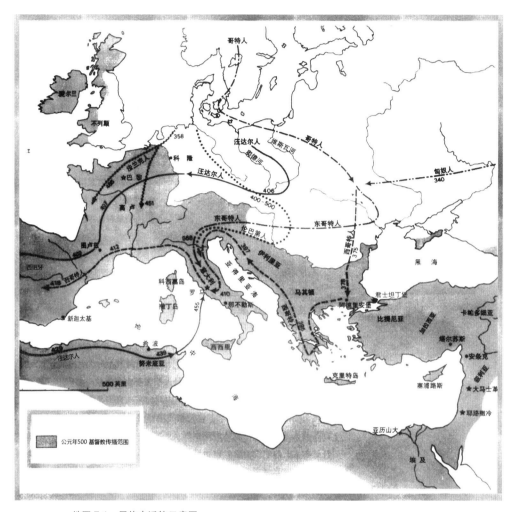

地图 7.1 民族大迁徙示意图

到西,一路无敌,原先强大无比的罗马人在他们手下竟然不堪一击;原因是罗马自己衰败了,内部矛盾瓦解了自己,腐败堕落消磨了志气;罗马人到这时几乎没有抵抗力,西哥特人于是在帝国境内横行无阻。西罗马帝国灭亡后,东哥特人在意大利建立国家,叫东哥特王国,首都在罗马,它一度很强大,但没有能维持多久。

哥特人在罗马境内横行无阻，证明西罗马帝国已经虚弱不堪了，"蛮族"因此乘虚而入。哥特人的成功鼓励了其他"蛮族"，汪达尔人从德意志北部向西南方向走，到西班牙之后，跨过直布罗陀海峡在北非建立了自己的国家。"蛮族"另外一个重要的分支是法兰克人，他们最早居住在丹麦以南的德意志地区，后来移居法国北部，占领了在罗马时期被叫作高卢的地区，建立了自己的国家。自此以后，高卢就不再叫高卢了，而叫法兰西（France），意思是法兰克人的家乡。这就是法国。

法兰克人

伦巴第人从德意志北部出发，进入意大利北部，在那里定居下来，并且建立国家，后来被法兰克王国消灭了。今天在意大利北部还有个地方叫伦巴第。

有三支"蛮族"进入英伦，他们来自德意志北部莱茵河以东，其中一支是盎格鲁人，另一支是撒克逊人，还有一支叫朱特人，现在已经不为人知了。这些"蛮族"在不列颠岛定居以后，把很多地名也改变了，比如"英格兰"（England）是"盎格鲁人（Angles）的家乡"的意思；苏塞克斯（Sussex）、埃塞克斯（Essex）、威塞克斯（Wessex）分别是"南撒克逊人""东撒克逊人""西撒克逊人"的意思。

欧洲东部也有"蛮族"迁徙运动，主要是斯拉夫人，另外是西徐亚人，今天已经见不到了。斯拉夫人的影响一直延续到今天，俄罗斯人其实就是东斯拉夫人，波兰人是西斯拉夫人，在巴尔干半岛上居

撒克逊人

第七讲　中世纪社会文化

住的是南斯拉夫人。

民族大迁徙结束的时候，欧洲的人种分布发生了巨大的变化，西部欧洲为日耳曼人各分支所占据，包括哥特人、汪达尔人、伦巴第人、法兰克人等，盎格鲁–撒克逊人也属于这一类。他们和原有的土著居民混合，就成为今天西欧的各个民族。比如说，今天的法兰西人是古代法兰克人和原住居民高卢人的混合，今天的不列颠人则是盎格鲁–撒克逊人与在他们之前来到岛上的克尔特人的结合。西欧的语言一部分属日耳曼语系（德语、英语、荷兰语等），一部分属拉丁语系（法语、意大利语、西班牙语等），但即便属拉丁语系也不再是古代罗马人使用的语言了，其中混入了"蛮族"语言的因素。东部欧洲则由斯拉夫人占优势，他们与当地土著居民混合，就形成今日的波兰人、俄罗斯人、塞尔维亚人等，他们讲各种斯拉夫语；当然，希腊语也被保留下来，但已不是古代的希腊语了，经过民族大迁徙，变化已经很大了。

— 封建制 —

蛮族在迁徙的过程中，自己的社会结构发生了重大变化。进入罗马之前它们都处在部落状态，其社会组织形式是部落。按部落制度，战争发生的时候所有男子都是士兵，每一个男人都要打仗。但是，战争需要军事领袖，这些领袖是由男性部落民推选出来的，谁有指挥才能，就让谁当领袖，不管张三、李四，还是花和尚、黑旋风。这就是早期的军事民主制。但是当迁徙的潮流逐渐平息，战争不再是常态，军事的需求不再那么重要，人们开始定居下来追求稳定的生活时，部落多数人不需要从事战争了，不再需要尽打仗的义务了，战争就变成一小部分人的事了。原先的军事领袖慢慢固定下来，不像以前那样打一次仗就需要选举一次军事领袖。领袖们一直做下去，慢慢地，不仅在战争中拥有指挥权，而且在日常生活中也因为他的地位、贡献和功劳而受到人们的尊重或承认。这些人的地位开始突出，日耳曼部落中出现一个新的职务，叫"王"，拉丁文单词是"rex"，不是后来英文中的"king"或德文中的"König"，它的意思仍旧是军事领袖，但地位已十分突出。王周围有一批专门的战斗人员，在需要时为他打仗，慢慢地这些人从一般部落成员中分离出来，成为专职的武士，他们只服从王的指令、唯王马首是瞻。他们的身份也逐渐固定，转变成日后的贵族。在民族迁徙的过程中，由于战争频繁，这些人的地位也日趋显著，当"蛮族"最终定居下来时，王就将大量掠夺来的土地分配给他们，以犒赏他们的战争表现。当然，王也为自己留下了最多的份额。拿到土地的那些武士起初只是终身占有土地，可是慢慢地土地不再重新分配了，变成了他们的世袭家产，可以由后代来继承。这样，武士就成了贵族，武士家庭成了贵族世家，贵族出现了，部落转变成国家。

但这是一种不同于罗马的新的国家，实行一种新的制度。王把一块土地交给某个人时附带条件，就是在战争时要求这个人参加战斗，并且带若干人和他一起参加战斗，帮助国王打仗。但这个人自己过来打仗是很容易的，因为他接受了土地，作为交换条件，他应该过来打仗。但他怎么能够带领其他人一起过来打仗呢？他必须学王的样，把从王那里得到的土地再分给自己手下的人，而条件是一样的，就是跟着他打仗——无论和谁打仗，哪怕向王开战！这个人于是就带着自己的人进入战争，而土地也就再一次往下分配，当然他自己留下了土地中的一大部分。这样，土地授予与战争的需要就联系起来了，形成了一层一层往下分的分配制度，这叫土地分封；分出土地的人叫"封主"，接受土地的人叫"封臣"。以土地分封为基础，就出现一个等级社会，好像是一个金字塔：从国王那里得到土地的是大贵族，从大贵族那里得到土地的是中等贵族，从中等贵族那里得到土地的是小贵族，一层一层地往下封，就形成"封建等级制度"。西欧的封建社会就是这样的，和中国人脑子里的"封建社会"完全不同。"封建"这个词在中国人脑子里好像很熟悉，一说到"封建"，立刻想起从秦始皇开始到清朝覆灭之间那两千年的中国社会，那种皇权大一统的"封建专制"，它在人们的脑子里根深蒂固。可是西欧的"封建社会"却意味着：有"封建"就不会"专制"，有"专制"就不是"封建"，因为权力是跟着土地走的，一旦一块土地分封出去，无论它是大是小，权力就从封主那里转移出去，转到接受土地的人手里，这是西欧封建制度的最主要特点。在这样一种制度下，集中的权力不可能存在。

中世纪的欧洲庄园生活

比较一下秦以后的中国，最大的区别在哪里？有同学说，秦始皇以后的中国没有分封。这个说法不准确，因为分封是存在的，比如汉代也分封，但它是同姓分封，以后历朝历代也有分封，要么封子侄，要么封功臣，所以区别不在有没有分封，而在土地分封之后，权力是不是跟着土地走。秦以后，中国的封地只相当于食邑，也就是给贵族发薪水，让他收租，可以享受奢华的生活；但任何人，王也罢、侯也罢、功臣将相也罢，对封地是没有治理权的，行政归属于高度集权的中央政府。两千年中国的帝制都实行郡县制，就是委派代理人去管理地方，代理人直属中央，是行政官员，不是领地贵族。但是在西欧，任何一块土地一旦封授，土地上的管理权及所有其他的权力包括经济权、司法权、治安权、警察权、铸币权、军事权等全都转移到土地受领人手里，而给他土地的人，即封主，即使他是国王，也都不再对这块封地有任何的管理权力。在这个意义上，无论封建领主处在封建等级制度的哪一个梯级上，他们都具有同样的权利，而国王则处在梯级的最顶端。

领主通过庄园法庭来实行管制，于是"庄园"这个概念就出现了。庄园是土地分封制度下的一个基本单元，与村庄并不相同。村庄是自然地理概念，庄园是领地区划概念。一个庄园可以是一个村庄，也可以包括几个村庄；

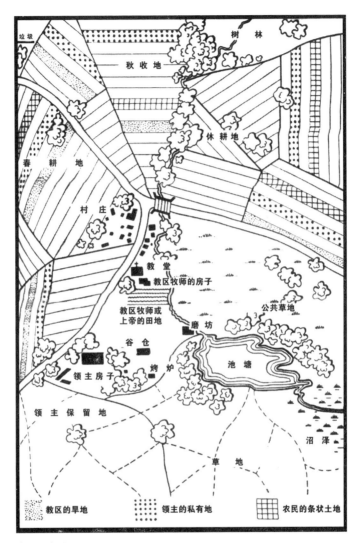

庄园示意图

葡萄园中的庄园主和农民

反过来,一个村庄可以属于一个庄园,也可能属于不同的庄园。每一个庄园都有庄园法庭,这是贵族即领主对庄园实行实际控制的行政司法机构。庄园法庭对这个庄园上的所有农民拥有裁判权,通过裁判行使领主的管辖权。庄园法庭按照某些规矩进行裁判,这些规矩是在长期的习惯的基础上形成的。虽说它们是"法律",但不是现代意义上的法律,它不需要一个专门机构去制定,并且每一个庄园都有它自己的习惯,几乎没有两个庄园完全相同。比如有人偷邻居家一只鸡,在这个庄园接受的惩罚可能是交一笔罚金,或者回家去拿5只老母鸡赔上就行;但是换一个庄园,那里的处罚可能是打100巴掌;第三个庄园则可能是施行鞭刑,抽鞭子50下。每一个庄园都有它的习惯做法,这叫"习惯法"。和罗马制定国家法律的做法不同,习惯法是惯例,是日耳曼人从部落社会带过来的。

但国王又有他自己的法律,国王的法律是通用的,尽管如刚才所说,一旦土地分封,国王对封地就丢掉了治理权,他不能去插手或干预任何一个庄园内部的事务,他只能对自己直属的庄园行使管理权,但国家中还是有一些事是超出单个的庄园和领地的。比如说,庄园和庄园之间的事,领主和领主之间的事,或者领主和国王之间的事,这些事需要国王出面管理。这样,由国王制定法律也成为必要的事,后来国家的法律就是从这里来的。国家统一的程度可以从国王的法律在多大程度上得到执行看出来,国王的法律越有权威性,统一的程度就越高。

从理论上说,国王对贵族有管辖权,因为国王是土地分封终极的来源;

可是由于每一个封建主只效忠给他土地的人，也就是他的直接封主，所以他可以不听国王或者其他任何人的话；他可以拿起武器和国王打仗，或者和其他任何人打仗。因此西欧的中世纪乱成一团，封建主之间不断地打仗——虽说按现在的标准看那些只是武斗，而不是战争。然而，正因为如此，西欧的封建社会其实是一个"分"的社会而不是一个"合"的社会，它没有集中的权力，社会极其混乱。这种情况和我们脑子里中国的"封建社会"完全不同，中国是"统"，西欧是"分"；而正因为中国长期统一，社会经常处于安定的状态中，所以在中古时期，中国的社会、经济发展水平远远超出西欧。

我们再回到欧洲封建社会，看看它还有哪些特点。当一个贵族得到一片土地后，他会把土地分为两个部分：一个部分是自己用的，这叫领主自用地；另外一个部分会分成若干小块，交给庄园里的农民，让他们去耕种，这些就是农民的份地。农民拿到份地，需要有一个条件，就是必须到领主自用地上去干活，这叫"劳役"。按照习惯，一个星期需要到领主自用地上工作三至四天，农忙时还要再加一两天，但再加一两天就很了不得，因为一个星期只有七天，而且第七天属于上帝，什么都不能做，要去教堂礼拜、做祷告。三四天再加一两天，一个星期不就没有了？当时的确就是这样。

领主自用地上的庄稼必须全部交给领主，农民不可以拿走一颗粮、一根草，什么都不能拿。份地上的收成属于农民，农民没有时间

庄园中的农民

照料自己的庄稼，就只能在晚上劳动。但这些"农民"不是我们现在所说的农民，也不是中国古代的农民，他们是"农奴"，他们不能离开土地；换句话说，他出生在哪里就一辈子待在哪里，不可以随便走出庄园，除非他得到领主的同意。所以在那个时代，大部分人从来不离开自己的出生地，如果有人想逃跑，抓住了就被打得死去活来。但是很有趣的是，一旦他逃出庄园，能够躲过领主的追捕一年加一天，他就自由了，领主就不可以再追捕他，他可以到任何地方去、做任何他自己想做的事。可是老实说，在那时"自由"不是个好东西，因为没有人管他了，没有人给他东西吃，没有人给他地方住，一切自己管自己，谁也不管他。他不可能跑到其他领主庄园上去，因为大家有约定，不接受其他领地上的农民。他有两个地方可以去，一是上山为寇，去当"罗宾汉"，打家劫舍做强盗，这当然很危险，需要与官兵对抗。还有一个地方就是城市，在中世纪刚刚开始的时候，城市几乎没有了，后来才慢慢地恢复出来，最早的市民就是那些逃跑的农奴。

中世纪刚刚开始时，城市被破坏了，主要原因是"蛮族"住不惯城市，他们一路走一路抢，并不想定居；他们住惯了北德意志的茅草棚，看见罗马人盖的石头房子，晒不着太阳也吹不着风，觉得不自在，情愿在华丽大房子旁边盖起小棚子，住在里面很舒服。这样久而久之，石头房子就倒塌了，因此到现在我们看到的罗马古迹是什么呢？全都是残垣断壁。等这些"蛮族"定居下来时，就出现了我刚才向大家介绍的那一幕：土地给"王"拿去了，王把土地分封给他手下打仗的人，那些人每一个都有庄园，在庄园里生产自己的粮食、做自己需要的一切，这就叫"自给自足的自然经济"。几乎所有的生活用品都在庄园里自己生产，城市没有了，商业也消失了，所以中世纪早期的农民想要逃跑、争取自由，是没有地方可以去的。"自由"虽然宝贵，却很少有人要，原因就在这里。

再回到土地分封上来。土地分封是一级一级的，好像金字塔，最上面是王，然后是大贵族、中等贵族、小贵族，小贵族下面可能还有骑士，最下面就是农奴，这样就形成了封建社会的等级结构。西欧贵族分为五等，恰好与中国五爵相对应,所以中国人就把它们翻译成公爵、侯爵、伯爵、子爵、男爵。但公、侯、伯、子、男并没有直接的从属关系,换句话说,侯爵不意味着要服从公爵,伯爵不意味着要服从侯爵,从属关系取决于土地是从哪里来的,一切取决于土地分封:从谁手里拿到土地,谁就是封主、谁就是主公,必须跟他去打仗。这才是服从关系,跟爵位没有直接联系。

庄园中的贵族

贵族的社会地位很高,不愁吃不愁穿,所有生活用品都来自于庄园,但他们的生活与当时世界上其他文明地区比,其实是很简陋的,完全谈不上舒适。西罗马帝国灭亡时相当于中国的魏晋南北朝,那时中国文明发展的程度已经很高了,有陶渊明、竹林七贤等,还有陈后主、《后庭花》之类。而欧洲"蛮族"入侵之后,虽不能说文明中断,但社会整体变动很大,生活水平有明显下降。庄园经济基本定型后,贵族的生活状况并不豪华,比如贵族住的城堡,并不像童话故事里写的那么浪漫:一个公主进城堡了,白马王子在门口等候。当时社会很乱,战争频繁,于是贵族建造城堡,用来保护自己。城堡一般建造在险要的地方,比如湖海半岛,三面环水,或者高山绝壁,三面悬崖,只有一条通道可以进入。城堡有墙,墙很高,墙外可能有壕沟,墙内有堡垒。堡垒就是一些大石头房子,很高,没有窗户,只有一些孔眼,既可以通风,也可以向外射箭。住在石头房子里是很不舒服的,不知同学中有没有去过欧洲、参观过城堡的?现在城堡都成了旅游景点,进去看一下很有趣、挺新鲜的,但住在里面完全是另一回事,试想:四面是冷冰冰的墙壁,什么都没有——家徒四壁,家具通常只是大树墩子

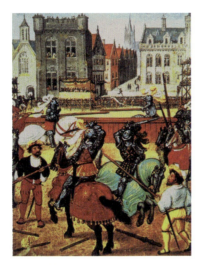

骑士比武图

砍出来的桌椅板凳和简单的木床。因为没有窗户,所以室内空气很差,吃喝拉撒都在里面,什么气味都有。城堡里面人和牲畜共处,我担保大家不愿住在里面。

平时,贵族在城堡里吃吃喝喝、听人唱歌讲故事,当时有所谓的行吟诗人,就是给贵族唱歌讲故事的;再不然就去打猎,这是贵族们非常喜爱的活动。一旦有事,贵族就出去打仗,贵族的职业就是打仗,那时候战争不断,贵族和贵族、贵族和国王、国王和国王之间不断有战争。西欧历史最难学的一段就是中世纪史,尤其是早期中世纪史,因为那个时候太乱了,战争太多,领地分散,贵族们各自为政。

贵族的庄园交给管家管理。农民的生活非常艰辛,他们住在小木头房子或草棚里,没有窗户,墙上可能有一个洞,是用来通风或冒烟的,否则生火做饭,屋子里全都是烟。冬天北风呼呼吹,农民就抓一把草把洞堵住。睡的是木板或树枝做的床,铺一层草,盖的是白天穿的衣服,平日每周三四天要为领主干活,剩下的时间到自己地里去。逢年过节要给老爷送礼:拎四五只鸡,装一篮子鸡蛋,拿一罐子蜂蜜,赶两三只羊,等等。送礼也是一种义务,是领取份地的代价。

教会在中世纪起特殊作用。民族大迁徙过程中有两股相向而行的潮流:一是流动的"蛮族"消灭了罗马帝国,建立自己的国家;二是扩张的基督教同化了"蛮族",向他们传播"文明"。这以后,基督教传遍整个欧洲,成为欧洲的官方信仰。所谓官方信仰,就是强加给每一个人的官方意识形态,所有人都必须接受。所有人生下来都是基督徒,不是基督徒就无法在社会上生存。教会以上帝的代理自居,要求每个人无条件服从,教会说的一切就等于上帝说的一切,服从上帝就体现为服从教会。当时人们的文化

— 思想与文化 —

水平很低，很少有人识字，贵族喝酒打仗，全都是武夫；国王一般也不识字，连自己的名字都不会写。为了让那些不识字的人都服从上帝、也就是服从教会，教堂的墙壁上画满了图画，内容全是魔鬼和地狱之类，场面非常恐怖，有的是青面獠牙的魔鬼用锯子把人切开、大卸八块或者开膛破肚，有的是拿钉子敲进脊椎骨，或者把人抛进油炸锅。这些恐怖的画面只是要告诉那些不识字的人：活着就要老老实实地服从上帝，否则就下地狱。中世纪的宗教信仰其实建立在无知的基础上，恐吓是其手段。

但中世纪的教会还是有功绩的，在那样一个文盲的时代，是教会保存了文化。只有教士特别是修道院里的人是识字的，我们今天看到很多中世纪流传下来的书籍，大多是修道院修士们一字一句抄下来的，书籍有装帧，有漂亮的花纹和图饰，那是中世纪的艺术，在今天都是文物、是宝贝了。中世纪的绘画，包括教堂墙上的那些画，为后来的文艺复兴提供了出发点。教堂中留下的音乐，也成为近代西方音乐的前身，像巴赫、莫扎特这些音乐大师，都是从中世纪的教堂音乐中吸取了灵感甚至声调，而创作出许多流传到今天的伟大乐曲的。除此以外，历史也是由教会保留下来的，有些修士把每一年发生的事逐日逐月加以记载，就形成一种新的历史写作文体，今天称之为"编年史"。教会还发展出一种新的建筑风格，叫"哥特式"，这是中世纪西欧典型的建筑风格，非常精细漂亮，每一个细节都很讲究，它最大的特点就是竖线条，这与古希腊、罗马以横线条为主的样式非常不同。为什么是竖线条呢？

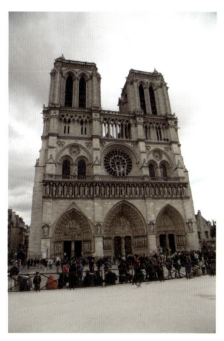

巴黎圣母院

英国索尔兹伯里大教堂

莫斯科克里姆林宫建筑群

在人们眼中，这些线条高耸入云、直奔上帝，表达着基督教的理念：一切归于上帝。虽说它宗教情绪十分浓厚，但确实是精彩极了，好看极了。这种建筑物直到今天在西欧很多地方仍可以看得到，无论德国还是法国、英国、丹麦，到处都有，巴黎圣母院就是一个典型。但在欧洲东部发展出另外一种风格，可以看一看伊斯坦布尔的圣索菲亚大教堂，非常著名。它的特点就是穹顶，穹顶是一种特殊的建筑艺术，半球形的屋顶里不用横梁，居然就可以架在四面墙上，而且非常牢固。这是怎么造出来的？秘密就在于：一个方形的建筑结构，每面墙其实是一个拱门，学过力学的人都知道，拱的支撑力非常大，半球本身也是拱，它又架在四个拱上，这样支撑力就很大，这就是造穹顶的秘密。后来，人们在穹顶上做出种种豪华、美丽的装饰，就变成花哨的"洋葱头"了，莫斯科的克里姆林宫就是洋葱头。

最后讲一讲新的国家。蛮族在高卢地区建立的是法兰克王国，最早由克洛维创建。加洛林王朝的查理大帝在位时期（768—814年）是法兰克王国的鼎盛时期，他于800年在罗马加冕称帝，表示和拜占庭的东罗马皇帝平起平坐，这是"蛮族"西方的第一个皇帝。查理大帝死后，王国传给他儿子，他儿子又传给自己的三个儿子，造成了"帝国三分"的状况。分开的三份国土后来演变成西欧最重要的三个国家，就是法国、德国和意大利。

在德意志地区居住的是日耳曼人，是那些没有离开自己家园的"蛮族"，这种情况使希特勒后来声称德国人是最纯净的种族，不过他自己并不是"纯种"，他有复杂的血统。奥托统治时（936—973年），德意志建立了一个非常强大的中央政权，被称为"德意志人的神圣罗马帝国"，它一直存在到1806年。后人有人挖苦说，它既不神圣，也不罗马，更不帝国，什么都不是。可是在它刚建立时确实是一个强大的国家，既统一，也德意志，并且得到教皇的承认，教皇为奥托加冕当皇帝，所以也就神圣了。不过这种情况只维持了一百年，以后就四分五裂，在后来存在的约八百年中，它一直没有出现强大的中央政府，权力由各地诸侯分割。

"英国"在英文中指三个概念：England, Britain, United Kingdom,

但这三个概念都被翻译成"英国",弄得大家经常搞不清楚。中文的翻译有时候非常糟糕,这就是一个典型。但是在中世纪,英国指的是"英格兰"(England),意思是"盎格鲁人的家园"。在盎格鲁-撒克逊人进入之前,这里是罗马的一个行省;罗马人撤离后,盎格鲁-撒克逊人来到这里,以后经过了差不多两百年的混战,罗马带去的文明消失了,英国进入"黑暗"时代。我们关于这个时代的知识保留在一个传说中,那就是著名的"亚瑟王和他的四十圆桌骑士"的故事。不过人们现在看到的故事并不是当时人写下来的,当时的人根本就不会写字。现在的故事是在12世纪才由一位好事之徒写下来的,所以现在的故事人物都是一些中世纪的骑士,而不是"野蛮"的盎格鲁-撒克逊人。两百年混乱中出现了两百个大大小小的国家,最后兼并成七国。七国中最有名的一个国王是阿尔弗雷德大王(871—899年在位),由他奠定了英格兰统一的基础。不过到1066年时,盎格鲁-撒克逊人自我管理的阶段结束了,从法国的诺曼底地区来了一批新的入侵者,建立新的王朝,英国也进入欧洲大陆式封建社会时期。不过英国国王的权力一直比较大,因而它和其他地区相比有一些明显的区别。

东哥特人南下后曾经在意大利建立国家,但没有维持很久就被拜占庭皇帝征服了,当时拜占庭仍然以罗马帝国自居,将意大利视为自己的领土。但很快伦巴第人就占领其北部,建立伦巴第国家。于是意大利一分为三,北部是伦巴第,中部归罗马教廷,南部为拜占庭帝国所控制。奥托时期,意大利很大一部分属于神圣罗马帝国,但后来北意大利逐渐发展出一批城市,形成了著名的商业城邦国家,在中世纪发挥着重要作用。相关情况以后会详细介绍。

维京海盗

北欧是"诺曼人"的故乡,"诺曼"的意思是"北方人"。9至10世纪北欧的气候条件恶劣,冬季寒冷而漫长,10月以后白天就很短了,到了12

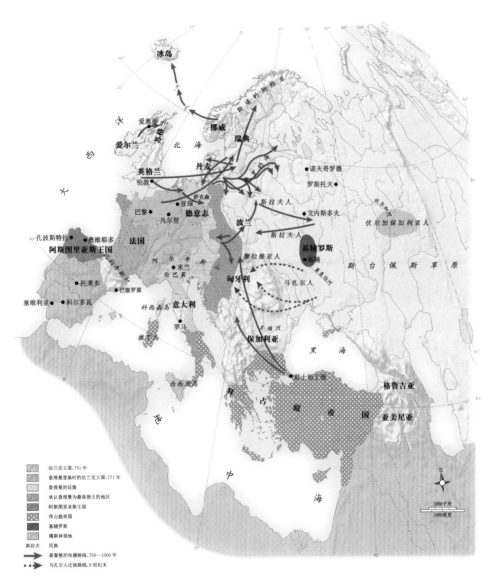

地图 7.2 基督教世界的扩张，751—1000 年

月、1月，几乎就没有白天。北欧人想去弄点钱财，就出去做海盗，于是形成了海盗文化。"维京人"一度横行西欧沿海，四处抢劫；所谓"维京"（Vikings），就是"海大王"的意思。海盗文化到20世纪成了好莱坞电影的一种热门戏，勾引出许多浪漫的幻想。不过那些都是编造的，海盗在当时可说是无恶不作。

最后是俄罗斯。俄罗斯属于东斯拉夫人，其文明出现很晚，在公元9世纪，东斯拉夫人才建立起自己的第一个国家基辅罗斯，以基辅为中心。后来在基辅以东的莫斯科附近，包括莫斯科在内，出现了一些或大或小的国家，由各地王公所统治。蒙古人在13世纪进入这个地区建立金帐汗国，统治了将近二百年。此后，以莫斯科公国为核心对蒙古人进行反抗，在15世纪取得独立，慢慢发展成后来的沙皇俄国，以及20世纪的苏联。不过这些是后话。

蛮族入侵后，整个欧洲的版图都变了——人种变了，社会结构变了，文化内涵也开始发生变化，基督教成为文化主体。与此同时，国家也发生变化，出现了新的"国家"，"蛮族"与当地居民融合而形成新的族群，在此基础上组建为不同于古代希腊、罗马的新型国家，而这些国家后来发展成今天的国家，即英国、法国、德国、俄罗斯，等等。今天的欧洲确实与"蛮族"入侵或者说民族大迁徙有密切的关系，"蛮族"入侵消灭了古代世界，把欧洲引进新的时代即封建时代。

两百年绵延不断的十字军东征打开了西方人的眼界，东方的财富、繁荣和文化给西方人带来深刻的印象和冲击。

几乎同时，西方社会内部出现了另一个变化，就是城市与商业的兴起。

和农村相比，城市有一种不同的生活态度和价值观念，这是一种异质的东西，最终会导致封建社会的瓦解。今天的西方社会是从城市发展出来的，并不是农业经济发展的产物。

第八讲

中世纪盛期到文艺复兴

◎ 十字军东征

◎ 商业的兴起

◎ 城市的壮大

◎ 文艺复兴

从 11 到 13 世纪,这段时间通常被称为中世纪盛期。盛期与早期是有一些区别的,中世纪盛期出现的新情况,为西方历史和文化向近代发展奠定了基础。

首先看十字军东征问题。"十字军东征"这个概念我想大家都听说过,因为这个词到今天仍在用,比如说前几年西方国家轰炸利比亚,有人说这是新的十字军东征,当然这是在一个比喻的意义上使用,不是真正的十字军东征。真正意义上的十字军东征开始于 1096 年,当时的教皇叫乌尔班,因为是第二个乌尔班,所以称乌尔班二世。他把西欧很多骑士召集到一起,

— 十字军东征 —

乌尔班二世鼓动信徒解放圣城耶路撒冷

然后告诉他们,你们不要整天厮打、自相杀戮,你们应该夺回我们的圣地。他指的"圣地"是耶路撒冷。大家应该还记得为什么耶路撒冷是基督教的圣地,因为根据传说,耶稣基督是在这里殉难的,耶路撒冷城一直被看作基督教非常神圣的地方,信徒都要到那个地方去朝拜。

在中世纪,可以朝拜的地方很多。什么叫朝拜?就是到圣人留下遗迹的地方去顶礼膜拜。朝拜在中世纪欧洲非常盛行,当然其他宗教也有朝拜,比如说伊斯兰教,到今天仍然有朝拜活动,每一年都有信徒去麦加朝拜。但是在中古欧洲,基督教的朝拜之风鼎盛至极,西欧尤其如此,基本上都是埋有圣人骸骨的地方,或者连骸骨都没有,只是留下一些圣人的遗物,这些地方就可能成为朝拜的圣地。在所有这些朝拜的对象和地方中,最神圣的就是耶路撒冷,如果基督徒在一生中去过那里进行朝拜,那就是非常荣耀的事。可是在伊斯兰教兴起后,耶路撒冷被穆斯林控制了,西欧的天主教徒去耶路撒冷受阻。在那个时代,宗教的对立非常严重,不像在今天,互相尊重成了一种原则,至少在口头上是这样,比如穆斯林去麦加朝圣,各国政府都会给他发放护照,基督徒要想去耶路撒冷,各国也都会提供方便。在中古时期这种情况并非如此,到耶路撒冷去朝拜的活动时断时续。

可是乌尔班二世号召说,与其在家里互相打斗,不如把耶路撒冷夺回来。经过一番充满激情的煽动演说,据说在场的人都泪流满面,激动极了,于是大家高呼:我主在上,我们一定要把耶路撒冷夺回来。接下来就开始了十字军东征。从1096年第一次东征开始,断断续续大概进行了两百年,其间共有过八次或九次,因为究竟是八次还是九次后来已经说不大清楚了,不同的人有不同的说法。东征最后在1291年停止。乌尔班二世发表演说当年,就有一次自发的民众"东征",参加的人都来自社会底层,是一些不识字的农民、手工业者或其他贫民。他们听说教皇发出这样的号召,就很激动,自动聚集起来,一波一波地向东方走,最后在君士坦丁堡这个地方会合。那些成千上万的人,穿着破破烂烂的衣服,说不定赤着脚,两手空空的,身上也不带干粮,被褥也没有,他们以为上帝为他们做好了准备,一路上都会有人照顾他们。经过千辛万苦到了君士坦丁堡之后,他们就渡过博斯普鲁斯海峡,来到伊斯兰教控制的地区。结果,一渡过海峡就遇到一支穆斯林骑兵,很快就把这几万人都杀光了。

第二年,就是1096年,正式的"东征"开始了。大约有十万武装的骑士聚集起来,那才是真正的"十字军"。西欧的骑士都是些目不识丁的武士,他们手持武器,装备精良,很会打仗。这么一批野蛮的骑士聚集在一

1099年十字军攻陷耶路撒冷后进行屠城

红胡子腓特烈

起,衣服上缝着红色的十字,因此就得到"十字军"的称号。这批人浩浩荡荡地向博斯普鲁斯海峡挺进,渡过了海峡,经过三年时间,到1099年,把耶路撒冷城打下来了,取得了辉煌的成就。接着这批人就赖在那儿不走了,在沿地中海东岸狭长的一块土地上建立起若干个小小的基督教国家,并且声称这样做是为了保护圣墓、保护圣地。可是阿拉伯穆斯林已经控制这个地区很长时间了,于是矛盾和冲突就不断加剧。在总共差不多两百年时间中,出现过八次或九次十字军东征,除了第一次东征能够看到明显的胜利成果,其余的基本上以失败告终。其中第三次是人们谈论较多的,也是文学作品描写较多的,被称为"三王东征",因为有三个国家的国王共同领导这次东征。其中一个是神圣罗马帝国皇帝腓特烈·巴巴罗萨——巴巴罗萨是他的绰号,意思是"红胡子",就是红胡子腓特烈。第二位是法国国王菲利普·奥古斯特。第三位是一个在西欧文学传统中非常有名的人物,即英国国王理查一世,他有一个非常好听的外号,叫"狮心王",他在浪漫文学中很有地位,有很多好听的故事。这三位国王都是当时有分量的人物,尽管在欧洲中世纪,由于土地分封,国王不像后来有那么大权力,可是三人联手东征,力量就很大,西欧那些愿意到东方去的骑士都跟着他们走,并且也取得了相当辉煌的胜利。但他们最终还是碰到了克星,阿拉伯世界出现了一位非常出色的军事领导人和政治家,他的名字叫萨拉丁。三位国王最后败在萨拉丁手下,所以第三次东征还是以失败告终的。这以后,十字军东征就一次比一次弱,断断续续延续到1291年,以后就销声匿迹了。

现在要问:为什么进行十字军东征?首先看乌尔班二世出于什么动机,他是挑起东征的始作俑者,也可以说是罪魁祸首。乌尔班二世是一个弱势教皇，他长期同当时的神圣罗马帝国皇帝亨利四世做斗争。乌尔班二世在与神圣罗马帝国皇帝斗争的过程中一直处于弱势，因此一直试图通过某种行动来提高自己的声望和地位，与神圣罗马帝国皇帝比一比高低。就在乌尔班二世发表演说的那一年，拜占庭帝国受到塞尔柱突厥人的压力，就向教皇求援，希望得到西欧基督徒的帮助，共同抵挡穆斯林的进攻。乌尔班二世觉得这是一个很好的机会，罗马教廷始终认为自己是圣彼得的继承人，想把东部教会收回来，以便重新确立罗马对整个基督教世界的控制权，这大概就是乌尔班二世的第二个动机。第三个动机是教皇国内部有很多纷争，乌尔班希望用一个外部的活动来消解内部的纷争。第四个动机就是对耶路撒冷这个地方的眷恋，这当然是宗教的原因。从教皇的角度看，他也许有这样一些动机，但十字军东征断断续续两百年，社会的动机要深刻得多，远远超出教皇乌尔班二世一个人的愿望。

十字军东征的社会动机是什么呢？我们要回到"蛮族入侵"上去。入侵前，罗马帝国繁荣强大，至少一度是这样，而在文化上又是高度发达的。可是"蛮族"入侵后，西罗马帝国所在的欧洲西部出现了经济不仅不发展而且还倒退的情况，商业和手工业几乎消失，文化也没落了，国王都不认识字，更不要说普通民众了。古代的辉煌一点点黯淡，以至于启蒙时期的人会说，那是一个黑暗的时代，是"黑暗的中世纪"。对比一下其他文明地区的情况：在中国，盛唐已经过去了，宋代已经到来；在阿拉伯地区，阿拔斯王朝已经度过了它的极盛时期，"阿里巴巴和四十大盗"已经出名，声名远播。西欧的落后非常显著，而关于东方富裕、东方繁华、东方舒适这样的传说却一直在西欧天主教世界无形地传播，西欧人对东方的仰慕也越来越强，而仰慕的主要对象就是财富——这是经济的动机。

此外还有一个宗教的动机，那是一个深层的动机，古代基督徒对耶稣这个人的敬仰和崇拜，与耶路撒冷这个地方紧密相连，朝拜的愿望转化成收复圣城耶路撒冷的具体行动，从而造成两百年延绵不断的"十字军东征"。这些因素加在一起，就引发了整个西欧社会的强烈冲动：到东方去——去寻

绘有十字军东征图案的耶路撒冷地图

找财富,去收复圣城。

那么十字军东征造成了什么后果?这是我们更加关注的一个问题。其实十字军东征就其本来的目的而言,并没有取得太多成果,它所追求的目标一个都没有达到,但它对西欧社会的冲击力却非常大。大家看:无数封建贵族和骑士,骑着马不远万里从一个落后的西欧、从自己的封闭庄园里走出来,一路走去,几百里几千里上万里地走,沿途看到了很多东西,对那些目光短浅、脑子愚笨的骑士来说,确实是大开眼界,见识了好多东西。特别是当他们走到东方、也就是巴勒斯坦地区,看到阿拉伯世界的情况时,他们心灵的冲击,是无论如何也抹不掉的。他们明白了什么是富裕,什么是财富,什么是繁荣,什么是文化,当他们回到家中时,那些印象会深深铭记在他们的脑海中,他们会去追求这些东西。他们原来在庄园里过着自给自足的生活,与外界很少接触,心满意足,自鸣得意。没事干时,有行吟诗人为他们弹唱六弦琴,也可以出去打鸟、打动物,或者打内仗——贵族之间相互打。现在他们有新的追求了,那就是追求财富——为什么不想办法积聚财富呢?脑门一开,歪点子就来了,这是一个非常重要的结果,以后会影响整个西方世界。

第二个后果是西方人心理上的变化。通过接触东方,西方对东方的羡慕之心无限制膨胀,尽管他们所接触的所谓东方,只是今天的中东,既不是中国、也不是印度,可是东方的富裕和财富却勾引出西方社会一种不可名状的欲望,这就是到东方去,因为东方是富裕和繁荣的地方。这种想法在西欧社会渐渐弥散，过了几百年终于开花结果，演变成所谓的"地理大发现"。

与断断续续两百年的十字军东征几乎同时，西欧社会出现另一个变化，就是城市与商业的兴起。我们记得"蛮族"入侵后，城市、商业和手工业几乎消失了，但是在 11 到 13 世纪，城市和商业又慢慢恢复、重新出现了。这种情况是怎么发生的？其实不复杂。尽管在中世纪早期自给自足的自然经济在整个西欧蔓延，但仍然有一些东西是领主庄园中不能制造的。理论上说，庄园可以生产日常生活中的一切用品，包括吃穿住行，但有些东西还是要去购买。比如，领主有可能什么都不需要，可是有一件东西他非要不可，就是他的武器。并不是每一个庄园都能制造出锋利的刀剑，经常需要到外面去买，如果没有很好的武器，打仗的时候就糟了，人家哗啦一下就把他的矛头砍断了，他剩下一根光秃秃的枪柄，能打仗吗？他还需要好马，有了好马才能冲锋陷阵，也才能吃了败仗跑得快。大家知道中世纪的骑士怎么打仗吗？不像金庸小说里的那种武术，什么乾坤大挪移、梅超风之类；中世纪欧洲骑士打起仗来很简单，就是骑一匹高头大马，拿一根长矛，很长很长，应该和张飞的那个差不多。然后他身披重甲，铁甲从头盔开始，一直包到脚上，把全身都包得严严实实的，不穿这样的厚甲是不行的，人家一下就把他刺死了。身上穿铁甲，手上拿铁矛，腰上还得挂刀剑；马也要披甲，所以马要非常好，能承受得住好几百斤的总重量。打仗的时候，两个骑士手执长矛对冲，就看谁的马跑得快、冲得猛，谁被掀下马谁就败了。所以欧洲打仗是没有"十八般武艺"的。这么看来，马特别重要，没有好马就不行。可是一般庄园产不出好马，必须到外面去买。

再举一些例子。太太、小姐要打扮，要穿漂亮的衣服，可是好首饰、好化妆品不是每个庄园都能生产的，漂亮衣服也要到外面买。其他东西，例如啤酒、葡萄酒，庄园主要想喝好酒也需要购买。因此商品慢慢渗透进自给自足的经济中，商业于是慢慢地复苏。随着商业复苏，城市也重新出现了。我们曾经介绍过，中世纪领主住城堡，所以在城堡周围就出现很多

― 商业的兴起 ―

市民在为城市铺路

卖东西的人,他们有的卖好酒,有的卖好衣服,有的卖好武器,有的只是卖锅碗瓢盆,不过质量非常好。这些人在城堡周围定居,也学着领主的模样,在定居点外面挖一道沟、筑一座墙,于是一个"城市"就出现了。当时的欧洲很不太平,到处是战争,城堡和城墙都是用来防卫的。城市是商业中心,市民从事制造业,或者做买卖。这样,城市里的人和城市外的人就有区别了,而且是本质的区别。中世纪早期社会结构中除了领主就是农奴,现在出了第三类人,他们是"市民"。这些人很可能是逃跑的农奴,或者是农奴的后代,他们离开以前的主人,找个地方躲起来学手艺,然后从事制造业,造出来的东西是要卖的,卖了钱再去换粮食吃。他们或经商或做工,不再从事农业生产,这是一种新的经济活动方式,他们也是一种新型的人。

在城市工商业活动中,人们的生活态度和价值观念与农村不同。农村的封建等级结构最重视身份,贵族与平民有天壤之别,领主和农奴则完全是两个世界,鸿沟不可逾越。一个人生下来是农奴就永远是农奴,子孙后代也都是农奴,身份是不可以改变的;反过来,生下来是贵族就永远是贵族,身份也不会改变,即使他变穷了,他贵族的身份却仍然存在,不会因为财产多少而发生变化。中国民间有一个说法,叫"龙生龙,凤生凤,老鼠生儿会打洞",当时的西欧就是这样:公爵的儿子是公爵,农奴的儿子是农奴。不像在古代中国,人的身份还是有可能变的,考取了状元他就鲤鱼跳龙门了,或者呢,他可以造反,造反成功了可以当皇帝。西欧的土地分封制度却不允许这样,在等级制度的金字塔中,每一个人的身份都是固定的。

但是城市的情况却不同了。城市中市民都是没有身份的人，大家的出身都差不多，这个人的祖父是种地的，那个人的父亲是放羊的，身份问题没有那么严重。后来慢慢发生分化，出现了城市的精英和寡头，等级制度也出现了，但这些精英、寡头不是因为出身好，而是因为会赚钱才变得身价百倍。结果出身仍旧是次要的，金钱和财富才更加重要，决定着人们的地位和身份。和农村相比，城市有一种不同的生活态度和价值观念，这是一种异质的东西，最终会导致封建社会的瓦解。今天的西方社会是从城市发展出来的，并不是农业经济发展的产物。

— 城市的壮大 —

上一讲讲过西欧封建社会的基础是土地分封，但城市却不存在土地分封，他们既不可能接受别人的分封，自己也没有土地去分封给别人，他们的土地属于领主，这个领主可以是国王，也可以是贵族，或者是教会。中世纪的领主基本上就是这三个群体，城市不包括在内。城市居民集聚而居，是住在领主借给他们的土地上，领主愿意让他们居住，首先是领主需要购买一些东西，因此需要有人经商或者做工，向他提供这些东西。另外一方面，城市还为领主带来很大的经济好处，因为领主可以向他们收税。领主让市民住下来，让他们开办集市、经商务工，都不是不付代价的，而代价就是缴税。领主很快就看出这一点，所以每一个领主都很愿意开办城市，让城市为他们赚钱。

可是后来情况发生变化了，城市居民有钱了，觉得腰杆硬了，他们讨厌领主压榨，动不动就来要钱，他们想摆脱领主的控制，不愿意无限制受盘剥，于是就去同领主谈判，要求给一个固定的税额，每年交完税，领主就不去管他们。有些领主愿意这么做，于是双方签订协议，由城市统一收税，收齐了一起交给领主，通常这笔税金会让领主满意，同时又免去了领主很多的麻烦。这以后，领主就不去管城市的事了，他只管收税拿钱，同时不让其他人来欺负他的城市，而城市也得到自我管理的权利，这就叫"自治权"。自治的城市就出现了。有时领主不同意，他仍然想随时随地都可以到城市去拿钱，无限制地敲诈勒索；市民们觉得自己有力量的时候，就发动武装叛乱强迫领主接受条件,然后实行自治。到十二三世纪时,越来越多的西欧城市取得了自治地位。这样一来,城市不仅在经济方面不同于农村,而且在政治和司法方面也摆脱了封建领地结构,城市居民不再受庄园法庭管制,可以自己去选市长、议员、法官,等等,组织自己的市政府,建立自己的法庭,甚至组织自己的军队。这种情况在东方,包括中国、印度、中东等都没有出现,所以西欧的情况非常特殊。我一直在说,资本主义最早发生在欧洲西部,是由它的特殊性造成的,而不是由世界的普遍性造成的,这个问题以后再说。

到后来,越来越多的城市希望寻求国王的保护,他们愿意把赎金(就是保护费)交给国王,而不是交给当地领主。国王当然很乐意,给他交的钱越多,他手里的财富就越多,他在同贵族争夺权力的斗争中力量就越大。中世纪贵族与国王不断争权,这是造成中世纪混乱的一个重要原因。国王收了城市的钱就给其颁布特许状,得到特许状的城市就受到国王的保护,城市和国王都很乐意这样做,这是一种交换。于是,西欧就出现一个新的

佛来芒公社接到城市特许状

现象：王权和城市结成同盟，共同对付贵族。这是利益的结盟：国王想收拾贵族，扩大权力，做真正的一国之君；城市愿意得到国王的保护，因为至少从理论上说，国王是一国之内最高的领主，所有的土地分封都是从他开始的。此外，商品若长途贩运，路上很危险，城市希望国王能控制整个国家，保护商业。况且，每一个领主都会在自己的领地上设关卡，要商人留下买路钱，就是关税，这样就增加了商业的成本，令城市商人非常反感；他们希望在一国之内完全取消税卡，而这也要求国王的权力覆盖于整个国家。于是，城市就站在国王一边反对贵族，愿意给国王缴纳税金，做国王授权的自治城市，帮助国王打击贵族。二百年之后，近代性质的国家在西欧出现了，它的基础就是王权和城市的结盟。

说到城市，同学们可能会联想到现代大都市，现代化的城市设施，一切都很方便。但中世纪的城市可没那么好，相反情况非常糟，没有人愿意住进去。因为城市的空间是极其狭小的，领主拿出一小块地给经商做工的人居住，而城市人口会越来越多，房子也会越来越拥挤，道路狭窄，通常是只能让一辆车驶过去。路两边楼上的人，手一伸就能握到对方的手，莎士比亚戏剧里的罗密欧与朱丽叶大概就是这么认识的，不过这太浪漫。城市里的卫生条件极其恶劣，垃圾脏物没有地方去，于是就往路上一扔，天晴的时候满地垃圾，下雨的时候一地污水，所以城市是疾病的渊薮，各种各样致命的传染病在城市里面大肆蔓延。有身份的人是不愿住到城市里去的，没地方去的人才在那里待着。这就是中世纪的城市，是一个令人厌恶的地方。

尽管如此，城市、商业却代表着历史发展的方向。在中世纪欧洲，什么地方是商业贸易的中心？是地中海地区，其中又以意大利为最重要。为什么地中海是商业贸易中心？原因是地中海连接着东方和西方，整个西欧贸易都是面向东方的，东方的富裕吸引着西欧。与当时的中国比较一下：那时中国是宋代，宋代在军事上相当虚弱，但其经济、文化很发达。柳永有一首词说到杭州："参差十万人家"。十万户，至少有五六十万人口，可

马可·波罗觐见忽必烈

是西欧的城市除了巴黎、伦敦稍微大一点,其他的城市都很小,只有几万人,甚至几千人。后来意大利发展出繁华的城市,比如佛罗伦萨、威尼斯,人口和财富都相对集中,可是当威尼斯人马可·波罗来到元代的中国时却大吃一惊,中国的繁华是他的家乡所无法相比的,而元代在中国历史上却不是个繁华的朝代。所以,西欧贸易为什么面向东方,原因就在这里。

关于城市还有一个小问题,就是东欧的城市和西欧的城市有很大不同。东欧城市没有形成独立的市民社会,也就是从封建主流结构中剥离出来,形成一些虽然不大、却代表着一种发展趋势的工商业自治体,这种情况在东欧没有出现。究其原因,是东欧的中央权力很大,城市依附于中央政权,不可能形成工商自治体。西罗马帝国瓦解后,东部罗马帝国即后来的拜占庭帝国一直存在到1453年。这个帝国带有浓厚的东方政治色彩,皇帝的权力很大,尽管它有发达的城市和发达的工商业,却形成不了独立的市民社会。因为像西欧那样的城市自治的前提是政治权力分割,而拜占庭的政治权力却高度集中,城市不可能从这个权力结构中剥离出来,形成自治,它不拥有无限发展的政治空间。相比之下,在西欧封建状态下就不存在那样一种强大无比、无所不包的权力中心,结果就涌现出各种各样分割的权力,贵族领主庄园是这种权力,城市也是这样一种分割的权力。这么一来,西欧与东欧就非常不同了,以后还会更加不同。

最后讲文艺复兴。文艺复兴非常重要,一般认为发生在14—16世纪。什么叫"文艺复兴"?从字面上说,复兴意味着再生,意味着复活,而文艺复兴主要涉及思想文化领域,在这些领域,发生了"再生"。这是一次思想文化运动,它改变了中世纪人的观念。文艺复兴主要集中在两个地区,第一是意大利,第二是西北欧,相当于今天的西北德意志、荷兰、比利时,还有英格兰。但它的影响波及更广泛的地区,甚至整个西欧。

—文艺复兴—

文艺复兴的发源地在意大利,原因很简单,就是意大利是商贸集中的地区。前面说到,中世纪西欧商业贸易集中在地中海,而地中海又以意大利为中心,因此意大利积累了大量财富,比西欧任何地方都富裕,这是一个物质基础。在这个基础上,意大利人,尤其是商人们产生一种欲望,即除了财富上的满足之外,他会去追求另一种满足,即精神上的满足,尽管可以把这说成是附庸风雅。于是,商人们希望自己的城市在文化方面也出

今日佛罗伦萨

| 第八讲 | 中世纪盛期到文艺复兴 |

现繁荣。

但为什么说"再生"呢？"再生"是指古典文化的复活，恢复古代文化的光辉，具体而言，就是恢复古希腊、罗马的文化。意大利是罗马的发祥地、古代罗马帝国的政治经济中心，把这种地理因素和财富的集聚及对精神文化的追求放在一起，就能理解为什么"文艺"复兴发生在意大利了。意大利人生活在意大利，会觉得自己无比光荣，他生活在一块有辉煌历史的土地上，这种感觉在其他地方不会有，比如说在北德意志就不会有。北德意志是一望无际的灰色平原，无聊极了，除了星星点点的小村庄，两眼望出去什么也没有，再也不会产生那种辉煌的历史感。可是在意大利就不同，你随时可以看见古代的遗物，那些残缺不全的半身雕像，那些古代建筑的残垣断壁；在某个地方你看到墙上的壁画，在另一个地方你看到一堆瓦砾，可是那些都是一千年以前的东西，你于是油然产生一种感觉：意大利多么伟大！意大利人突然感觉到，他们身上流的是古罗马人的血，尽管已经加入了蛮族的血液，但他们仍然觉得自己是古罗马人的后代。再加上意大利城市的商业财富，他们会说，我们和古罗马多么相像！意大利拥有古代罗马的一切，商业、城市、财富，等等，可是却唯独没有一样东西，那就是古罗马的文化——没有它的雕塑，没有它的绘画，没有它的建筑，没有它的诗歌，没有它的哲学，没有它的戏剧，等等，这是多么悲惨呀！于是，人们开始追思古代的文化了，这样，就引发了意大利的文艺复兴。

文艺复兴的主题是人，是人的价值和人的地位。文艺复兴涉及很多方面，首先是文学。很多人把但丁和他的作品《神曲》看作文艺复兴的起点，当然现在也有很多不同意见。不管但丁和他的《神曲》是否被人们接受为文艺复兴的起点，这个人物和这部作品都非常重要。但丁是一个政治性人物，他从小就想当政治家，后来也成了政治家，只是不得意，反对派把他轰下台，又把他从佛罗伦萨流放出去，流放之后就再也没有回去过。在流放生活中，他一直闷闷不乐，结果就写出一个稀奇古怪的东西，说是有一天他外出郊游未能及时回家，天黑了，留在林子里，心中非常着急。好不容易熬过一个可怕的夜晚，等到黎明到来，山顶上一抹阳光，红彤彤的光线照耀在山峰，而山谷里还是一片黑暗。但丁奋力向上爬，却不料遇到三只野兽挡道，一只狼，一只豹，一只狮子。那些野兽挡道在前，身后却是万丈深谷，非常可怕。这时过来一位老者，自称是古罗马的维吉尔。老者对但丁说，你看前有猛兽、后有深渊，你哪里也去不了，这样吧，你就跟我走，我带你去看天堂、看地狱，天堂和地狱之间还有净界（"净界"是天堂和地狱之间的地方，

但丁像

但不等于人间）。但丁无路可走，只好接受老者的邀请。在参观的途中他又遇到一位女子，这位女子叫碧雅特里丝，其实，她是但丁心中暗恋的姑娘。这三人就游天堂、游净界、游地狱，遇到了许多人，当然只是灵魂，不过他们都是历史上有名的人物，比如古希腊、罗马的政治家和将军，当时意大利刚去世不久的官员，有统治者，有宗教人士。但丁很好奇，碰到一个人就会与他交谈，和他们讨论各种问题，比如哲学、诗歌、自然界的各种现象、历史问题、戏剧、绘画、建筑，等等，什么都谈。在讨论中各种思想互相碰撞，碰出火花。有趣的是，但丁在天堂和地狱的不同层级上碰到这些人，实际上体现着但丁对这些人的好恶评判。在《神曲》中，天堂分为九重，地狱也有九层。在天堂第一重的是好人，在第二重的是更好的人，在第三重当然就更好，在第九重则最好；反过来，在地狱第一层的有一点不好，在第二层的更不好，在第三层的更更不好，而第九层地狱中的就全都是恶人。这些评价反映着但丁的道德标准及他对历史的看法。值得注意的是，他的评价与当时的流行价值观不完全一致，他有他自己的标准。比如，

《神曲》插图 地狱中的情景

当时人们把好色贪吃、放纵奢华看作十恶不赦,但在但丁眼里这些只是轻微的错误,最多只需要进第一层地狱,或者在净界。相反,有些被看作好得不能再好的人,在但丁看来却很坏,但丁认为他们虚伪、说谎,应当进第九层地狱。但丁的与众不同说明了什么?如果我们意识到当时流行的标准背后是基督教意识形态,就立刻能明白,但丁是对基督教价值标准提出了质疑。当然但丁并没有背离基督教,他的标准仍然是镶嵌在基督教基本价值之内的,他只是提出某些质疑而已。

从但丁和灵魂的交谈中可以看出他强烈的好奇心,而这种好奇又是和古代的知识结合在一起的,可见他正在回归古代的知识。可是这些知识包括古代的知识仍然是放在基督教的框架内来讨论的,因此我们可以看出但丁的这样几个特点:第一,他的基本背景是基督教;第二,他的求知欲极强,而且是复古的,沿着古代人的知识路径去追求;第三,他加进了自己的判断,提出了自己的标准。从这些特点看,人们说但丁和《神曲》标志着文艺复兴的起点,也是有道理的,因为文艺复兴确确实实体现着这些特点,即基督教+古典知识+当时人的思考。至于那些前有狼后有虎、万丈深渊等说法,都是他瞎编的,为了引出一个故事,《神曲》就是那样开篇的。

另外一部文学作品叫《十日谈》,也是一个离奇古怪的作品,作者是薄伽丘。14世纪中叶欧洲流行过一次大疾病,当时叫黑死病,现在把它叫作鼠疫。佛罗伦萨十几个富家子弟为躲避这场疾病就躲到乡下去,那里空气比较干净,清洁流通,感染的可能性比较小。可是在乡下待这么长时间实在无聊,他们就轮流讲故事消磨时光,这样,一个一个小故事就编出来了。

翻开这本书可以发现，其中有些故事好看，有些故事不好看，有些还极其无味，大概是作者收集了很多当时的传闻，用黑死病为背景串联起来，就成为一个故事集。它的特殊之处在于对天主教会进行辛辣的讽刺，大量故事都在揭露教会的阴暗面。比如教会口头上宣传节俭、诚实、贞洁等美德，但故事中的很多人物如神父、主教、司铎等却都是好吃懒做、不务正业，跑到外面去骗吃骗喝、偷人家的老婆。如果从一个积极的意义上去理解《十日谈》，作者大概是想告诉大家：教会说一套、做一套，满嘴仁义道德，一肚子男盗女娼。《十日谈》这本书其实不好看，故事都很沉闷，如果非要去见识一下的话，看两三个故事就可以了。

文艺复兴中一个重要人物是彼特拉克，他是散文家、文学家，写的文章非常漂亮，他最早提出"人文主义"这个概念。所谓人文主义就是以人为本，人高于一切，人是万物的中心。这种思想与当时主流的基督教思想正面冲突，因为基督教是以神为本的，上帝为中心。但我们不要把这种区别看得

《十日谈》插图

薄伽丘像

太绝对,不可把文艺复兴和基督教完全对立,其实文艺复兴时期的一切思想和创作都是在基督教基本框架之内来进行的。例如以人为本,也可以从基督教的基本思想里得到阐释,因为按照《圣经》的说法,上帝造天、造地、造万物,最后把人造出来,然后告诉人,你去管理万物,因此人就是世界的中心了,那也是上帝的旨意。从这个角度观察,我们会发现西方文化很有意思,今天西方人大概不像中世纪那样宗教色彩浓厚,现代西方文化中甚至包含着强烈的世俗主义和反宗教色彩,但西方的人本主义并没有跳出上帝的框架,如果这样去理解科学,就会发现上帝与科学可以不矛盾——这个问题以后再说。

接下来看艺术,艺术是文艺复兴中最精彩的部分。文艺复兴后期有三杰:达·芬奇、米开朗琪罗、拉斐尔,他们的作品是文艺复兴艺术的光辉典范。我们看达·芬奇的《蒙娜丽莎》,所谓史上最迷人的微笑,谁能够解释蒙娜丽莎的微笑到底是什么含义?直到现在也没有人说得出,但它就是迷人。蒙娜丽莎是一个商人的妻子,她只是一个普通人,但是她的微笑太神秘了,于是就弄出了像《达·芬奇密码》那样的电影。不过画中的蒙娜丽莎确实只是个普通人,她有真实的存在,有她自己的思想,她的思想感情神秘地流露在她的脸上,达·芬奇抓住了那一瞬间,这就是理解《蒙娜丽莎》的钥匙。《蒙娜丽莎》真实地反映了文艺复兴艺术中的一个特点,那就是画普通人。中世纪艺术都是宗教性质的,要么画圣人,要么画地狱,画圣人是激励人们去做好事,画地狱是不让人们做坏事,中世纪艺术有明确的宗教目标。文艺复兴却在改变这种情况,请看《最后的晚餐》图中间是基督,两边是十二弟子,左边第四人是叛徒犹大。这幅画讲的是一个宗教故事,但画面上呈现的是十三个普通的人，不像中世纪的宗教画，他们头上没有光环，连基督头上都没有光环。文艺复兴绘画将圣人恢复为普通人，或者说恢复到原始基督教时期的人。再看《岩间圣母》，山洞里有四个人物：两个年轻的母亲，两个年幼的孩子，母亲们年轻而漂亮，孩子们活泼而可爱。放在现代人的眼中，很可能理解为两对母子在山中野餐，但其实两个"母亲"一个是圣母，另一个是天使，两个"孩子"则是小耶稣和圣约翰。这完全是一幅圣人画，但给人的印象却是深刻的，散发着浓厚的动人的生活气息，它让人感受到母性的温暖，表达的却是宗教题材。人们可能会有误解，以为文艺复兴是反宗教、背离宗教的，但实际情况不是这样，文艺复兴的特点是将世俗的人性和宗教原则结合在一起。

拉斐尔的画也是这样。看他的《椅中圣母》，画中三人又是圣子、圣母、圣约翰，而那种人性的温暖与母子之情表现得更加淋漓尽致。这幅画的面部表情确实太精彩了，特别是圣母子那两对大眼睛。《雅典学院》不是宗教画，画中人都是古希腊的思想家和

蒙娜丽莎　达·芬奇　绘

岩间圣母　达·芬奇　绘

| 第八讲 | 中世纪盛期到文艺复兴 | 161

椅中圣母 拉斐尔 绘

哲学家,其中包括柏拉图,他的右手食指向上,暗示着柏拉图的原理,即最高精神的存在。他旁边是亚里士多德,手指着前方,暗示人生的世俗道路铺展向前,他是唯物主义哲学家,所以讨论现实的人生问题。其他人也都是古希腊最著名的思想家,他们原本生活在不同的时代,但拉斐尔把他们画在一起,为的是歌颂古希腊的智慧,歌颂人的灵杰,歌颂人类的知识。画面同样表达以人为中心的主题,与《神曲》有异曲同工之妙。

米开朗琪罗是"三杰"中集大成的一位。我们看他在梵蒂冈西斯廷小教堂天顶画中的一个部分《上帝创造亚当》,字面翻译是"给亚当以生命"。右面的上帝把手指伸向亚当,在与亚当的手接触的那一刹那,上帝将生命赋予亚当。这幅画歌颂人的生命,人的伟大,人的生存,生命是从上帝那里得来的,上帝将他创造成有灵性的伟大生物。文艺复兴的特点于是又体

上帝创造亚当 西斯廷小教堂天顶画 米开朗琪罗 绘

现出来了，就是用宗教的题材表达人性。

米开朗琪罗还是一位雕塑家，《大卫》是他著名的作品，这是一个古典式的创作，沉稳、平衡，静中显示力量。大卫是《旧约全书》中的英雄，是希伯来王国的第二任国王，他年轻时用石块打死歌利亚，拯救了以色列民族。但在米开朗琪罗的作品中，与其说大卫是一位勇猛的战士，不如说他是一个漂亮的小伙子，有着迷人的魅力。米开朗琪罗借用《圣经》人物歌颂人的美，出色地传达了文艺复兴的特点。

最后我们介绍乔尔乔内的《暴风雨》。从画面上看，你们能感受到这是暴风雨吗？从一定意义上似乎可以感受到，因为画面的基调是灰绿色，有点像暴风雨即将来临的样子。远处乌云黑压压地压下来，风起了，从树叶的颤动可以看见风，而黑乎乎的树叶暗示着山雨欲来风满楼的那种场面。遥远的天空中云层滚滚，电光闪闪，在闪电中仿佛可以听到雷声。近处，是典型的意大利乡村风光，前排有三个人物：一个女性手中抱着刚出生不久的婴孩，正在给他喂奶；男人的打扮很奇怪，他穿着意大利贵族的服装，手里却拿着个锄头，好像是个劳动的农民。这幅画长期以来让人费解，后来有人解释说那是亚当和夏娃，讲的是亚当夏娃被逐出伊甸园以后的情景。按《圣经》的说法，上帝驱逐亚当与夏娃的时候曾经说，你们要从此辛苦，要以劳动为生，世代受累。动物都是直接从上帝那里获取食物的，但人必须劳作，因为他犯了罪，就是"原罪"。如果这幅画真的是画了亚当和夏娃，那么，亚当就应当是一个辛苦的农夫，夏娃则应该是劳累的农妇，但

暴风雨 乔尔乔内 绘

画中的亚当怡然自得,神情悠闲,显出一副满不在乎的样子。他仿佛在说:我劳动、我很高兴呢;我们离开伊甸园,我们现在很好呢!如果真是这个意思,那就不得了啦,因为亚当是在挑战上帝!乔尔乔内是不是太大胆了?

最后我们看米开朗琪罗的《最后的审判》:画中间站的是耶稣,他身边站着圣母,耶稣挥舞右手,做出一个坚定的手势,他右边的人物都落入地狱,他左边的人则进入天堂。一边进地狱,一边上天堂,原因在于他们活着的时候作恶还是行善——作恶的下地狱,行善的进天堂,这当然是基督教的说教。不过做出这样审判的却是耶稣基督,他是神之子,是人,不是神,他只是"人子"。整个画面惊心动魄,动感非常强烈。这是一幅宗教画,不过在宗教的背景中,《神曲》的精神依稀可见,而且它几乎就是一部画出来的《神曲》——那就是文艺复兴!

最后的审判(局部)

专制王权的出现是西方历史的一个转折点，因为它催生了近代民族国家。因此，专制王权"好"还是"不好"？也许，最好的办法是不用"好不好"去判断它，而是看它起了什么样的历史作用；对任何一种制度我们都应该用这样的标准来衡量，这才是历史的客观态度。

第九讲

欧洲向近代过渡

◎ 知识与科学的解放
◎ 农奴制解体
◎ 民族国家
◎ 重商主义

关于文艺复兴,上次只讲到文学艺术,仅从文学艺术也可以看出,文艺复兴的核心内容是对人的歌颂,文艺复兴时期出现了我们今天将其称为"人文主义"的思想,人文主义表达的是对人的歌颂。

下面讲文艺复兴的其他方面。首先是政治学,文艺复兴时期出现了一批政治学家。我首先提醒大家,政治学家与政治家是完全不同的两个概念,一定要区分开:政治家不见得懂政治学,其实多数政治家都不懂政治学;反过来,政治学家多数也当不了政治家,他们没有实际从事政治活动的能力。在政治学家中我们特别要提到马基雅维利这个人,他是文艺复兴时期政治学的

— 知识与科学的解放 —

马基雅维利

代表人物，后世学者往往把他看作近代政治学的第一人。马基雅维利最大的特点是把真实的统治技巧作为讨论的对象，也就是说，治国术是他研究的对象。他摆脱中世纪那种以神学为中心的政治理论的羁绊，他最主要的著作是《君主论》，这本书一直到今天仍然享有盛誉。我们看这本书，一方面可以看到他如何阐述真实的治国术，教统治者比如国王这样的人如何治理国家；另一方面则会产生一种说不出的感觉，不知道究竟说它好还是说它不好，因为，一方面你会觉得他说得有道理，另一方面又感到难以接受，甚至厌恶。举一些例子。他说统治者应该吝啬、而不是慷慨，应该非常小气，对所有人都要一毛不拔，千万不要把钱花在各种对他有所求的人身上。这种说教与一般人的判断标准有很大距离。一般人希望统治者应该慷慨，应该对人民友好大度，人们痛恨吝啬的统治者。可是马基雅维利说：普通人慷慨是可以的，他们可以对朋友友好大度；但统治者慷慨就是坏事，因为一旦慷慨，他的钱很快就花光了，别人就瞧不起他，他就无法统治；慷慨的时候大家围在他身边，一旦他没钱了，人们就离他而去，他也就没法再统治了。所以统治者不能慷慨，要紧紧地守住自己的钱袋子。这种话听起来不错，可是老百姓不喜欢，老百姓希望统治者善待人民。再举一个例子。马基雅维利说，作为统治者，无论是国王还是主教还是大公爵，他可以把属下的父亲杀死，但不可以剥夺属下的财产，因为杀死一个人的父亲只让他记仇一阵子，而剥夺一个人的财产则让他记仇一辈子。他还说统治者应该狡猾，越狡猾就越能统治好。这些说法都有一定的道理，可是不符合人们的道德期待，"好人"和"好统治者"二者之间似乎不可兼得。

我们如何看待马基雅维利这个人及其学说？刚才已经介绍了，马基雅维利是第一个脱离中世纪的神学框架来讨论政治学、指导统治术的政治学家，他是意大利人，曾在佛罗伦萨担任高官。当时意大利四分五裂，有许多城市国家（佛罗伦萨是其中一个），城邦之间经常发生战争，动乱非常频繁。马基雅维利在写作《君主论》时有一个明确的目标：他要做帝王师，指点统治者治国之术。对他而言，国家统一、社会安定、君主强大，是理想的目标，要达到这个目标，必须依赖坚强有力的统治者。当时的意大利太乱，统治者太多，相互不服气，各城邦之间彼此争斗，战争不断，意大利因此而羸弱不堪。他希望看到强大的统治者出现，统一意大利，把它变成安定祥和、繁荣富强的国家。为了这个目标，统治者可以不择手段，不顾道德标准，只要能统一意大利、强盛意大利，任何手段都是可以采用的。马基雅维利后来在历史上一直备受争议，直到今天，人们仍然会把那种不择手段、不顾道德标准而谋取政治利益的人叫作"马基雅维利主义者"，这当然是一个带有贬义的词。但如果我们把马基雅维利和他的学说放到时代的背景中去，我们又能够理解他，并且意识到其学说的历史意义，因为近代世界之开始，确实是以强大君主的出现为缘起的。

再谈谈科学方面的情况。文艺复兴时期人们试图恢复古典学问，这样就使中世纪一度沉寂的科学得到长足的发展。主要表现在两个领域：一是天文学（包括物理学），二是医学。不是说其他方面没有发展，其实地理学、博物学等也是有发展的，可是在这两个领域更加突出。在天文学方面，特别要提到几位大家都熟悉的科学家：哥白尼、开普勒、伽利略，他们三人其实是一脉相承。同学们都知道，中世纪流行希腊化时代的托勒密学说，也就是后来被人们称为地心说的宇宙学。该学说认为地球是宇宙的中心，太阳、月亮、星星，其他一切天体都围绕地球运行。到哥白尼时期，哥白尼对这种学说提出强烈质疑；开普勒发展了哥白尼的学说，使它更加完善；到伽利略时期，他通过制作天文望远镜和实际观察进一步证明了哥白尼的猜想。这样日心说就形成了，此后被越来越多的人所接受。今天我们知道

哥白尼像

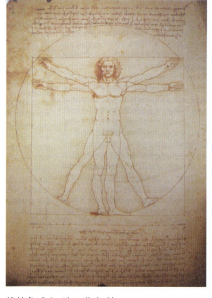
维特鲁威人 达·芬奇 绘

日心说也不对，宇宙究竟是什么样，一般的人已经不大容易理解了。比如说，它是在 10 的 36 次方分之一秒时间内通过大爆炸而形成的，这个说法是今天所有科学家都接受的，但对常人来说，就不大能理解那个 $1/10^{36}$ 秒的瞬间——连"瞬间"都不是——突然形成的一个大宇宙。至于"宇宙之外又有什么"这样的问题就更难理解，但今天的天文学确实是从哥白尼、开普勒、伽利略开始的。

在医学方面要提到萨维里，一般教科书都会提到这个人。萨维里发表的一本书叫《人体结构》，这本书上关于人体各部位的绘图和今天人们所知道的人体解剖学知识非常接近。当时人们关于人体解剖的知识已经很丰富了，比如达·芬奇画的人体素描图，和今天人们画出来的几乎一样。

当意大利发生文艺复兴的时候，北方也开始出现文艺复兴运动，基本上集中在西北欧，就是今天的比利时、荷兰、英国、德意志的西北部。这个地区的文艺复兴与南方相比,其基本理念应该是一致的,也就是对人的推崇;但它和意大利文艺复兴仍然有区别,最重要的区别是它更加集中在思想方面,更多思考,而较少地表现在艺术,尤其是绘画中。

介绍这样几个人。一个是伊拉斯谟,这个人被看作北方文艺复兴的代表人物,甚至是领头人。他是个思想家,其思想中人文主义色彩非常浓厚,他的主要著作是《愚人颂》,是一部非常巧妙的讽刺性作品,主要针对当时的教会和教士。他认为教会中充满傻瓜,他们自以为聪明,自认为是上帝意旨的代言人,但其实都是傻瓜。《愚人颂》就是专门歌颂傻瓜的,从书名就可以看出讽刺的意味。另一位是托马斯·莫尔,一个英国人,曾在英国担任高官,是英王亨利八世的大法官,地位非常高。他的主要作品是《乌托邦》,这本书直到今天仍然有影响。"乌托邦"这个词也已经成了符号,表示一个理想的世界,人们追求它,却永远也得不到它。书中的"乌托邦"是大洋中的一个小岛,岛上幸福美满,光明公正,没有邪恶,没有罪恶,充满了美好的一切,可是人们不知道它在哪里,也永远找不到它,它只是一个理想国。莫尔认为理想国的基础是财产公有,这个思想对后来的社会主义,包括马克思的共产主义有重大影响。托马斯·莫尔生活在16世纪,离19世纪空想社会主义和科学社会主义的出现还很远,所以他是一个预言性的人物。

顺便说一下,《乌托邦》里提到的"羊吃人",是对当时英国"圈地"现象的无情批判,不过圈地运动究竟是怎么回事,历史学家已经做了好几百年的研究,今天人们了解的情况

莫尔的《乌托邦》插图

| 第九讲 | 欧洲向近代过渡 |

丢勒的《忧郁》

已经比较多了,事情也比较清楚。圈地运动不像我们中学教科书中说的那么简单,好像骑着马转一圈,就把地圈下来了。羊也不是到处都在吃人,圈了地也不是都养羊。这些情况以后再讲。

法国的拉伯雷也是人文主义代表,他的主要作品是《巨人传》,这是一部文学创作,通过歌颂巨人,来歌颂人的力量和人的意志,也体现着文艺复兴的基本特征。

德国的丢勒是一位画家,看了他的画之后再比较意大利的作品,就可以感觉到南、北方文艺复兴的差别所在:丢勒的画突出思考,而不是给予视觉上的美感。丢勒通过他的画传递一种信息,就是提倡思索、提倡理性、提倡追问。当然,只有人才能思考和追问,从这一点看,丢勒体现了人文主义精神。

— 农奴制解体 —

中世纪接近尾声的时候,农奴制在西欧解体。农奴制是中古早期形成的社会经济制度,它的基础是土地分封、庄园制度,庄园中的农民不可以自由离开自己的土地。可是随着时间的推移,到中世纪晚期,农奴制开始瓦解了,其中有两个非常重要的因素,一是黑死病,二是农民的反抗。

黑死病是一次瘟疫,发生在1348—1349年,两年之中,黑死病自东向西肆虐整个欧洲,一路横扫过去,大量人口死亡。我们今天知道黑死病是一种鼠疫,当时它是一种非常可怕的传染病,完全不可治愈,死亡率很高。

后来人们对黑死病造成的危害做出了不同的估计，最乐观的估计认为十分之一的人被毁灭，最悲观的估计认为有二分之一以上，甚至三分之二以上的人口死于黑死病。现代历史学家一般认为有三分之一到二分之一的人口死于黑死病，这个比例仍然是非常高的。当时留下很多记载，说整个村庄、整个村庄的人口全都没有了，甚至整片、整片的土地上人口都被灭绝，情形非常惨。但今天重点介绍的不是黑死病本身，而是它的社会后果，一个完全出乎意料的结果出现了，就是促进了农奴制的解体。这两件事听起来风马牛不相及，完全不相干，一种疾病和一种社会经济制度之间有什么联系呢？任何人再聪明、想象力再丰富，都不能想象两者之间会有联系。

情况是这样的：黑死病造成人口大量消失，等黑死病过去之后，人们突然发现劳动力没有了。大家想，庄园经济需要靠农民种田，而农民就是农奴，可是等社会从黑死病的震撼中恢复过来时，各个领地上都出现劳动力紧缺的现象。人没有了，地却不能不种，活着的人不能不吃饭，领主不可能让他的土地荒芜，于是，有些领主就想尽一切办法来寻找劳动力，只要能找到劳动力，什么样的方法他都使用。中世纪土地分封制度有一个忌讳，就是到别人的土地上去挖劳动力，那等于是拆别人的台，这是封建规范所不允许的。但是现在，只要有人来种地，无论他从哪里来，也不管他过去做什么，是不是别人家的农奴，只要愿意来种地，领主就欢迎。按照封建规范，农奴是不可以离开自己土地的，他不可以逃跑，逃跑的农奴都要被抓住送还给他原先的主人。但黑死病之后，有些领主就鼓励他人的农奴逃跑，把他们招引到自己的土地

黑死病肆虐时的惨状

上来，让他们种地，把他们保护起来，甚至给他们自由，不再是农奴。这种办法很吸引人，许多农奴开始逃跑。不愿解放农奴的领主就面临风险，他将丢失劳动力。为了留住劳动力，更多的领主解放农奴，渐渐地，农奴制解体了，农奴变成了自由的农民。随着农奴制解体，领主也开始改变土地经营方式。以前，领主把土地分成两个部分，一部分自己使用，另一部分切成小块，分给农奴去耕种，作为交换条件，农奴要到领主的自用地上去劳动，为领主种地。现在情况变了，领主把所有的土地交给农民，让农民耕种，向农民收租。起先只要求实物地租，也就是粮食、蔬菜、水果、肉类等，慢慢地，领主要求交纳金钱，因为金钱比实物好，金钱可以买东西，可以买任何东西。当时，西欧正在向商品经济方向发展，自给自足的庄园经济正在瓦解，领主们越来越体会到金钱的好处，他们也越来越把庄园的产品看作商品，把农产品拿到外面去卖。资本主义的因素正在扩散，西欧历史正在走向转折点。

农奴制解体的第二个因素是农民起义。一般会提到两次比较著名的起义，一次是在法国发生的扎克雷起义，另一次是在英国发生的瓦特·泰勒

扎克雷起义中农民在洗劫富商家

起义。在西欧，像中国那样的狂风暴雨式的农民起义根本没有，比如瓦特·泰勒起义，和中国农民起义比起来，几乎就是乌合之众。起义的导火线是人头税，而深层的原因是农奴制。大批农民走到一起，从各个地方去到伦敦，沿途他们捣毁了庄园，烧掉庄园文书，毁掉很多能够证明他们是农奴的文件。到伦敦之后，他们要求同国王谈判，当时国王年龄非常小，只有14岁，但初生牛犊不怕虎，居然表现得非常勇敢，谈判过程中，伦敦市长背信弃义，乘人不备，拔出身上佩剑，把农民军的领袖瓦特·泰勒刺死了。说他是农民军领袖，其实他只是临时选出的谈判代表，不能和中国那种李自成、洪秀全式的人物相比较。瓦特·泰勒被刺死后，当时的局面非常混乱，农民人多势众，14岁的小国王手下又没有多少兵，情况相当危险。这时，小国王的胆子居然很大，他突然高喊：你们的领袖没有了，现在我就是你们的领袖，跟着我走吧！而农民就真的跟着他走。他骑着马，带着这帮乌合之众离开伦敦，越走越远，最后他下命令说：行了，你们的要求我都知道了，回家吧，去等着，我会满足你们的要求。当然，结果是农民什么都没有等到，得到的只是打击报复，很多人被抓捕，很多人被处死。西欧的农民起义多数都是这样。说实话，整个西欧，包括法国和德意志，都没有出现过规模很大的农民起义。比较一下其他地方，包括中国、俄罗斯、阿拉伯地区、奥斯曼等东方地区，都发生过狂风暴雨式的农民起义，规模都很大，但是西欧却没有发生过这种起义。

  为什么这样？这与社会结构有关系。中古时期，西欧的社会基础是领地、是庄园，农民如果有抱怨、有什么不满，他会把矛头指向各自的领主，而不是国王。每一个领地的农民都只针对自己的领主，于是就不会形成全国性的农民起义。可是在东方情况就不同了，要出问题整个国家都出问题，而任何地方出问题，人们还是把原因归咎于王朝，因为"普天之下，莫非王土"，地方政府只是中央政府的外派机构，抱怨地方政府解决不了什么问题，这样，全国性的民众抗争很容易发生。

  总之，到中世纪接近尾声时，西欧的农奴制消失了，社会经济结构也发生了变化。但几乎同时，东欧的农奴制却被加强了，与西欧形成鲜明的对比。为什么出现这种反差？一般是这样解释的：西欧混乱，贵族闹独立，抗拒王权，国王只有和城市、商人结成同盟，共同对付封建领主；东欧城市和商人力量弱小，而王权又相对强大，王权必须依靠贵族的支持才能巩固，而贵族不愿意农民流动，他们需要农民种地，要求维持农奴制，王权对这种要求是不能抗拒的，因为它的统治基础是贵族。

— 民族国家 —

人们一般把 1500 年前后，就是 15 世纪末、16 世纪初这一段时间看作近代的开始，当然这是以西方的标准划分的。但我要再次提醒大家：历史从来就不能以某一个年代或某一个事件作标志，一刀切出一个时代——在此之前是某个时代，在此之后是另一个时代，历史从来就不是这样。即使说 1500 年前后是近代的开始，这个"前"和"后"仍旧可以是几十年、上百年甚至一二百年，那是一个过渡。我们说 1500 年前后是近代社会的开始，是因为在这个时候出现了几个标志性的事件，或者变动的趋势。这些标志性事件包括民族国家的形成，重商主义流行，地理大发现，农奴制解体，甚至还包括宗教改革。其中民族国家的出现非常重要，中国的教科书对这个问题说得不多，人们对它的认识还不够充分。可是近代社会的出现确实离不开民族国家，没有民族国家，近代社会不会形成。

讲到民族国家，就要讲在这种新型政治结构出现之前，封建的"国家"是怎样的，以前我们在课上也断断续续地提起过，下面比较系统地讲这个问题。

封建时期的国家结构是怎样的？我想大家还记得，封建社会建立在土地分封的基础上，君主把土地交给手下的大贵族，与他们结成封君、封臣的关系，授予土地的人叫封君，接受土地的人叫封臣。封君和封臣相互之间维持着各自的权利和义务：封君保证封臣的权利，保护他们不受别人欺负；封臣要服从封君，承认他的主公地位，并且履行义务——在早期，主要的义务是跟随封君出征打仗。接受土地的人可以把土地再往下分封，又结成新的封君和封臣关系，打仗的时候，他的封臣又需要跟着他去出征。如此分封，一层一层封下去，一旦打仗，所有拿到土地的人都出来了，就好像拔花生那样，哗的一下拔出一大串。看这张图：

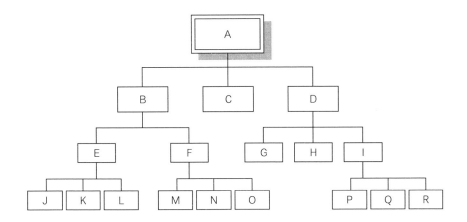

我们在这里看到的是一种私人之间的关系——封君以私人的身份拿出土地，封臣以私人的身份接受土地，我们今天所说的所谓"公权力"，在那个时候并不存在，或者与"私权力"分不清楚。这样，现代国家的一些基本特征在"封建国家"就不具备，当时的"国家"完全不是现在国家的概念——如果我们仍然把它叫作"国家"的话。

权力结构的私人性质，造成封建国家一片混乱，其中的关系非常复杂，乱糟糟一团。可是它仍然有一个基本原则：接受土地的人服从授予土地的人，谁给他土地，他就服从谁。但是，"封臣的封臣不是我的封臣"，例如在图中，E 和 F 服从 B，但可以不服从 A，因为他们没有从 A 那里取得土地。JKL 服从 E，但不需要服从 B 和 A，因为土地是从 E 那里来的。封建关系复杂极了，原则就是服从直接的封君，谁给土地就服从谁，这样就造成随时随地混乱的战争，谁都可以打谁，连国王都可以打，因为他只是那么多封建主中的一个，尽管是最大的一个。西欧封建时期经济、文化、社会发展都不如东方几个文明地区，如印度、中东、东亚，其原因就在于内部混乱。

从 15 世纪开始，向上收权的趋势出现了，就是把权力回收到国王手里，封建领主的权力一点点被剥夺,而国王则不断扩大权力,最终出现这样的结果：

国王								
B			C			D			
E		F		G		H		I
J	K	L	M	N	O	P	Q	R

国王浮出于整个社会之上,把社会控制在自己手中。这是一种大权独揽的制度,也就是专制主义,专制王权,国王一个人统治整个国家,控制整个社会。中世纪的混乱消除了,国家黏结为一个完整的政治体,国王是最高首脑,所有的人都必须服从。专制制度的特征就是一个大权在握的国王,一旦这种统治者出现,国家就统一了,中央集权就形成了,混乱就终止了。这种国家有一个社会基础,即多数人属于同一个族群。换句话说,它的基础是民族共同性,专制国王用强权手段打造出一个民族共同体,这就是早期的民族国家。早期民族国家的出现是近代历史开始的标志,一旦它出现了,不仅意味着一种新型国家形态的出现,而且还会有经济发展、社会变化等接踵而来。

专制王权最早出现在伊比利亚半岛,也就是今天的西班牙、葡萄牙。大家觉得很奇怪：怎么会出现在这里呢？其中有偶然性,也有必然性。今天的葡萄牙和西班牙,在中古时期被阿拉伯人占领。伊斯兰教创立后,阿拉伯人很快就进行武力扩张,在西亚、北非建立了庞大的帝国。接下来,他们跨越直布罗陀海峡进入伊比利亚半岛,把半岛的大部分征服了,只剩下北部少数地区仍然由本地人统治,他们是基督教徒。那时伊斯兰教势力强大,在阿拉伯人攻势最猛时,基督徒控制的地区只剩下半岛最北部沿海

收复失地

一小块狭长地段,但基督徒不愿接受外来的统治,于是一直反抗,历经几百年的反抗之后,最终把丢失的土地全部收回。1492 年,就在哥伦布发现新大陆的那一年,由阿拉伯人控制的最后一小块土地被收复了。从 8 世纪到 15 世纪,经过 700 年的战争,基督徒终于收回了全部领土,这在历史上叫"收复失地运动"。葡萄牙和西班牙就是在这个过程中出现的,葡萄牙在 12 世纪建国,到 14 世纪已经是我们今天看到的样子了。西班牙是由阿拉贡和卡斯提尔合并而成的,这两个地方原来都是独立的封建领地,后来阿拉贡的王子和卡斯提尔的公主结婚,就把这两个地方合并起来了,时间是 15 世纪末。

在长期的反抗战争中,国王的权力变大了,因为战争需要领导力量,没有领导打不赢战争,而领导的力量就是国王,国王指挥了战争,在民族独立的过程中发挥了关键作用。战争中,一个强大的权力出现了,那就是王权,王权击败了外来入侵者,同时也建立起一种新的国家制度,就是专制统治。抗击外来入侵的战争在西欧许多地方都发生过,正是在这些战争中,近代民族国家产生了。其实,用今天的话来说,这些战争就是"民族解放战争",这种运动就是"民族解放运动"。提到民族解放运动,人们的脑子里会出现第二次世界大战后亚非拉人民反抗西方统治、驱逐殖民主义的斗争,其实在欧洲,同样性质的战争在几百年之前就发生过,正是这些战争缔造了西欧近代的民族国家。

西班牙在查理五世时成为欧洲最强大的国家,统治区域极广,除西班牙本土之外,还包括今天的低地国家(荷兰、比利时、卢森堡),意大利北部和南部,奥地利帝国属地(包括现在波兰的一部分、匈牙利的一部分、捷克、斯洛伐克、德意志若干领地),一度还控制了葡萄牙。那是西班牙最强大的时候,当时它是欧洲的超级大国。

英国在百年大战以后向民族国家方向发展。百年战争在1453年结束,两年后英国爆发内战,这场内战是在王室的两个分支之间进行的。当时英国贵族一分为二,形成两个贵族集团,势均力敌,都想把对方消灭掉,目的是夺取王位。但结果却出人意料:每一方都把对方消灭掉了,而自己也被对方所消灭。这样一来,鹬蚌相争,渔翁得利,出来一个"第三者",那是从威尔士过来的一个小贵族,名叫亨利·都铎。他和英国王室沾一点点亲,当贵族的主体都在内战中被消灭时,他出来收拾残局,把王位夺过去,建立了一个新王朝,就是都铎王朝,而这个人就是历史上的亨利七世。都铎是一个专制的王朝,国王掌握专制的权力,都铎王朝的出现意味着英国统一的民族国家的形成,而英国的特殊之处就在于:贵族打内战把自己消灭掉了,为专制制度的出现扫清了障碍。在封建时期,贵族是分裂的力量,一旦贵族的力量被消灭,专制的君主就可以出现,"封建"时代也就过去了。

亨利七世的儿子是亨利八世,他进行了宗教改革,宗教改革使英国摆脱了罗马教皇

都铎王朝的创建者亨利七世

的影响,这样,一个完全独立、自主,不受外来势力的干预,内部统一的民族国家最终形成。亨利八世的女儿伊丽莎白统治时期,英国成为西欧的重要国家,欧洲的大国。这是英国第一次成为大国,在此之前,英国只是漂浮在北海之中的岛国,游离于欧洲主体文明之外;由于都铎王朝完成了统一,形成强大的中央政府,英国开始在欧洲崭露头角。

亨利八世像 霍尔拜因 绘

再看法国的情况。1337—1453年,英法发生百年大战,一百多年里断断续续地打仗,其间一直是英国军队控制和占领法国,在英国势头最猛时,英国国王控制的法国国土比法国国王控制的还要多。法国的封建分裂状态非常严重,百年大战之前,大贵族控制的土地比国王还要大,有点像中国的东周时期。有一段时间,法国国王漂浮在"法兰西岛"上。什么叫法兰西岛?它不在大西洋,更不在太平洋,"法兰西岛"是巴黎周围那一小块土地,是国王直接控制的领地,被淹没在无边无际的贵族领地的大海之中,这个地方就叫法兰西岛。所以,法国的王权微不足道!但是慢慢地,法国国王开始收权了,正在这时英国军队进来了,他们是入侵者,英王想夺取法国的王位,当然也控制法国的土地。起初英国人很成功,后来遭遇强烈的抵抗,最后被法国人赶出来了。这个过程中出现了圣女贞德,一位17岁的少女,一个传奇性的人物,到今天她仍被看作法国的民族英雄。贞德是一个农家女孩,目不识丁,但她突然声称受到了上帝的感召,出来拯救法国。那时,法国的王位已经落到英国人手中,英王同时也是法国的国王。法国王太子被废黜,他咽不下这口气,想夺回王位,但势单力孤,打不过英国人。这时贞德站出来,说:"我帮助你,是上帝派我来的。"王太子病急乱投医,

圣女贞德

谁愿意救他都可以，因此就让她带着一小支军队去解救被围困的奥尔良城。没想到，圣女贞德真的把奥尔良城解救下来，并且乘胜追击，大败英军，接着就护卫王太子到兰斯大教堂举行"圣油"礼，正式登上法国王位。这以后，法军越战越勇，最后把英国人赶出国门，收复了全法国。可是贞德却被法国人当作女巫绑起来，交给英国军队，被烧死了。王太子登上王位，称查理七世，他的后代路易十一、路易十二不断加强自己的权力，扩大王权。于是我们看到，法国的王权在民族解放战争中不断扩大，国王的领导地位凸显出来，国王也成了国家政治生活的核心，这就是民族解放战争的作用。到1589年，一个新的王朝出现了，就是波旁王朝。波旁王朝的开国君主是亨利四世，这个王朝的出现，标志着统一的法兰西民族国家的初步形成，同时，作为国家统一的基本保障的专制制度也基本确立。但是法国的发展道路太曲折了，国家统一一再受到贵族叛乱的挑战，动荡的局面也一再发生。又经过半个多世纪，到路易十四统治时期（1643—1715年），分裂法国的力量即大贵族集团才最终被打垮了。在这个过程中，法国形成比西欧任何其他地方都更加专制的权力，路易十四成为欧洲专制主义的典范，他号称"太阳王"。路易十四最有名的一句话是"朕即国家"——我就是国家！国王把自己和国家等同起来，把自己看作国家的化身，这和中世纪的情况完全不同了，在中世纪，国王只是最高领主。

路易十四收拾贵族很有手段，他恩威并重，"威"的一面是可想而知的，就是谁想反抗就打垮谁。"恩"的一面很有意思，大家知道凡尔赛宫吧？

路易十四建造的凡尔赛宫鸟瞰图

　　那是欧洲宫廷建筑的典范，华美壮丽，庄严辉煌，但凡尔赛宫的建造，主要不是为路易十四自己享受的，它是造出来给贵族住的。路易十四邀请各地重要的贵族到宫中居住，每天给他们安排奢华的活动，让他们吃喝玩乐、跳舞打猎、谈情说爱、外出郊游，还可以做游戏，与女朋友交谈。法国贵族的浪漫生活就是这样培养出来的。贵族在这种"糖衣炮弹"的打击下彻底垮掉了，他们待在宫中，乐不思蜀，也不想再回到自己的领地上去了。路易十四收拾了这批桀骜不驯的大贵族，把法国放在专制制度的全面控制下。为什么在法国出现西欧最专制的王权？那是因为法国贵族的力量太强大，为了制服这股强大的分裂势力，需要有一个更强大的王权。

　　接下来看俄罗斯。俄罗斯和西欧出现的"民族国家"不完全一样，它后来演变成一个大帝国，由许多民族组成。13—15世纪，俄罗斯曾经被蒙古人统治，当时，蒙古人从蒙古草原向外扩张，一路西去打到了匈牙利，现在的俄罗斯全都落入蒙古人的统治，原有的地方性政权，在臣服蒙古统治权的条件下可以管理自己的内部事务。这些地方政权中有一个叫莫斯科

令人恐惧的伊凡雷帝

公国,就是现在莫斯科周围的一块地方。14世纪起,莫斯科公国开始挑战蒙古的统治,后来在莫斯科公国的领导下,整个俄罗斯共同反抗蒙古人。这样,我们又看见了"民族解放战争"。把蒙古人赶走之后,以莫斯科公国为中心形成俄罗斯人自己的国家,并且很快向其他民族居住的地区扩张,在短短的大约二百年时间中,通过迅速的扩张,就变成一个庞大的帝国。向北,它扩张到北冰洋;向西到波罗的海沿岸,从这里可以进入大西洋;向南,囊括了今天黑海、里海以北的地域;向东,一直到达白令海峡、太平洋。这样一个庞大的帝国实行严厉的专制制度,也就是沙皇制。沙皇制的创始人是伊凡四世,号称"伊凡雷帝"。伊凡雷帝的脾气很坏,有一次他同儿子吵架,愤怒中抄起手中的权杖,把他的儿子砸死了。沙皇专制就是由这样一个残暴的君主开始的。17世纪出现罗曼诺夫王朝,一直延续到1917年革命。

现在我们知道了,许多欧洲国家是在经历了驱逐外来入侵者的独立战争中形成的,欧洲其他国家也有类似的经历,如瑞典、荷兰、比利时、挪威,等等。民族独立战争在形成民族国家的过程中非常重要,因为正是在争取独立的过程中,国王的领导作用和核心地位凸显出来,它的地位也不断上升,成了国家的象征。这以后,以国王为中心,建立强大中央政府,摧毁贵族分裂势力,形成了专制制度,由此而完成国家统一。在欧洲,谁先建立专制权力谁就先发展、先强大,所以在欧洲(当然也是在世界)最早强盛的是西班牙葡萄牙,接下来是荷兰,再接下来是英国和法国,基本上都是早期统一、形成强大王权的国家。说到这里我提醒大家,政治制度不是用你喜欢不喜欢,或是一种意识形态的标准来衡量的,其实制度之"好"

或"不好",完全取决于是否符合时代的需要。西方的崛起正是从专制王权这种在当时来说是全新的国家制度的出现开始的。由于专制王权的出现,封建的状态停止了,动乱结束了,国家统一了,社会安定了,和平的环境形成了,这种国家形态相对于封建战乱的局面而言自然有它的优越性,有利于社会发展。西方的"发展"就是从这个时候开始的,没有这种新的国家形态,西方不可能超越在当时远远优越于西方的东方。这以后,西方超越东方就成了趋势,直至建立西方的霸权。专制王权的出现是西方历史的一个转折点,因为它催生了近代民族国家。因此,专制王权"好"还是"不好",也许,最好的办法是不用"好不好"去判断它,而是看它起了什么样的历史作用;对任何一种制度我们都应该用这样的标准来衡量,这才是历史的客观态度。

德意志从反面说明了这个道理。德意志这个地方(注意:我没有使用"德国"这个词,德意志当时还没有成为"国"),10世纪以后约100年期间,有过一个强大的国家,即"德意志神圣罗马帝国",当时它的中央政府有比较大的权威,权力集中。但后来就大权旁落了,落到大大小小的贵族手里,尤其是七八个大贵族,叫"选帝侯",由他们来"选举"皇帝——皇帝是他们选出来的。大家想,如果你们是大贵族,由你们投票决定谁当皇帝,

三十年战争期间士兵抢劫农舍

你们投给谁？当然投给最无能、最笨的人，有能力的人当了皇帝，贵族还能为所欲为吗？这是明摆着的！这么一来，德意志就涣散了，越来越混乱。这种情况一直延续到三十年战争（1618—1648年），并且在战后发展到顶点，相关情况下面还会详细介绍。三十年战争以后，整个德意志完全破碎了，在地图上看就好像是一件"百衲衣"。而这时的英国，克伦威尔革命已经爆发了，法国则很快就要进入路易十四时代，西欧、北欧很多地方都已经发生重大变化，而德国却远远地落后了。1648年以后德意志的土地上存在着360多个大大小小的"邦国"，都是各自为政的；此外还有1000多个帝国骑士领地，也是各管各、谁也不买谁的账；再加上几十个帝国自治城市，比如不来梅、吕贝克、汉堡等，加在一起有一千好几百个政治实体。德意志的疆域并不大，分成一两千份，它还能干什么呢？所以当欧洲西部早已统一、各国都开始发展以后，德意志却一直落后到19世纪，在两百年时间里难以发展，其基本原因就是分裂，没有形成统一的国家。

波兰是另一个失败的国家。波兰在中世纪曾经一度强大，可以跟俄罗斯一比高低，好几次打败俄罗斯；如果波兰在那时征服了俄罗斯，那么今天的世界就完全不同了。但波兰有一个奇怪的制度，叫"贵族民主制"，贵族召开会议。讨论决定国家大事，参加会议的是全体波兰贵族，每个人都可以投票，而投票表决又有一个奇怪的规定：只要有一个贵族不同意，决议就不能通过。波兰的贵族有好几千，因此情况就变成：几乎什么决定也做不出，特别是遇到事关重大时，问题就特别严重，大家都在打自己的小算盘，不会考虑国家利益。19世纪时德国出了俾斯麦，他依靠"铁和血"统一了国家，建立德意志第二帝国，德国由此便很快强大了；而波兰却不断遭到周边国家瓜分，一次次被人宰割，最后亡国。第一次世界大战结束后人们想起德、奥都曾瓜分波兰，于是就让波兰复国；可是到第二次世界大战前波兰又被瓜分了，战后才再次复国。

一 重商主义

集中的国家权力非常重要，是近代国家形成的关键，但仅此尚不足以使国家强大。强大的国家还需要另一个因素，就是一种新的经济思想，加上在这种思想指导下的新的经济活动，那就是"重商主义"。重商主义相比于今天的经济理论，实实在在称不上是一种理论，我们今天在座的同学中，有学经济学的、学管理学的，你们的教科书很难读，没有高深的数学基础读不下来。但重商主义学说非常简单，它试图解释什么是财富。重商主义认为，所谓财富就是贵金属，是黄金白银，也就是当时的货币。一个国家要想致富，就需要积累尽可能多的黄金白银，哪个国家贵金属多，它就富裕；一个国家的富裕程度表现在它比其他国家多多少黄金白银，黄金白银越多就越富。这就是重商主义的基本理论。接下来，如何得到尽可能多的黄金白银呢？答案是：经商。农业不能致富，应该以商为本、以商立国，这就叫作重商主义。但商业必须是对外的，因为如果是国内贸易，那么无论赚了多少钱，都不能增加这个国家黄金白银的总量，不会使国家更富裕。所以海外贸易是关键，大家都到海外去发财，地理大发现就是这么出来的——地理大发现的目的是寻找商路，开辟新的贸易航线。同时，另外一种方法也能增加一国的金银总量，那就是抢劫，所以到海外去抢夺金银财宝是可以的，只要能弄到黄金白银，什么手段都行。这样，殖民扩张、海盗抢劫、黑奴贸易、瓜分世界等都出现了，我们在近代早期看到的种种现象，都来自重商主义。重商主义一旦付诸实践，就冲击了整个世界。

重商主义分两个阶段，第一阶段主张只卖不买，让黄金白银净流入国内。早期的重商主义国家葡萄牙、西班牙甚至荷兰都是这样，它们或者拿别人的商品做买卖，赚取很多商业利润，或者连买卖都不做，直接抢劫黄金白银，比如西班牙在美洲就是这样。后来人们意识到，买和卖都不是关键，关键在于有没有自己的东西卖，如果自己有东西卖，并且市场很大，那就能赚钱。于是人们把注意力转向生产，主张扩大市场、发展生产，把产品卖出去，去赚取利润。重商主义的第二个阶段因此更强调生产这个方面，它不再反对进口，只是强调出口要高于进口，顺差越大，赚钱越多。后来

黑奴贸易在重商主义驱使下日趋猖獗

英国、法国都走上这条路，它们的手工业生产也就迅速发展起来。

但是重商主义必须是国家政策，特别在早期，没有国家做后盾，任何商人都无法在茫茫大海中寻找新航线，也没有办法在遥远的海外保护自己。海上航行风险很大，得不到王室的支持，远洋贸易是无法进行的。这样，专制主义国家的作用就表现出来了，专制的君主需要钱，他们希望快速致富，以巩固自己的权力。他们于是特别喜欢重商主义理论，用国家的力量支持重商主义活动，"地理大发现"就是在他们的支持下展开的。专制主义和重商主义相结合，造就了15至16世纪世界贸易体系的形成，这也是最早的资本主义世界体系，是西方崛起的开始。后来，随着世界越来越联结为一体，各文明之间的隔绝状态慢慢消失，历史走出中世纪，近代的历史开始了。由此看出，重商主义和专制王权如何在近代的早期改变了世界，两者的结合，是世界走向近代的原生力。

地理大发现对世界整体格局的变化产生了不可估量的影响，我们千万不要把地理大发现仅仅看作地理的"发现"，只是找到几条海上通道，或者一块新的大陆；地理大发现改变了人类历史发展的方向，也改变了世界。

第十讲

近代早期发展

◎ 地理大发现

◎ 殖民扩张

◎ 宗教改革

◎ 天主教会反改革

西欧向近代过渡有两个明显的特征,一是新的国家形态的出现,二是新经济理论和新经济形态的出现。在政治方面,出现了君主制民族国家,也就是专制王权,它把西欧从中世纪的分裂状态中拉了出来,组建了以民族为基础的国家共同体。新国家凝聚一种力量,使那些最早形成民族共同体的地区变得比其他地方更强大,西欧也由此进入近代,开辟了历史的新时期。在经济方面,专制国家都执行重商主义,重商主义既是一种经济理论,也是一种经济政策,重商主义风靡西欧之后,最早的资本主义世界体系也很快形成。

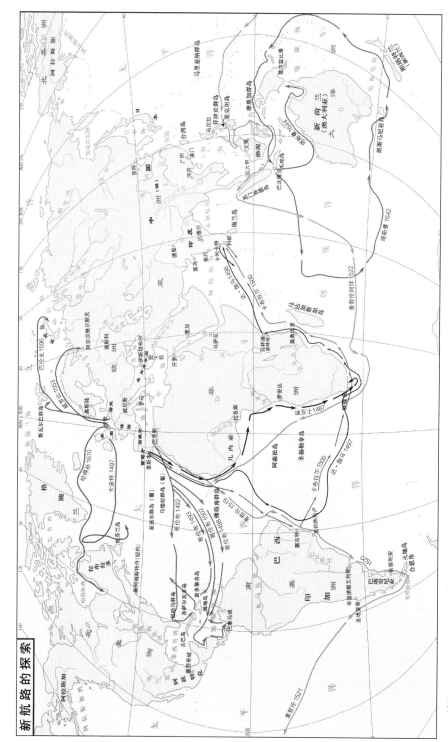

地图 10.1 15—17 世纪新航路的探索

— 地理大发现 —

重商主义盛行的结果是"地理大发现",有时也称为"大航海",两个词放在一起就凸显了那个事件的特征,就是通过"航海"而"发现"了地理。

首先是葡萄牙人的航海活动,他们从葡萄牙本土即欧洲西南端,沿着非洲西海岸向南,绕过非洲最南端进入印度洋,然后向东,一直到达世界的东方。这些情况一般人多少都知道一些,其中有些人物相当重要,比如迪亚士、达·伽马,还有绰号"航海家"的葡萄牙王子亨利。亨利号称"航海家",其实他自己不航海,只是组织航海活动,使葡萄牙人突破了欧洲人长期以来自我想象的恐怖地带,向南挺进到赤道附近。早期欧洲人认为越往南走天越热,温度会不断升高,最后可以把人烧焦,变成木炭,所以向南航行是非常可怕的,那是欧洲人的禁区。亨利创办了一所水手学校,培养出一大批优秀的水手,把他们一批一批送到海上,一队接着一队,每个分队的任务只是向南推进一段距离,比如50海里或100海里,把沿途各种情况,包括气候、洋流、气温、植被、海岸线、动物等都记录下来,然后回国,第二个分队就在第一分队所到达的地方再向南推进,以此类推。最终,葡萄牙人冲过了所谓的炎热极限,他们没有被烧焦,仍然活得很好,只是皮肤晒黑了,好像木炭一样,这种颜色是现在人喜欢的健康色,年轻人很喜欢,是不是?1488年,葡萄牙人终于绕过了好望角,也就是非洲的最南端。当时,率领葡萄牙小分队的是迪亚士,他们在好望角附近遭遇风暴,在海上漂流了好多天,等风暴过去时,船队已经绕过好望角而进入印度洋了,不过船上的人费了好大的劲才意识到这一点。经过差不多70年的努力,葡萄牙人终于从非洲最北端沿非洲西海岸南下到达最南端,其中的艰难险阻是难以想象的。进入印度洋后,下面的路程就比较顺利了,因为阿拉伯人、印度人,还有波斯人在这个海域已经活动了很久,对海上的情况相当熟悉。葡萄牙人依靠他们的帮助很快来到"东方",就是现在的印度、东南亚、中国、日本等。在他们的想象中,这些地方非常富裕,他们之所以不辞辛苦,拼了性命也要来东方,原因就是东方富裕。通过发现"新航路",葡萄牙人控制了从亚洲东部到欧洲西部的海上通道,把"东方"的许多产品直接运到欧

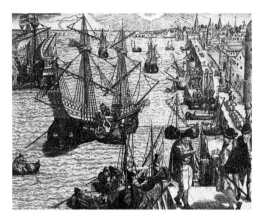
穿梭于海上的葡萄牙大帆船

洲，从中发了大财。东方许多物产在当时很值钱，为欧洲人所梦寐以求，比如中国的丝绸、茶叶、瓷器，东南亚的香料等。今天的印度尼西亚有一群岛屿盛产香料，叫香料群岛；香料在当时的欧洲价格昂贵，据人们估算，一船香料的价格可以比得上一船金银，所以非常贵重。香料是中国人很熟悉的东西，在中国人看来没有什么，但在西方人眼里很值钱。由于有大量的东方物产运往西欧，西欧就开始了资本的早期积累。

我们再看西班牙人航行的线路。西班牙航海中最著名的一个人物是哥伦布，不过哥伦布并不是西班牙人，而是意大利人，年轻时他曾跟随葡萄牙人航海，学会了航海技术，后来他向葡萄牙国王兜售他的航海方案，说从欧洲向西航行也能到达东方。我们今天听到这种说法不会感到奇怪，因为我们知道地球是圆的，从任何一个地方向同一个方向不断向前走，一定可以回到出发地。可是在哥伦布那个时代，人们不知道地球是个球，他的说法就很大胆。不过，当时有些欧洲人特别是水手却已经相信大地是个球，有经验的水手都知道，在无边无际的大海上航行，假若看到很远的地方出现一艘船，那么先看到的是它的桅杆，而不是船身，最后才是船的下部。画张图就知道是怎么回事了，因此他们的推论是：地球一定是个球。

哥伦布于是说，往西走，也能到东方。但往西走的目标仍然是东方，目的还是去发财。不过在葡萄牙却没有人听他的，也没人给他钱，海上航行需要大量经费，得不到王室支持是做不成的。于是他就到西班牙，向西班牙国王兜售他的计划。西班牙当时刚获得统一，赶走了所有的外来入侵者，而专制的君主正需要钱，渴望得到东方的财富，双方于是一拍即合。哥伦布是个有经验的水手，他了解很多的自然科学知识，也有很好的计算能力，但恰恰在计算地球体积时犯了一个严重错误：他把地球的直径少算了三分之一，所以认定向西航行要比向东航行更容易到达东方，路途也更短。他把自己的计算公式拿给西班牙国王看，西班牙国王很高兴。当时，葡萄牙已经取得成功，从东方获得大量财富，按照哥伦布的方案，往西走既能避开葡萄牙的锋芒，不和它正面冲突，同时还省钱，并且省时间。于是西班牙国王就决定支持哥伦布，让他向西航行，打通到东方去的新航线——可见，如果没有哥伦布做出那个错误的计算，美洲也许到今天都没有被发现！一个重大的错误导致一个重大的发现，这就是哥伦布的故事。

故事很好听，但它说明什么？它说明没有国家的支持就没有地理大发现，而没有重商主义的理论和实践，也同样没有地理大发现。地理大发现的实质是国家在重商主义理论指导下追求财富，个人的发财愿望和国家的致富目标结合在一起，造就了重商主义时代的特色。过去人们在谈论地理大发现时，没有把它和资本主义的形成、重商主义、民族国家的出现、专制王权联系在一起，这就把时代的特点分解开了，无法说明那个时代的本质是什么。

后来人们发现哥伦布去的地方不是东方，而是比西方更远的西方，是一个"新大陆"。西班牙从美洲攫取了巨大的财富。起先，他们发现美洲印第安人储藏了很多黄金，就把它们全都搬回国，大量黄金被运回西班牙。后来又发现美洲有丰富的银矿蕴藏，于是就去开采银矿。可是美洲土著在西班牙人征服的过程中大量死亡，等西班牙人想去开采白银时，却发现劳动力没有了，要去寻找新的劳动力，这样就引发

— 殖民扩张 —

西班牙对美洲的屠戮

| 第十讲 | 近代早期发展 |

另外一个影响世界格局的重要事件,就是黑奴贸易。西班牙人在非洲西海岸劫掠黑人,运往美洲做苦力,起先让他们开采银矿,然后又开发种植园,种植甘蔗和烟草,再晚一点是种棉花。

这样,我们就看到,随着"地理大发现",近代史上一个个重要的事件都出现了:远洋航行、海外扩张、全球贸易、掠夺殖民地、征服世界、瓜分世界,等等。地图上有一条线叫"教皇子午线",是在哥伦布发现美洲的第二年,即1493年,在教皇主导下,由葡萄牙政府和西班牙政府签订条约所划定的瓜分世界的分界线,线以东是葡萄牙的势力范围,线以西是西班牙的势力范围。这是西方国家第一次瓜分世界,胆子真是大得很——到这个时候为止,整个人类历史上没有哪个国家、哪个人有那么大的野心,要想瓜分全世界!像秦始皇、恺撒那样的统治者,像波斯、罗马、阿拉伯、土耳其那样的大帝国,都不曾设想过瓜分世界;可是地理大发现的结果却是两个小小的国家公开声称要瓜分世界,而且真的去瓜分了!这以后,瓜分世界就成了西方国家的习性,谁觉得自己强大了,都要挤进去瓜分世界,直到现在都是这样。

地理大发现之前,东方在很多方面超过西方,无论是经济、社会,还是文化,或者是国家整合,东方都比西方更发达。但地理大发现以后,情况反转过来了,西方的优势开始形成。地理大发现对世界整体格局的变化产生了不可估量的影响,我们千万不要把地理大发现仅仅看作地理的"发现",只是找到几条海上通道,或者一块新的大陆;地理大发现改变了人类历史发展的方向,也改变了世界。

再看英国人的活动路线。专制王权在英国也很早出现,比西班牙大约晚一二十年。英国也很早就向海洋挺进,但因为葡萄牙、西班牙的海外扩张更早,并且还瓜分了世界,它只好另谋出路,向西北方向探险,试图再找一条到达东方的航线。1497年,哥伦布发现美洲之后的第5年,意大利人卡波特代表英国国王来到今天北美的某个地方。可惜的是,北美既没有金山,也没有银矿,只有无垠的大草原、大森林,空旷无比,荒无人烟。

英国人太失望了，什么也没有拿到，就只好放弃，掉转头向东北方向探险。但东北的探险更加不幸，最早的两个探险者，一个叫威洛比，一个叫钱塞勒，他们都想穿越北冰洋到达东方，这在理论上是可以的，而实际上却行不通，因为天气太冷了，零下几十度，威洛比在冰封中冻死，钱塞勒在俄罗斯上岸，辗转来到莫斯科，打通了去往莫斯科的商路。这样，早期英国人到东方去的探险失败了，要再等 50 年，他们才重新踏上海上征服之路，而这时西班牙和葡萄牙已经奠定了霸权格局，英国必须冲破封锁，才能重新进入海洋。

伊丽莎白时期，英国内部局势稳定，经济文化发展，英国人于是再次走向海洋，这一次他们向西南方向冲击，挑战西班牙在南美的垄断。不过，英国当时是弱国，并不敢正面争夺南美洲，而只能做一些小偷小摸的事，一些英国海盗船躲在大西洋零星的小岛后面，拦截过路的西班牙运宝船，抢劫从美洲运来的金银财宝——这就是英国人在海洋扩张活动中淘得的第一桶金，有些英国贵族家庭，他们的祖先就是由做海盗而发家的。海盗当中一个最著名的人物是德雷克，1577 年，他带着三艘小船直插美洲最南端，穿越麦哲伦海峡，进入南美洲太平洋沿岸；在他之前只有一个人走过这条路，那就是西班牙的麦哲伦，此后半个世纪中没有人敢走这条路，因为太危险。德雷克选择这条路是因为西班牙人在太平洋沿岸不设防，他们认为这个地方很太平，不必驻扎军队，所以当德雷克去抢劫沿岸的西班牙殖民城市时，那些城市毫无招架之力。后来西班牙殖民当局回过神来，派一支舰队尾随追击，德雷克只好带着他的几条小船逃跑，他没有其他地方可跑，就只能一路向西，冒险穿越了太平洋。结果他环绕地球一周，回到了英国，不过他只剩下一条船了，但这条船带回来的金银财宝就已经让英国人惊诧不已了，他们把德雷克看作民族英雄。伊丽莎白女王曾投资支持这次航行，并且也从中得到巨大的利润。德雷克的活动刺激了英国人，不久以后，他们又一次进军北美大陆，开启了英国的殖民时代。

在大航海时代，东方也有海上壮举，比西方的更雄壮，那就是郑和下西

郑和下西洋海船复原图

洋。东方和西方,几乎同时进行大规模的海上探险,都是壮举,都很伟大,可是西方的活动延续下来,东方的活动却戛然而止,为什么出现这样的反差?其实,当时无论从技术上说还是从规模上看,或者从经济实力方面看,无论哪个方面,郑和的舰队远超过迪亚士、达·伽马、哥伦布的船队,但东方的航海没有持续下去,西方的航海却留下深远影响,原因在于动机。按照官方的说法,郑和出海是弘扬国威,安抚远人,那完全依赖一个人的意志,就是明成祖——明成祖想做,这件事就能做;他不想做了,或者他之后的皇帝不想做了,这件事就停止了。可是欧洲人的海上探险其目的却非常明确,就是追求财富。财富的诱惑不可抗拒,使一代接一代西方人不断往前走,终于成就了"地理大发现"。这就是后来人们所说的资本主义精神,是资本主义的牟利动机支撑了西方的海上探险。这样,你们就明白为什么我会说"地理大发现"标志着一个新时代,因为那就是资本主义时代的开始。跟着资本主义而来的,是我们知道的一切罪恶——殖民主义、对外扩张、侵略抢劫、杀人越货、海盗盛行、瓜分世界、贩卖黑奴,等等,所有这些"恶"都出来了,这就是资本主义。资本主义从一开始就是恶的,它的本质是贪婪,是永无止境,并且不择手段。

到大航海时代为止,人类已经发展出许多不同的文明,它们都存在了很长时间,各有自己的特色。可是当资本主义在西方形成后,西方的优势逐渐明显,此后几百年中,西方的势力越来越大,最终控制了整个世界,西方文明也似乎要吞没其他文明,迫使它们追随西方,否则就会被消灭。大航海之后的几百年一直是这样,到20世纪仍然如此;要等到第二次世界大战结束，全世界都爆发反帝、反殖的斗争时，西方的优势才开始削弱。即便如此，西方主导的格局到今天都没有被完全改变，看看近期在中东发生的事就可以知道。当然，从大航海开始，世界渐渐融为一体，各地区不再各自分散、相互隔绝了，相反，一个整体的世界慢慢形成，最终变成了"全球化"。全球化其实很早就开始了，最早的一步就是地理大发现。

当葡萄牙和西班牙正忙于殖民扩张时，一场精神方面的重大变革在德意志发生，那就是宗教改革，发起人是马丁·路德，他和他的《九十五条论纲》启动了后来被称为"宗教改革"的重要事件，时间是1517年。

马丁·路德的活动在天主教世界造成巨大的震荡，为了解他的思想以及这些思想的影响，我们要先简单介绍一下天主教的基本教义。基督教产生在公元前后，也就是传说中耶稣基督生活的时代。在基督教形成的早期，基督教的教义也缓慢成型了，这种教义以圣奥古斯丁为代表，他大概生活在公元4世纪前后，也就是"早期教父时代"。基督教有一个非常基本的思想就是人的"原罪"，既然人有罪，就需要赎罪，但如何赎罪呢？根据圣奥古斯丁的理论，只有上帝才能给人以恩典，让某些人赎罪、得到拯救，而其他人就永远负罪，进入地狱。上帝是决定一切的，人没有力量拯救自己，不可能自我救赎，所有人的命运都是由上帝事先安排好的，任何人无法改变。这种理论叫"先定论"或"预定论"。按照这种理论可以推定：人在整个生命过程中始终面对强大无比的上帝，人无能为力，他只能认命，接受那个早就被安排好的一生。上帝的安排是不可抗拒的，人改变不了自己的命运，也不具备这种能力。

但是在中世纪这种说法被一些神学家修改了，其中一个非常重要的人

— 宗教改革 —

托马斯·阿奎那

第十讲　近代早期发展　199

物是托马斯·阿奎那。以他为代表的神学家们认为，尽管每个人的命运是由上帝决定的，但人可以通过自己的努力和争取，得到上帝的宽恕和恩惠，最终求得上帝的恩典，从而得到拯救。怎样才能得到上帝的宽恕呢？那就必须遵从上帝的旨意，也就是遵照教会的指导行事，教会怎么说就怎么做，教会说做好人就去做好人，教会说做好事就去做好事，多行善，多善举，比如捐钱就是善举，把钱捐给教会就是做好事，证明你对上帝忠心耿耿。按照教会的规定，每个星期天去教堂做礼拜，向神父忏悔，承认你犯下了过错，表达改正之心，这也是做好事。通过善举，人可以争取到上帝的宽恕，由此而得到救赎。阿奎那的名字是托马斯，这样的理论就叫"托马斯主义"。于是在中世纪，关于能不能得到拯救就有两种说法，一种是奥古斯丁早期教父时的说法，一种是阿奎那这些人较晚的说法。阿奎那的说法有没有道理？应该是有的，人应该持好心，做好人，行好事，每一个人都应该这样，并且真正的宗教都会要求人们做好人行好事，否则它就不是正教而是邪教——教人做坏人、行坏事的一定是邪教。

可是什么是好事？中世纪教会告诉大家：按照教会的要求，每星期祷告，经常忏悔，听神父劝导，和神父沟通，给教会捐钱，这些就是好事，听起来也没有大错。但人们后来发现神父自己好像是不做好事的，《十日谈》把神父描写得很邪恶，说一套，做一套，男盗女娼，无所不为，那为什么还要听神父的劝导呢？给教会捐钱也不算错，可是教会拿去花天酒地花光了，教士们吃吃喝喝，奢侈浮华，信徒们却要给他们捐钱，很多人觉得愤愤不平。文艺复兴时期有许多高级教士包括教皇在内，他们的生活都很奢侈，这让人感到捐钱是上当了，所以许多人心中不满。

马丁·路德就出现在这个时候。当时罗马教廷非常腐败，从上到下奢侈成风，有一种流行的做法是出售赎罪符，买一张给多少钱，买得越多就越能进入天堂。教廷对这种做法睁一只眼闭一只眼，甚至公开支持。于是有些做了坏事的十恶不赦之徒也拿钱购买赎罪符，按照当时的说法，这些人可以进天堂，而没钱买赎罪符的穷人、老实人却只能下地狱。这种情况让马丁·路德和很多人不能忍受,马丁·路德第一个公开站出来说不合理,《九十五条论纲》就是他表达的抗议。他的抗议在很大程度上反映了许多人的心声,可是天主教会不能容忍,于是就要迫害他。罗马教廷亲自出面,教皇认定他有罪,就把他"释放出去",意思是把他从教会的

购买赎罪符的人们幻想死后进天堂

保护下剔除,交给世俗领主,让他们去处理。在一般情况下这意味着他会被作为"异端"处死,马丁·路德之前有很多人就遭遇了这种下场。

但马丁·路德得到大贵族的保护,其中最重要的保护人是萨克森选帝侯腓特烈,在他的保护下,马丁·路德不仅没有被惩处,反而反抗得更加激烈,他写了大量的神学论文,后来被编成厚厚的多卷本《马丁·路德文集》。在这些论文中,他表达了三条最基本的原则。第一,人因为信仰而得救,这叫"因信称义",从神学角度看,就是回归圣奥古斯丁的理论。奥古斯丁认为上帝为每一个人安排了命运,人是无能为力的,上帝只在许多有罪的人中间挑出极少数让他们获救,谁被挑选,则完全取决于上帝的意志,人是没有办法改变自己命运的,好事做再多也没用,所以这是"先定论"。第二条原则是:《圣经》是第一位的,上帝的旨意体现在《圣经》中。路德说,每一个人都要服从上帝,这是对基督徒的最基本要求,可是上帝在哪里?上帝在冥冥之中!上帝的真理是通过《圣经》传送给人间的,《圣经》就是上帝的旨意,因此是第一位的。那意思是说,在人和上帝之间没有中介,人通过阅读《圣经》、理解《圣经》和认识《圣经》,就直接与上帝沟通了,知道了上帝的旨意,而不需要中介的帮助。所谓中介是指谁呢?指的是罗马教廷,教皇、红衣主教、主教、本堂神父之类,这些就是中介,他们挡在人和上帝之间,传播错误的信息,从中牟利。因此,按照《圣经》第一

马丁·路德（左一）和选帝侯在一起

的原则，教皇就没用了，教士们都要没饭吃，所以教会要严厉打击马丁·路德，不让他的异端邪说四处传播。第三条原则是：一切基督徒都是教会的人，没有俗人和教士之分，任何人只要相信基督教，他就是教会的人。这条原则和第二条一样把教皇和所有神职人员都排除出去了，俗人和教士不再有区别——最多只是职业不同而已。

路德的说法大大得罪了天主教会，如果不是有势力的大贵族保护他，他早就没命了。但不少世俗贵族愿意保护他，使教会的迫害意图不能得逞。原因有以下几个：首先，有些贵族确实不能接受以托马斯·阿奎那为代表的中世纪神学思想，而马丁·路德的"因信称义"能被他们接受，他们相信马丁·路德是正确的。其次，对多数世俗贵族来说，路德的理论对他们有利。中世纪的天主教会是一个国际性的宗教组织，它能从整个西欧得到十分之一的财富，叫"什一税"，世俗贵族尤其是大贵族很讨厌这个东西，他们认为这些财富原本应该归他们所有，可是教会把它夺走了，而依照路德的思路，一旦把人和上帝之间的中介搬开，那笔财产就会落入贵族们之手。其实，他们想要的还不仅是"什一税"，中世纪的教会非常富有，它占有大量土地，拥有无数金银财宝，教堂自身就是财富，不仅教堂建筑，还有教堂中陈列的圣器、宝物、典籍等，都是价值连城，早就被世俗贵族们所觊觎，因此他们很愿意接受马丁·路德的说教。第三个原因是，在那个时代，新型国家正在形成，世俗君主们都希望强化自己的权力，控制整个社会，但教会是一种分权的力量，在中世纪和王权抗衡，所谓"上帝和恺撒各管一摊"。所以在民族国家形成的时代，世俗统治者都希望剥夺教会的权力，将教会控制在自己手里。出于这样一些世俗的理由，许多贵族就愿意接受马丁·路德的教义，将它用作加强自己权力、削弱教会势力的工具。但这样就使德意志贵族分裂了，其中一部分支持马丁·路德，另一部分继续站在天主教阵营，双方势均力敌。

起初，分裂只存在于神学论战中，但很快就转变成贵族之间的战争，最早出现的是"士马尔卡登战争"（1546—1555年），以后演化成欧洲大战，即"三十年战争"（1618—1648年），这是欧洲历史上第一次欧洲大战，也被看作第一次近代战争。战争结束时德意志被彻底粉碎，变成了一盘散沙。我们可以看下面这幅地图上这些斑斑点点，每一个斑点都代表一个几乎完全独立的政治实体，得到国际条约的保障。当时，德意志土地上有三百多个邦国（是大贵族的领地），一千多个帝国骑士领地，和几十个自治市。这种分裂的状态使德意志落后了两百年，因此对德意志来说，马丁·路德的

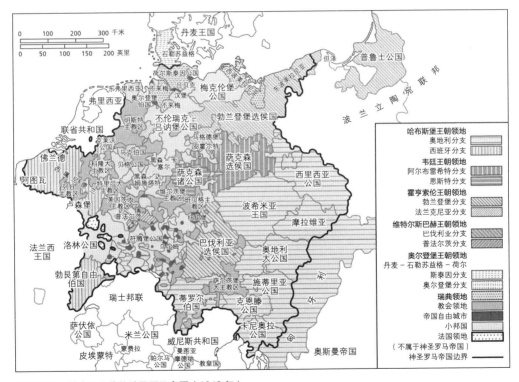

地图 10.2　德意志民族的神圣罗马帝国（1648 年）

宗教改革是一次巨大的灾难；但对于其他国家来说，宗教改革却成了团结民族、统一国家、建立强大中央政府的思想工具，为构建和巩固民族国家奠定了精神和意识形态基础，其中最典型的地方就是英国，亨利八世的宗教改革具有重大的历史意义。除英国之外，新教在荷兰、北欧（包括瑞典、挪威、丹麦）成了国家宗教，变成铸造强大国家的精神武器。宗教改革促进了民族国家的建立，这是很有意思的情况；可是德意志却因此而完全破碎了，德意志发动了宗教改革，却变成宗教冲突的牺牲品！

路德的新教义分裂了天主教，形成了新教。"新教"在汉语里顾名思义，是"新的宗教"，是相对于旧的宗教即天主教而言的。但在西文中"新教"一词是 Protestantism，即"抗议"，并没有"新"的意思。英文中这个词源出于 protest，是指马丁·路德的抗议，体现新教徒对天主教会的抗拒心理。新教中有好多派别，最重要的一个是路德教，这是路德自己创建的教派。此外还有三个重要的派别：一是茨温利派，茨温利是创始人，后来衍生出浸礼会派或再洗礼派；二是安立甘派，就是亨利八世改革以后的英国国教；第三个是加尔文派，由法国人加尔文创立。这些不同派别在神学方面都有自己的理论，但现在说起来就很复杂，而且显得琐碎，尤其对中国人来说就更加难懂。即便对西方人而言，那些细微的差别在今天看起来也会让他们觉得不可理解，因为差别太小了，为了那么一点点差别，在那个时代会发动巨大的战争，打得不可开交。每一方都说上帝站在自己一边，别人等同于魔鬼，于是矛盾就不可调和了，必须你死我活。今天的人已经不能理解那种情况了，可是当时的人确实是如此。

此处再对加尔文派多说几句，因为加尔文的理论有点特别。加尔文比路德更加强调"先定论"，他把上帝的决定推演到极端。但加尔文在极其严格的"先定论"的坚壁上却打开一道缝，这道缝特别有趣：他认为尽管每一个人的命运是上帝决定的，能否得救完全取决于上帝的意志、谁也不可改变；但人在生命的旅程中仍然可以依稀感觉到某种东西，似乎是暗示——你已经得到了上帝的接纳，或者被上帝抛弃。是什么在做这样的暗示？是人们的成功。有些人事业成功，有些人失败，成功也许暗示着获救，暗示他是上帝的选民。这样，成功和获救就联系起来了，通过暗示，人们猜测自己的命运。后来，到了19世纪下半叶，有一个德国思想家马克斯·韦伯提出一个理论，他说资本主义起初是在新教，特别是加尔文教强大的地区形成的，原因是这些地方的人都想知道自己是不是上帝的选民，因此他就努力工作，看自己能不能够成功，用这样的办法来窥探上帝是否会给他恩赐。这种强大的动力激发人们去奋斗，去创造财富和积累财富，从而争取成功。马克斯·韦伯写了《新教伦理与资本主义精神》这本书，其基本思想就是这样。

这个理论后来产生巨大影响，因为在韦伯之前，已经有很多学者去探讨资本主义是怎样形成的，提出过许多不同的说法；但马克斯·韦伯第一次把伦理、精神的动力和资本主义联系起来，认为精神力量、思想力量是触发资本主义的重要诱因，虽说可能不是唯一的原因。当然，我们今天去看马克斯·韦伯的理论，会发现它在很多情况下经不起事实的检验。比如说，马克斯·韦伯在写书时脑子里装的是英国，可是英国的主体地区英格兰并不信奉加尔文教，信奉加尔文教的是苏格兰；另一方面，作为工业革命主要发生地的英格兰，它的"国教"在所有新教派别中，又是最接近于天主教的。所以韦伯的理论在英国的实例上就发生了动摇。如果说韦伯的理论在英国站不住脚，那么在其他地方也许更站不住脚；尽管如此，我们却不能说韦伯的理论一点道理都没有，其实很有道理。他第一个把精神问题、信仰问题和资本主义的发生联系起来，指出其中的关联。只是这种理论并非一点毛病都没有——任何一种理论都不可能放之四海而皆准。

对英国的宗教改革也需要再做一些交代。英国是新教阵营中最重要的地区，并且是最大的新教国家。英国的宗教改革和德意志以及欧洲其他地方有所不同：其他地区的宗教改革，从路德到茨温利，到加尔文派再到再洗礼派，新教都是自下而上形成的；但英国的新教是自上而下造出来的，也就是由国王制造出来的。发动宗教改革的是亨利八世，他发动宗教改革的动机是要离婚。亨利八世的结发妻子叫凯瑟琳，来自西班牙，是西班牙国家奠基者阿拉贡的费迪南和卡斯提尔的伊莎贝拉两人的女儿。这位公主早年嫁给亨利八世的哥哥阿瑟，那是一桩政治联姻，因为亨利八世的父亲亨利七世为巩固自己的地位，让儿子娶西班牙公主结婚，而西班牙是当时欧洲最强大的国家。当时欧洲各王室之间联结成各种关系以巩固自己的统治，婚姻政治就非常普遍。可是阿瑟很早就去世了，两个国家之间的婚姻关系中断，亨利七世就让自己的第二个儿子亨利再娶凯瑟琳，为此还由教皇专门下一道诏书，允许这桩婚姻存在。

后来亨利登上王位，称亨利八世。随着年龄的增长，他对自己的妻子开始反感，原因是这位妻子没有生育男性子嗣，王位继承受到影响，这让亨利八世感到痛心疾首。但是还有第二个原因，就是妻子的年龄越来越大，她本来就比亨利年长，现在就显得更加不匹配。由此就产生第三个原因：凯瑟琳身边有一位妩媚娇小的侍女，名叫安波琳——西方宫廷侍女不是中国紫禁城里的宫女，西方宫廷侍女都是贵族家女儿，有高贵的出身，亨利看中了她，想娶她，就要和妻子离婚。但离婚有一个障碍，就是要经过教皇批准，因为他和凯瑟琳的婚姻是经由教皇特许的，可是当时的教皇却受到西班牙的国王、神圣罗马帝国的皇帝查理五世的控制，而查理五世恰恰是凯瑟琳的侄儿，西班牙则是那个时代欧洲最强大的国家。这样，教皇就不敢批准亨利的离婚了，事情就这样拖下来。亨利恼羞成怒，一气之下就说：教皇不同意离婚，我自己离！但是由谁来批准离婚呢？亨利说，由他自己批准。这以后他就不承认教皇的权威

亨利八世为娶安波琳与教会一刀两断

了,由他自己来担任英格兰教会的最高首脑;亨利批准自己离婚,然后娶安波琳为妻。从此以后,英格兰教会与罗马教廷一刀两断,这就是亨利八世的宗教改革。新建立的教派叫安立甘教,后来也叫圣公会,是英国的国教。在所有新教派别中,英国国教和罗马天主教最相像,它和天主教最大的区别在于首脑不同:罗马天主教以教皇为普天下所有基督徒的唯一首脑,而安立甘派则把英国国王奉为首脑,谁继承英国王位,谁就担任教会首脑,直到今天仍然如此。其他方面的差别,包括仪式、理论、教义、组织机构等差别都不大;当然,天主教教堂装潢华丽,宗教仪式也更加豪华,国教教堂就平实得多,仪式也比较简单。

  这样,新教派别就很多了:路德派、茨温利派、浸礼会派、加尔文派、安立甘派,等等。这些教派在教义、礼仪、宗教理论诸方面都有不少差别,但都有一个共同点,就是不承认教皇的权威,不承认罗马教廷。这使新教在那个时候具有思想解放的性质——一旦人们否认罗马教廷的精神权威,认为每一个人都有能力和上帝直接沟通,那么每一个人就都可以通过阅读《圣经》而对宗教做出自己的解释。这样,基督教仍然存在,对上帝的信念仍然存在,但自由的思考已经形成了,一百个人读《圣经》可以产生一百种理解。就好比我给同学们布置作业,让你们读一本书,然后写读书笔记,除非你们互相抄袭,或者到网上下载,否则你们一百个人写来的作业应该是一百个样子,有一百种不同的感想。不要以为不相信宗教才能解放思想,其实在宗教的框架内也可以解放思想。这样,大家就能体会到宗教改革的巨大意义。

  不过,并不是天主教才对人们的思想造成束缚,新教可以同样固执,同样造成思想束缚。新教各派也迫害信仰不同的人,和天主教对新教的迫害没有两样。在那个宗教极端的时代,谁都把自己看作"上帝的选民",是真理的拥有者,为了信仰,为了"真理",为了"上帝的事业",人们互相争斗,彼此打得死去活来。那个时代是宗教战争的时代,马丁·路德以后,西欧在差不多一个世纪里深陷在宗教战争中,不仅德意志如此,整个西欧都是这

不同宗教派别之间的论争无休无止

样,都在打仗,甚至中欧也在打,而战争的理由就是信仰不同。一直要打到大家都意识到靠战争解决不了问题,谁也不能消灭谁,上帝其实没有站在任何人一边——直到那时,宗教战争才停止了,每一个教派都开始承认其他教派存在的权利。而其他教派也承认这个教派存在的权利,到那个时候,宗教纷争才平息下去,人们学会了相互容忍。于是,在 1648 年,战争各方签订《威斯特伐利亚和约》,各个教派都取得了存在的权利。但是,因信仰或意识形态不同而大打出手的现象并没有停止,直至现在,西方仍然以意识形态或政治制度为理由发动战争,并且把它说成是"解放"别人。不同的是,16 至 17 世纪的宗教战争中,信仰的因素可能更强烈一些,人们有更加虔诚的信仰;而现在,意识形态被用作发动战争的借口,这些借口连发动战争的人都不相信。我们看看现在中东的情况,就可以知道是怎么回事。

— 天主教会反改革 —

受到新教冲击,天主教岌岌可危,面对强大的冲击波,天主教几乎要崩溃。这时,天主教开始进行自我更新,这叫"反宗教改革"。"反"在这里不是"反面"的"反""反动"的"反",而是"反过来""相反方向"的"反"。

中国人常常把"反宗教改革"（counter-reformation）理解为"反对宗教改革"或抗拒宗教改革（anti-reformation），这种理解并不对；"反宗教改革"的意思是反过来进行的宗教改革，那么，什么是反过来进行的宗教改革？

回到马丁·路德。马丁·路德的目标是摧毁现有体制，重建一个教会组织，路德教会由此产生。原有的教会就进行抵抗，抵抗的方式是它也改革，不过改革的目标是维护原有的体制和结构，让现存教会延续下去，这就是"反宗教改革"。所以反宗教改革也是改革，只不过它的目标是维护现有体制、不让路德的改革将其摧毁。马丁·路德的出发点本来很单纯，他讨厌教会腐败，因而反对教会腐败；但反着反着就触及天主教的根了，最后变成"挖根运动"，要挖掉天主教的根，摧毁罗马教会。渐渐地，罗马教廷也看出了问题所在，问题就出在腐败上。所以，为了保护天主教会，最好的办法就是反腐败，自己反腐败，根治腐败，把腐败清除了，地位也就巩固了——当时的教廷就采取了这种对策。一连有好几个教皇都决心根治腐败，而且确实做得不错，这很不容易，因为自我革新非常艰难。罗马教会中连着出现了几个廉洁的教皇，他们兢兢业业，决心很大，把腐败的官员撤职了，任用有能力、有奉献精神的人担任高级职务，再由他们去撤换一层一层的腐败分子，最终把局面扭转过来，至少把非常严重的腐败现象克服了。这样，天主教会就重新站住脚，再一次取得信徒的信任；如果不出现这样的"反宗教改革"，天主教会可能早就崩溃了，早就没有了。

在这个过程中出现了一个新的团体"耶稣会"，它很有名。明朝时到中国来传播基督教的就有众多耶稣会士，例如利玛窦、汤若望等。这些人很有奉献精神，带着一种宗教的狂热追求自己的理

利玛窦像

想。他们不是无能之辈，他们有知识，掌握着由文艺复兴熏陶而来的西方科学技术，并且有很高的人文素养。这样一批人集结起来，组成一个新的传教团体叫耶稣会，并且得到教皇的认可。新团体的发起者叫依纳爵·罗耀拉，他原本从军，后来受伤退伍，组建这个团体后，就以军队的组织方式进行管理，最高的领导叫"将军"，就是他自己；在他之下，每一个层级都有一位指挥官，按军队等级称作"旅长""团长""连长"等，实行严格的军事化管理。入会时要宣誓无条件服从，要完成组织交给的任务。耶稣会在后来被很多人否定，有些人甚至将它描述为恐怖组织，专干杀人越货的勾当。在历史上，确实有耶稣会士运用暗杀手段清除异己，但另一方面，耶稣会又不乏像利玛窦、汤若望那样的人。耶稣会对恢复罗马天主教的地位与影响发挥了很大作用，它是"反宗教改革"中的一支重要力量。

此外还要向大家介绍特兰托宗教会议。从 1545 年开始几乎每年都要举行一次，在这些会议上，教会高层对天主教中有争议的理论、教义、礼拜仪式和基本原则等进行审查，最后得出的结论是：应该维护过去的传统，不对天主教做根本性的改动。反宗教改革也是成功的，在清除教会流弊方面，它最终与宗教改革殊途同归。并且，两种改革最终都和民族国家联系起来了：新教国家把新教作为民族的共同信仰，巩固了新生的民族国家；而天主教国家也把本国教会改造成国家的教会，用国家主权压倒了教会的权威。经过宗教改革和反宗教改革，一个普世的、全欧洲的罗马教会其实已经不存在了，所有的教会都变成了国家的教会，成了民族国家的精神机构，这是宗教改革和反宗教改革完成时最终出现的情况。

宗教改革造成基督教的第二次大分裂。第一次分裂发生在罗马帝国晚期，东西教会分裂，形成后来的东正教和天主教，分别存在于东欧和西欧。第二次分裂也有地理上的分界线：新教，不管属于哪一派，基本上分布在西欧北部和中部，如英国、北欧、德意志北方和低地国家；旧教即天主教基本上流行于西欧南部，包括法国、西班牙、意大利和德意志南方区域。这种情况一直到今天仍然差不多如此。

人类社会不断发生变化，历史的长河不会有尽头。一种社会制度、一个国家形态只体现某个时代的特殊需要，一旦时代不需要了，它就被淘汰，新的制度就会出现。我们通过学习历史可以理解这个道理，不要相信历史会有终结。

第十一讲

思想革命与政治革命

◎ 新的时代潮流

◎ 清教与英国革命

◎ 启蒙与法国革命

◎ 开明专制

在西欧走出中世纪的过程中，我们特别强调新出现的民族国家，没有这种新国家，前面提到的各种现象都不会出现。政治制度的变革、国家形态的变革经常起先行作用，制度发生变化，引发了其他方面跟着变化。

但这种新国家最早的表现形式是专制主义王权统治，是国王的专制。专制王权曾经对凝聚民族精神、集中国家的力量发挥过关键作用，没有王权的压合，欧洲仍然会深陷中世纪的混乱之中。可是，一旦专制王权完成了自己的使命，它的历史合理性就逐渐消退，它的性质也开始发生改变。起先，它代表着整个民族的利益，和民族的利益纠结在一起，互相支撑，

—

新的
时代潮流

—

这是一种吻合的状态。可是吻合的状态后来出现破裂，专制君主与国家、民族渐行渐远，最后发生激烈冲突，导致剧烈的变化，我们现在要讲的就是这样的情况。

站在现在回顾过去，在那个时候，哪个国家先摆脱专制的统治，克服专制的权力，哪个国家就最早迈出新的一步，把国家乃至整个欧洲甚至全世界都带到一个新的发展阶段。历史是不断变动的，某一种制度在一定阶段中曾经合理，后来又不合理了，于是历史就发生变化。比如，在中世纪欧洲，封建社会制度有它的合理性，土地分封是社会的基础。但分裂状态阻碍社会经济发展，于是就需要走向统一，民族国家成为趋势，这就要求出现强大的中央集权，依赖国家的力量完成统一，于是，专制王权出现了。可是国家的统一一旦完成，民族的自立牢不可破时，专制的权力又成为国家继续前行的新阻力，于是新的变化就又要发生。我一直在强调这个观点：历史是流动的，每一个时代都有它自己的要求，会演化出自己的制度，没有哪一种人类制度是绝对的好、从来合理，仿佛是历史发展的天生目标，自古以来就在向人类招手，人只是向那个方向走——如果真的那样，那么历史就是有尽头的，人走到尽头的时候，再怎样呢？那不就意味着人类社会的灭亡吗？

美国有一个日裔学者福山说，历史有终结。他认为美国是人类发展的最高阶段，到了美国的时代，历史就终结了，以后不会再有新的变化，这就是"历史终结论"。西方文明从来都认为历史有终结，它一直这样看问题：基督教说历史有尽头，那就是天国，天国是无比完美的境界，那就是历史的终结。基督教思想深刻影响着西方人的世界观，众多西方学说都在设计历史的终点。黑格尔说人类文明的太阳在东方升起，到普鲁士国家成为阳光普照的终点。启蒙思想家设计人类社会的蓝图，对伏尔泰而言，路易十四时期的法国是人类历史的最高峰，孔多塞则认为法国大革命走到了历史的终点。因此，福山的"历史终结论"只是我们这个时代的老话新说，在他眼里，美国是历史的终点。但其实人类社会不断发生变化，历史的长河不会有尽头。一种社会制度、一个国家形态只体现某个时代的特殊需要，一旦时代不需要了，它就被淘汰，新的制度就会出现。我们通过学习历史可以理解这个道理，不要相信历史会有终结。

欧洲的君主专制制度就是这样，在它出现的时候，有助于形成民族国家、克服封建分裂的状态，因此那几个最早建立专制制度的国家，都成为最早的欧洲强国。可是到17世纪以后，哪一个国家最早克服专制统治，最早建立新的制度，它就迈出新的一步，把历史推进到一个新的时代。到那个时候，专制制度的历史使命就完成了，时代提出了新的要求。

是英国迈出了新的一步。我们来看英国的情况。大家还记得都铎王朝吧？都铎王朝在英国早期强大的过程中起过关键作用。都铎王朝是一个专制王朝，实行专制统治，它的国王都是专制君主，包括亨利七世、亨利八世和伊丽莎白一世。都铎王朝共有五位君主，其中两位在位时间很短，统治时期社会动荡，非常混乱，而亨利七世、亨利八世和伊丽莎白一世时期是繁荣和富强的时代，尤其以伊丽莎白女王一世时期最突出。都铎王权是专制王权，但英国的专制王权有特殊之处，我们在介绍英国的专制制度之前，首先要说一说"专制"这个概念怎么理解。

— 清教与英国革命 —

我想大家都认为自己知道什么叫"专制"，因为中国有两千年的专制传统，皇帝高高在上，一个人说了算，"普天之下，莫非王土；率土之滨，莫非王臣"。但东方的"专制"和西方的"专制"差距很大。在西文（包括英文）中，"东方专制"和"西方专制"是两个词，前者用despotism，是个贬义词，后者用absolutism，不含有贬义，隐隐约约还有褒义。在西方学术话语中，

英国女王伊丽莎白一世

| 第十一讲 | 思想革命与政治革命 |

女王伊丽莎白出行时的威严礼仪

absolutism 是他们的一个历史阶段,并不是受批判的对象;相反,despotism 却是个不好的东西,专门挨他们的骂。从这里也可以体会到西方人的文化偏见。

不过 despotism 和 absolutism 确实很不同,区别在于对国家归属的理解上:国家属于谁,君主与国家是什么关系。在西方,absolutism 指的是在摆脱了以领地分封为基础的封建分裂状态后,以前分散在整个社会、掌握在大小贵族手中的权力被回收,集中到一个中心、也就是君主手里,由此形成一种新的国家形态,就是 absolute monarchy,以前翻译成"专制王权",现在有人提出应该翻译成"绝对主义王权",指一种"绝对"的权力,不像在封建时期国王只有"相对"的权力。我基本赞成这种译法,但"专制王权"已经约定俗成了,要改过来却不大容易。

Despotism 则指一种独断的权力,比如中国皇帝就有这种权力。在国家归属问题上,中国人从来有"家国"之说。什么是"家国"?"家国"的意思是"国"属于"家",也就是"家天下":"大宋"是赵家的,"大唐"是李家的,诸如此类,"家"包着"国",这就是"家天下"。过去说"天下为公",其实这个"公"不是指"大伙"或"大家",指的是"公家",公家就是皇上,是皇家。普天之下都属于皇家,每一个人、每一寸土地都归皇家所有,这才会有"君要臣死,臣不得不死;君要臣亡,臣不得不亡"这样的话。皇帝的权力至高无上,国家只是他的私产。

但是在西欧,封建权力结构瓦解之后出现的 absolutism 有什么特点呢?大家知道专制王权(absolute monarchy)的典型代表人物是法国的路易十四,他有一句名言:"朕即国家",意思是"我就是国家"。把自己与"国家"等同，中间画等号，并不意味着"国家是我的"。国家仍然是高的，但君主和国家一样高，他行使国家的绝对权力，是国家的化身，这就是"专制王权"。中国的皇帝会说"朕即国家"吗？不会的，因为国家是他的，嘉庆皇帝说："大清马上得天下。"皇帝高于国家，国家是皇帝手中的一个东西，如果"朕即国家"，皇帝的身份就降低了，降得和"国家"一样低，中国古代的政治理念不是这样。所以，把中国的皇权大一统和西方中世纪结束后出现的强大王权混为一谈并不妥当。西方的专制王权（绝对主义王权）是走向现代国家的第一步，而中国的皇权大一统却是一个古代的产物。因此，我们不要把东西方这两种制度想象为同一个东西。

回到英国。都铎王权是专制王权，但它有一个很大的特点，就是它受到节制。换句话说，尽管它是一种绝对的权力，但它受到某些限制，所以是一种有限的专制权力。英国在历史上形成一种力量，这种力量对王权形成抗衡和制约，大家可以猜到，那就是议会。英国议会是个特殊的东西，即使在都铎王朝的专制统治时期，尽管按当时人的说法它是王朝的"谦卑侍女"，也就是听话的女用人，相当于中国人所说的"橡皮图章"——尽管如此，它仍旧对王权形成某种制约。英国的专制统治必须以议会为工具，不经过议会，国王不能进行统治。大家可能会问，为什么会出现这种情况？我的回答很简单：那是历史形成的，是传统所造成的；历史就是这样走过来的，在英国，传统的力量不可抗拒。所以，尽管都铎王朝实行专制统治，但那是一种"有限君主专制"，并不是无限的，这是英国专制统治非常重要的特点。这个特点在都铎时期表现得特别明显，国王和议会在都铎时期合作得很好，共同治理这个国家；国王通过议会这个工具来实行他的统治，这是很有趣的现象。在那个时代，国王和议会是合作的，不是说没有矛盾和冲突，但合作大于分歧。

可是都铎王朝结束后情况就发生变化了。都铎王朝的最后一位君主伊丽莎白女王没有结婚，所以就没有后代。伊丽莎白也叫童贞女王（virgin queen），今天美国有一个州叫弗吉尼亚（Virginia），就是怀念童贞女王的。

英王查理一世

这样，伊丽莎白女王去世后，都铎王朝就没有继承人了，于是就换一个王朝，叫斯图亚特王朝，中学教科书上有介绍。斯图亚特王朝继承王位后就出问题了，今天回过头去看事情好像简单。我刚才说过，英国历史上形成的专制统治事实上是有限的，是受到节制的，但斯图亚特王朝企图打破这个传统，突破这道界限。王朝两代君主詹姆斯一世和查理一世都试图抛开议会，实行毫无节制的绝对的君主统治，这样问题就出来了。进一步深究其中原因，当时出现的情况是：专制主义已经完成它的历史使命，不能满足时代的需要了。在都铎时期，君主和国家、和民族之间的利益吻合，君主专制的出现是时代的要求，但都铎王朝结束时君主专制的历史使命已经完成了，斯图亚特王朝恰恰在这个时候出现，于是专制制度与民族、与国家之间的冲突就会开始，所以更深层的原因在这里。

在斯图亚特时期，王权与民族的利益开始对抗，到最后发展成公开冲突，爆发战争，英国进入革命时期，克伦威尔是这场革命的领导者。我不想太多介绍英国革命的详细过程，也不多讲关于克伦威尔的事，大家如果感兴趣，可以看很多的书，书里面会有许多内容。我想告诉大家的是，任何一次可以叫作"革命"的革命必定有它的意识形态，没有意识形态的"革命"其实不是革命，在英国革命中，意识形态是清教。

要理解什么是"清教"，首先需要了解什么是国教。之前我们讲过亨利八世的离婚案。亨利八世要离婚，教皇不批准，他就自己给自己离婚，切断了英格兰教会和罗马教廷之间的关系，这样就出现一个新的教派，叫安立甘教，或者圣公会，也就是英国的国教。什么是"国教"呢？国教的意思是国家的宗教，也就是国家的官方宗教，它要求所有的人都接受，不接受就会受到惩罚。大家记得，马丁·路德宗教改革之后出现了许多新教派，而在所有的新教派别中，国教是最温和、最保守的，最接近于天主教教义，并且在仪式、信仰、礼仪方面和罗马天主教最相像。这样，就使一些英国人认为英国的宗教改革不彻底，希望进一步推进改革，把国教中的天主教因素"清"出去，这些人被叫作清教徒（puritan）。"清"是"清除"的清，清洗天主教，清除天主教的痕迹。这些人后来从国教中脱离出去，形成许多小教派，新的派别统称清教。

清教徒心目中的榜样是加尔文教，加尔文教的一大特点是"先定论"。"先定论"最基本的思想，就是谁得到上帝的拯救、谁不能得到上帝的拯救，完全取决于上帝。可是加尔文教和路德教之间还是有一些差别，路德教更加悲观，认为人完全没有自己去努力、自己去争取的余地，而加尔文教在非常强调先定论的同时，为人的自身努力留下一点点空间——人通过自己的努力和成功，可以窥测上帝的拯救，尽管他不能改变自己的命运，但还是可以从这种窥测中得到很大鼓舞，愿意营造一个积极的人生。英国的清教受加尔文教的影响很大，所以很愿意通过行动去改变现状。

清教和国教有什么分歧？或者说，清教徒认为哪些东西应该从国教中清除出去？大概有以下几个方面。

第一是礼仪，国教基本上延续天主教礼仪。天主教有一个仪式叫弥撒，信徒从神父手中接过面包和酒，象征着耶稣基督为人类流血，用自己的血为人类赎罪，从而与上帝重新立约。这是基督教的基本理念，否则基督教和犹太教就没有区别了，因此弥撒是天主教礼仪中非常核心的部分。但无论路德教还是加尔文教都否定这种礼仪的重要性，因为它们认为人类不能通过言行或"善绩"去取得上帝的原谅，所以一切礼仪都只是形式，是无稽之谈。英国国教保留了这种传统，他们叫"圣餐礼"，这在清教徒看来是不可接受的。

加尔文教徒捣毁教堂圣像

其次是偶像崇拜。大家都知道很多教堂中有画、有雕塑，包括耶稣受难的形象，也就是十字架上的耶稣形象。这些东西在新教徒看来只是偶像崇拜，他们认为基督精神的本质是对上帝的信念，即"因信称义"。所以，教堂里那些用泥巴、木头做的人形，或者画像，都只是偶像，是虚假的，不能表现一个真正的基督徒内心的信仰，因此应该反对。在他们看来，对上帝的完全托付才是基督徒的本性，因此要反对偶像崇拜。

第三是清教徒提倡禁欲主义，认为一切娱乐享受，一切对生活的向往，吃喝玩乐、穿着打扮、过好日子等，都违背基督精神，因此提倡尽量节俭，要克制自己，不娱乐、不休息，过禁欲生活，包括礼拜天必须去教堂做祷告。如果星期天去郊游、与朋友喝酒、跳舞等，都是魔鬼的诱惑，一定要严加禁止！

第四，清教反对主教制。国教在组织结构方面和天主教最相像，亨利八世在进行宗教改革时，对教会结构做出的最大改变是把教皇否定了，自己出任国教首脑，这就好像给教会调换一个头，把教皇换成英国国王，整个身子都保留下来。以前我介绍过天主教的结构等同于帝国，教阶制度和帝国官僚体制一一相应，比如说：帝国有皇帝，天主教有教皇；皇帝之下有总督，教皇之下有大主教；总督之下有省长，大主教之下有主教；省长之下有郡长、郡守，主教之下有堂区、神父，等等。亨利八世撵走教皇，把剩下的一切都保留下来，其实是保留了天主教完整的组织结构，唯一的区别是没有教皇，由他自己来填补空缺。大家注意，如果我们把天主教的等级结构和一个国家的官僚等级结构对应起来的话，你几乎可以意识到宗教的组织机构和真实的国家机构完全对应。而恰恰在这个问题上，清教和国教截然对立。清教徒希望模仿加尔文派，建立没有主教、自己管理自己的独立教会。这些人中有一派主张由地方长老来管理教会，他们德高望重，品行高尚，又有强烈的宗教责任感，各地长老联合起来共同管理全国教会，这一派因此被叫作"长老派"。如果把这样一种组织结构对应到政治领域，那就是委员会。委员会不一定意味着民主机制，因为长老们其实是各地的精英，是事实上的地方领袖；但长老们的管理也不是国王一个人的统治，不是个人集权。这样，长老派反对主教制，就等于是在向国家的专制统治挑战。

清教中还有比长老派更激进的派别，它们连长老们组成的委员会都不要，它们认为长老也是不可取的，长老仍然高高在上，高出于普通教众，因此也不可取。它们主张所有的人出于共同的信仰真诚地走到一起，为共同的事业平等协商，共同管理教会。把这种理念推广到政治领域，就更加接近于民主制。这些派别希望实行完全的地方自治，每一个地方宗教团体都自己管理自己，彼此间平等，不仅是内部成员之间平等，而且每一个地方组织之间也平等，不要任何权威。这些派别被叫作"独立派"，因为每一个地方派别都是独立的。独立派又分成更多的小教派，如浸礼会、公理会、教友会、第五共和国派、喧嚣派等，有些教派非常小，内部结构也特别松散。我不再进一步说明这些派别的宗教主张，只是说，宗教主张和政治主张往往相通，像第五共和国派、喧嚣派都是很极端的，其成员在社会的阶梯上处于最底层。以喧嚣派为例：喧嚣派在进行宗教集会时会进入一种亢奋状态，精神高度集中后就进入非我状态，全身震颤发抖，好像前几年中国所谓"气功大师"造成的那种现象。很多人认为这种现象不可能存在，但是在三百多年前的英国就有了。进入疯癫状态后就发出各种声音，所以被叫作"喧嚣派"。但喧嚣派在组织结构方面最讲究平等，任何权威都不要。大家可以看出来，清教作为宗教信仰又带有潜在的政治意义，这使得英国革命具有一个很大的特点，就是所有政治力量都和宗教信仰一一对应，带有强烈的宗教色彩，宗教成为意识形态。

在英国革命中，王党都是国教徒，国教徒的口号是"没有主教就没有国王"，这是国王的口号，也是国教的口号，宗教概念和政治现实结合在一起，保护主教就是保护国王。清教反对主教制，无论是长老派、独立派或其他更小更极端的派别都反对主教制，它们在政治上也都反对国王。长老派和独立派在革命中都发挥过重要作用。

宗教信仰和政治派别几乎完全对应的状态造成革命时期社会结构中一个有趣现象。我们知道，社会由不同阶层组成，有贵族，有地主，有商人，有市民，有绅士，等等。乡绅在英文中叫 gentry，自耕农叫约曼农，英文是 yeomanry，也就是富裕农民。此外还有佃户，给人家当长工的。一旦政治派别和宗教派别对应，出现的情况就是：政治派别不以社会阶层区分，而以宗教信仰划分。换句话说，王党阵营中几乎全是国教徒，议会阵营中几乎全是清教徒，所有支持国王的人都信奉国教，所有反对国王的人都不信奉国教。但是，信奉国教的人是不是都是贵族？不是，信奉国教的人中有贵族，有农民，也有商人和其他人；同样，信奉清教的是不是都是商人？也不是，信奉清教的有商人，有农民，也有贵族和其他阶层的人。因此在王党阵营中什么样的人都有，包括贵族、地主、商人、市民、绅士等，也有自耕农。另一个阵营也是同样情况，其中包括贵族、地主、商人、市民、绅士、自耕农等。这样问题就出来了：从社会成分看，革命阵营和反革命阵营是没有区别的，亲国王派和反国王派在社会分层方面几乎一样。看这幅图：

亲国王的阵营（信奉国教）	反国王的阵营（不信奉国教）
贵族	贵族
商人	商人
乡绅	乡绅
农民	农民

图左边是王党，图右边是革命派，如果内战中王党胜利了，这个社会

的结构会不会被破坏？不会，因为原有的社会阶层全都保留了，没有发生变化；而如果革命派胜利了，社会结构会发生变化吗？也不会，它仍然可以完整地保留下来。所以无论哪一派力量在战争中获胜，对社会来说都不会造成变化，原来那个社会都会被保存。现在可以知道了，冲突不是

处死查理一世

阶级的冲突，就社会结构而言，谁打赢战争都一样。正因为如此，现在英国学术界一般的说法是：英国革命不是一次阶级革命。

在战争中，克伦威尔的军队打赢了，他们把国王抓起来并且处死，然后试图建立一种新的政治制度，但没有成功。这以后出现复辟，专制的权力又回来了；英国人不接受，于是再发动一次革命。但这次革命是不流血的，所以被称为"光荣革命"。光荣革命没有打仗，它采用了一种类似于宫廷政变的方式赶走老国王，拥立新国王，就是威廉三世和他的妻子玛丽。用这种方式解决了政治领域中一个大问题，就是推翻专制制度，实行议会的统治。英国的做法很有趣，它推翻了专制的国王，却保留了国王本身，它剥夺了国王的权力，却让国王继续存在。统治集团从克伦威尔的革命中吸取了一个教训，他们认为之所以发生革命，是因为统治集团内部分裂了，一部分支持国王，一部分反对国王，双方互不相让，才引发了战争。现在他们说，统治集团再也不能分裂了，我们不要专制的国王，但同样不能再打仗。这样就出现妥协：一方面打倒专制的王权，一方面保留了王位。这以后形成一种全新的政治制度，叫"君主立宪制"。英国从此进入一个和平、渐进、改革的时期，从那时到现在，300多年了，英国没有再发生内战，也没有再发生革命。

英国通过一次不流血的宫廷政变即光荣革命完成了政治制度的改造，

建立了一种完全现代意义的国家体制。英国现在的国王和都铎时期的国王完全不同，和斯图亚特时期的国王完全不同，区别在于：都铎和斯图亚特时期的国王是大权独揽的，议会是一种节制力量，但它服从国王；光荣革命后情况倒转过来，国王需要服从议会，议会是最高的主权。这就是君主立宪制。我们判断一个国家的政治制度，不在于它有没有国王，而在于国家的主权在谁手里，有没有国王并不重要，重要的是谁在统治。今天的英国王室，变成了全世界观赏的对象，比如威廉王子的大婚曾吸引全世界人的目光，那种豪华的气派让整个世界为之赞叹；但是，谁都知道英国国王是没有权力的，权力在议会手中。

　　转过眼来看法国，法国的变化过程比英国晚了一百年。在法国，建立强大政府、集中国家权力、确立君主专制的是波旁王朝。波旁王朝的出现标志着法国专制制度的确立，民族国家也基本形成。但是在波旁王朝第一代君主亨利四世去世以后，法国又经历半个多世纪的动荡，一直到路易十四的强大统治出现，君主制民族国家才得以最终巩固，路易十四也成为西欧专制主义的一个典范。可是到这个时候，专制王权和民族的利益就开始分道扬镳了。专制君主和民族国家曾经有过一段时间相互吻合，但是等到统一的国家完全确立、不再面临新的分裂危险时，专制王权的历史作用也就终止了，像在英国那样，也需要把它克服。但在法国，克服专制权力所付出的代价比在英国大得多，为什么呢？因为法国的专制力量比英国强大得多，这就好像是作用力和反作用力，为了克服一个强大的作用力，需要有一个更强大的反作用力。法国的专制力量太强大了，要克服这个权力就需要使用更强大的力量。

　　与英国相反，法国的专制王权是不受节制的。在法国历史过程中，贵族曾经非常强大，王权完全无法与之匹敌，而法国的封建分裂状态也就比英国严重得多。为了打击这支力量，法国的专制制度就变得非常强大，否则贵族的势力就无法克服。但是在这个过程中，王权变成了不受制约的力量，法国历史上没有形成像英国那样的议会，它曾经有过封建性质的等级会议，

——启蒙与法国革命——

这类等级会议在整个欧洲到处都有，法国也不例外。但等级会议在英国变成了议会，在法国却消失了。波旁王朝建立不久，亨利四世时期等级会议就停止活动，一直到爆发大革命。在这个过程中，王权变成了不受限制的君主专制。在英国，我们看到有限君主专制，在法国则是无限君主专制，我们说路易十四是西欧专制主义的典范，说的就是这个意思。

贵族曾经是分裂力量，非常强大，时时刻刻与王权对抗。但到路易十四时期，贵族变成驯服的工具了，他们再也不和

路易十四像

王权对抗，相反，王权给了许多特权，让他们成了依附于王权的特权阶层。特权阶层这个概念你们一定是有的，但什么是特权？最大的特权其实是不纳税。法国贵族都不纳税，而英国的贵族都要纳税，这个区别很重要。由于贵族不纳税，法国专制国家的财政负担就全部落在普通民众身上，除了贵族之外，其他人都需要纳税，这些人叫"第三等级"。

所谓第一等级是僧侣，第二等级是贵族，第三等级是除了僧侣和贵族以外所有的人。因此，第三等级和其他两个等级在经济利益方面的区别就很明显。这种情况在英国是没有的，因为英国所有的人都要纳税。法国贵族有老贵族和新贵族之分。老贵族是那些有悠久门第、不断制造动乱的人，他们勇武好斗，叫"佩剑贵族"，随身带着剑，拔出剑就要打架。新贵族是靠经商发财致富的人，他们用钱买官，或者买贵族封号，这些人喜欢花钱，叫"穿袍贵族"。亨利四世以后法国国王不再召开等级会议了，原因在于他们卖官鬻爵，由此得到很多钱，不需要召开等级会议去讨论税收问题了。法国的贵族很多，国王越卖越多，到法国大革命爆发时，大大小小有十几万，这就是法国大革命之前贵族的情况。

第三等级对王权和贵族越来越不满。专制王权曾经发挥过重要的历史作用，没有它，就不会有统一的法兰西国家。可是一旦统一的法兰西国家牢不可破地建立起来以后，专制王权的历史使命就完成了，它和民族之间的分歧越来越大，开始对国家的发展起阻碍作用。我们知道英国也出现过这种情况。但法国的王权给贵族许多特权，两者之间形成共同的利益关系，法国革命中就出现这样一种分割：

反革命阵营
国王 + 上层教士 + 贵族

革命阵营
第三等级（资产阶级 + 劳动者）

对比一下英国革命时期的社会分裂，区别就很清楚：英国革命是纵向地把社会分开，因此无论哪个阵营获胜，原有的社会结构都会保留下来；法国革命是横向地把社会切割开，因此，如果王权和贵族这个阵营胜利，那么原有的社会结构会被保留，革命等于没有发生。可是如果第三等级胜利了，那么整个社会就都被颠覆了，将出现一个全新的社会。这意味着法国革命是一场社会阶层的殊死搏斗，要么全生，要么全死。而革命的结果恰恰是第三等级胜利了，于是出现一个全新的社会，国王和贵族都没有了，革命前那个社会不再存在，剩下一个"第三等级"的社会。在法国革命中，阶级冲突的性质表现得很清楚，一个一个的阶级明明白白，阵营是按照阶级划分的，国王和贵族站在一起，"第三等级"站在一起。可是后来"第三等级"又分开了，每一个阶层都有它的要求，于是在革命过程中，发生了一次又一次的暴力事件。

这里不打算详细介绍法国革命的过程，比如 1787 年的贵族造反、1789

年攻占巴士底狱等，想必大家多少都知道一些。我想介绍的是革命的意识形态，是启蒙运动。启蒙运动完全是非宗教性质的，完全是世俗的，一点宗教气息也没有，这和英国的清教形成了鲜明的对照。启蒙运动提倡科学和理性，还有"进步"。科学、理性、进步，这些就是启蒙运动提倡的东西。启蒙运动中出现了很多著名人物，所有这些人都有一个共同特点，他们不承认超自然力量的存在，认为一切外界事物都是可以被认识的，而认识外界的工具是科学，科学可以解释一切。但人如何得到科学呢？通过学习，通过教育，人接受教育而得到改造，将理性的力量释放出来。一旦自觉地运用理性，人就可以认识世界，了解世界，并且改造世界。这就是启蒙运动的基本理念。事实上，启蒙运动所提倡的思维方式，在今天的中国深入人心，大家都非常熟悉，也许我们不知道自己脑子里装的是启蒙运动的思想方法，还以为这样一种思想方法是天经地义的，从猴子变成人的时候就是这样。其实并不是，这种思想方法只在中国存在了两百多年，在此之前中国人不是这样思考问题的，科学、理性、进步这些观念都是新的。

　　如果把同样的认识和理解推广到社会方面，人就认为自己可以像认识自然一样认识社会，并且找到社会运动的规律。人觉得可以用科学的手段来解决社会问题，就好像解决自然问题一样。于是他坚定地相信人可以改造社会，把社会塑造成自己想要的那样。如此思考，人就认为自己有巨大无比的力量，既可以改造自然，又可以改造社会，仿佛他想怎样就可以怎样，自然是可以被征服的，而他想要怎样的社会，那个社会就可以出现。从那个时候起，人们就不断企图重塑社会，包括2011年萨科齐企图重塑利比亚，2012年奥巴马想要重塑埃及，都是这种思维的结果。今天这个世界无限动荡，其指导的思维方式就是这样——每一个人都认为可以把这个世界弄得更好一点，可是结果却有可能更糟。

　　看看启蒙运动的代表人物。第一位是伏尔泰，他是启蒙运动中最温和的一个，他的最大特点是接受英国的思维方法，倡导或推崇英国的实证主义。英国人的思维方法和法国人的思维方法很不相同，法国人不断为自己寻找

伏尔泰

理想、设定目标,而英国人的特点是不给自己设定目标,他们碰到什么问题就解决什么问题,走到哪里就算哪里,这是一种经验主义的思维方式。伏尔泰推崇英国人的思维方式,他倡导自由,包括思想自由,他认为最好的政治制度是英国的君主立宪制。

第二位是孟德斯鸠。他最著名的思想是三权分立,不过这种思想也是受英国影响而产生的。光荣革命前后,约翰·洛克提出英国的政治制度中有三项权力互相分开,但这三项权力和孟德斯鸠的三权分立不完全一样。洛克说的三项权力是立法权、行政权和联盟权。大家都知道行政权和立法权是什么,但什么是联盟权?联盟权是对外结交朋友和反抗敌人的权力,这就是洛克所说的三权分立。孟德斯鸠加以改造,把三权分立说成是立法、行政和司法的分立,这种说法对后来产生重大影响,特别是美国独立以后开始设计国家制度时,就完全接受了孟德斯鸠的理论。说实话,到现在,大概只有美国是真正实行三权分立的,其他国家都不是。比如英国政治制度中的三权不是分立而是合一,三个权力都集中在议会。法国也没有三权分立,德国有点像,但仍然不是。

接下来是狄德罗,还有他的"百科全书派"。当时的百科全书和今天的不一样,那时百科全书是宣传启蒙思想的阵地,其中大量内容表达对专制主义的不满,充满政治色彩,不像今天的百科全书,只是介绍各种知识。

下一位是孔多塞,因为大家不熟悉这个人,所以就多介绍几句。孔多塞提出"进步"理念,这是最值得注意的。所谓"进步",就是坚信社会发展有规律可循,人类社会不断进步。这种观念对大家来说可能是耳熟能详、司空见惯的,可是如果追问什么叫"进步",大家也许答不出来。简单地说,所谓"进步",就是今天比昨天好,明天比今天好,一天比一天好,社会越来越好,最终完美无缺。到那个时候,所有人都无比幸福,无忧无虑,天堂般的生活就到来了。这种"进步"的理念其实只是一种信仰,是对未来的善良期待,但事实可能不是这样。好和坏从来都是相对的,一个方面的进步可能是在另一个方面的退步,比如工业社会可能对农业社会来说是"进步",可是在资源的耗费、生存环境的恶化、人际关系的冷漠等方面,却又是"退步"。启蒙时代的人造就了"进步"

孟德斯鸠

的理念,从根本上改造了人们的世界观。在此之前,一般人不会这样来看待社会,不认为历史会这样变动;可是现在,每一个人脑子里都扎着一样的根,深藏着同样一个信念,都认为社会是不断进步的,一天更比一天好。

可是关于人类社会运动的形式,并不只有"进步"一种理解,除了"进步"的观念外,还有其他理解方式。也许有人觉得很难想象会有第二种理解方式,好像不会有;可是事实上不但有第二种,还有第三种、第四种、第五种、第六种……比如说,有"进步"的观念,会不会有"退步"的观念呢?人类社会是不是有可能不断退化?确实有这样来看历史的观念,比如西方文化传统中就有黄金时代、白银时代、青铜时代的说法。青铜时代以后是铁时代,铁时代以后是什么?人家没有告诉你,大概就是石头时代、泥土时代、粪便时代了。总之一个比一个坏,当然就是退化,人类社会不断退步。在中国文化传统中,孔子认为社会是退化的,三皇五帝时期最美好,到了他所生活的时代就"礼崩乐坏"了,世道不经,所以他提出"克己复礼",要恢复到以前的时代去。

除了退化论还有"循环论",认为历史就是转圈子,一个圈子接着一个圈子转。中国古代一直有这种说法:得天命者得天下,失天命者失天下;

| 第十一讲 | 思想革命与政治革命 |

人之所为，只是替天行道，所谓"苍天已死，黄天当立"。这些说法背后都有一种思想在指导，就是历史是循环的。你们看朝代更替，一个接替一个，这个走了，那个来了，历史转了一圈又一圈，新旧朝代周而复始，真叫作"人有悲欢离合，月有阴晴圆缺，此事古难全"！这就是中国传统的历史观。西方也有同样的东西，大家也许知道汤因比。汤因比认为文明就和生命一样有它的出生、成长、壮大、衰老、灭亡的过程，老的文明消亡了，新的文明又出现，循环往复，永无止境。他提出二十一种文明此生彼灭，这就是循环论。至于印度教，它的循环论色彩就更加明显了，它认为生命就是无穷的反复，整个宇宙都在循环。

再除此之外，是不是还可以有"灾变论"？天灾人祸，火山爆发，海啸一来，什么都没有了；福岛核电站发生故障，给太平洋造成危害，日本人不承认，以后会怎样？不得而知。因此人类的历史就是不断出现灾变的历史，灾难引发历史变动。

也可以有"无序论"，就是历史说不清是怎么回事，乱糟糟的一团，每个人看到的都只是历史上的一点点，理也理不清。北大出版社前两年请我组织翻译了一本书，叫《世界——一部历史》，英文书名是 The World, a History，书店可以买到。这本书最大的特点是把人的历史看作乱糟糟的一团，我在序言中说这是拼马赛克，把作者恰巧拿在手边的东西拼起来，拼成一本书，拼完了什么也不是，可是读起来很有趣。

最后还有"神谴论""天谴论"，最典型地体现在犹太教的经典中，认为人的历史是不断接受上帝惩罚的历史，以前上课时曾向大家介绍过。伊斯兰教教义中也有类似的成分。伊斯兰教宣称人必须服从安拉的旨意，也就是最高神的旨意，服从了

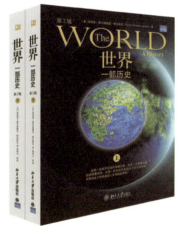

《世界——一部历史》书影

就能成功,不服从就一定失败;直到今天,穆斯林理念中依然有这种因素。

刚才说了这么多,目的只是告诉大家:不要以为"进步"的历史观理所当然,宇宙的真理就是"进步";"进步"其实是启蒙的产物,是人们对历史及社会的一种理解。当然,"进步"的历史观影响很大,现在很多人都相信"进步"。

最后看看卢梭。卢梭之所以重要,是因为他的思想与法国大革命关联最密切。卢梭最集中地体现这种思想,就是人可以认识社会,也可以改造社会,人的理性威力无穷,凭借理性,人可以依照自己的意愿塑造社会。卢梭主张完全的民主,主张共和制;他的理论有一个基本出发点,就是"自然权利"。"自然权利"是西方政治理论中一个基本支撑点,许多理论都是从这里出发的。但"自然权利"只是一个假设,并没有真实地存在过。按照"自然权利"学说,人类早期处在一种自然状态中,在那种状态中所有的人都是平等的,没有高低之分,每一个人都有绝对的权利自由地保护自己的安全,不受他人侵犯。但在卢梭看来,这种状态是有缺陷的,缺陷在于每一个人随时都要保护自己,随时为自己而战。私有财产出现后情况会变得更糟糕,因为有财产的人会联合起来保护财产,并且剥夺、压迫和欺负没有财产的人,国家因此而出现了,成为有财产的人的政治工具。为了改变这种状态,人应该回到自然状态的出发点去,设计出一种制度,让每一个人的平等权利和自由权利都受到保护,使国家不成为有财产的人的国家,而是每一个人的国家。能够做到这一点的是民主制度,是每一个人的完全的民主权利,所以卢梭提倡最彻底的民主。卢梭的理论对法国大革命造成最直接的影响,为社会底层包括最底层提供了行动的依据。结果我们在法

卢梭

国大革命中就看到一种追求"彻底"民主的倾向，正是这种"彻底的"民主最后造成社会解体。人类如果真的回到那个杜撰出来的"自然状态"中去，情况会变得非常可怕。

卢梭说，对那些自己不想要自由的人和国家，必须强迫他们接受自由，用今天的话来说，就叫"被自由"。怎么执行"被自由"呢？实行强制；如何强制呢？进行战争。为了人类的整体自由，要剥夺那些不要自由的人的自由。这个说法听起来很拗口，不过卢梭思想中的矛盾之处就暴露出来了，而法国大革命中种种不合情理的表现，也就有它的思想根源了。所以，关于自由、民主这些理念，其实有很多问题需要去思考，启蒙运动和法国大革命中一个最难以解释的悖论，就是为何以理性为标志的伟大运动，竟表现出那么多的非理性！人这个物种太复杂了，用简单的数学方程式去思考人类社会，甚至设计人类社会，一定会造成很多悲剧。

如今，有些人指出民主其实也是一种专制，只不过是多数人对少数人的专制，它和一个人的独裁或少数人的统治一样，也是一种剥夺，只不过是多数人对少数人的剥夺。人们问：是不是多数人可以对少数人进行剥夺呢？如果经过多数人的投票就取得合法性，就可以为所欲为，那么它和一个人的专制区别在哪里？北约通过投票轰炸利比亚，美国通过投票屠杀阿富汗平民，这种"合法性"本身是不是合法呢？通过投票就可以用飞机大炮去打人家，不通过投票连还手的资格都没有，这是一种什么逻辑呢？其实，法国大革命后期转入拿破仑时代，这种逻辑就出现了：拿破仑以革命的名义打遍欧洲，横扫欧洲各国，这种做法被看作合理的，是自由的法国解放欧洲，也就是强迫欧洲接受自由。

法国大革命的最大特点是不妥协，这和法国人的思维方式有关。法国人喜欢设定目标，为追求目标而决不妥协，每一个人、每一个派别又都坚信自己完全正确，不能容忍其他意见，革命派这样，反革命派也是这样，因此妥协就不可能。但不妥协就意味着不退却，于是革命一旦爆发，就一定要打到你死我活。法国大革命极度暴烈，这是不妥协的必然结果，国王和贵族首先

德拉克洛瓦的名作《自由引导人民》表现了法国人不妥协的精神

不妥协，接着所有的派别都不妥协。但法国大革命最终还是失败了，它没有能建立起新的制度，也就是没有能达到预定的目标。结果，经过拿破仑的个人独裁，又回到波旁王朝的专制统治。后来，法国继续采用一系列的革命手段来解决问题，包括1830年革命、1848年革命、1870年革命，每一次革命中又有好多次小的革命或暴力夺权事件。从1789年到第三共和国最终确立，也就是19世纪70年代中叶，将近90年时间里，法国政局动荡，出现过三个共和国、两个帝国、两个王国，可是到第三共和国形成时，法国人终于学会妥协了；而到了这个时候，政局也就稳定下来，大革命所追求的共和制度终于确定下来，但那是各个派别妥协的结果，"共和"，就是所有的人都有一席之地。

法国用革命的手段走完这个过程。与英国完全不同，法国走了一条革命与反革命反复对抗、反复流血的革命和跳跃的路。英、法两个国家不同

— 开明专制 —

的道路给我们留下深刻的教诲,至今仍然让我们不断思考。

在英、法两国发生剧变的时候,中欧和东欧也开始变化,但速度慢,性质也完全不同,出现了一种所谓"开明专制"的形式。下面就介绍这种特殊的形式。

"开明专制"与"启蒙"直接相关,它们本来是一个词,被中文翻译成两个词。"启蒙运动"的英文单词是 enlightenment,而"开明专制"的英文表达方式是 enlightened absolutism,其实从字面上说,应该翻译成"启蒙过的专制主义",或者"启蒙过的绝对主义"——"绝对主义"这个概念之前已经介绍过了。由此可以看出,"开明专制"是在启蒙的影响下滋生出来的。启蒙包括科学、理性、进步等观念,以及对社会规律的坚定信仰,相信人可以改造社会,设计出最美好最合理的社会形态。启蒙思想传播到中欧和东欧,对一些国家的统治者造成压力。他们感受到英、法这些国家的变化,感觉到正在西欧出现的新的情况;同时,他们又觉得启蒙所提倡的理性主义、科学思想以及用科学来改造自然等观念也可以被他们所利用,有利于他们自己的统治。因此在这些国家的统治者中就出现一些人,试图把启蒙思想中的某些因素引入自己的统治中去,由此而产生"开明专制",也就是"启蒙过的专制主义"。尽管这个"专制主义"已经被启蒙了,但有一个基本原则又不可改变,即统治的原则不可变,那就是专制主义,是专制的王权。因此王权的专制性没有发生变化,开明专制的实质就是这样。

可是它在哪些方面接受了"启蒙"?主要是在科学和理性的层面上。就政府功能而言,它提倡合理化,提倡理性和科学的管理。按照理性主义的要求,统治方式应该合理化,行政管理应该科学化,既然人有能力改造自然和改造社会,那么,设计出一套合理的行政体系和管理方法是完全可能的。出于这种信念,过去在中世纪延续的政治合法性理论就发生变化了。大家还记得英国革命前专制国王提出的"君权神授"的理论吧?而"君权神授"并不是英国国王的发明,不是詹姆斯一世或查理一世的发明,那种说法在中世纪盛行于整个欧洲。但是当启蒙思想四处传播而大革命又即将爆发时,"君权神授"的理论已经动摇了,越来越多的人抛弃它。这时候,一种取代"君权神授"的政治合法性理论就应运而生,这种理论既能维护专制的统治,又让它得到新的合法性依据,于是"启蒙"和"专制"就结合在一起,"开明专制"是其结果。

新的合法性指向政府的功能,用今天的话说就是靠政绩。朝廷把国家管好了,事情办得好,有效率,讲道理,经济发展起来,人民生活有所改善,教育发展,工商业繁荣,社会治理井井有条,有秩序,天下不乱,大家都觉得大有进步——能做到这些,合法性依据就形成了。由此看来,启蒙思想确实很起作用。

"开明专制"主要出现在中欧和东欧一些国家,代表人物主要有这几个:普鲁士的腓特烈二世(1740—1786年在位),奥地利的玛丽亚·特蕾西娅和她的儿子约瑟夫二世(他们的统治时期在18世纪中叶和末叶),俄国的叶卡捷琳娜女皇(1762—1796年在位)。一般教科书都会提到他们,把他们看作开明专制的典型人物。其实在其他地方也有一些开明专制的人物,比如在德意志的一些邦国,以及像西班牙这样的地方。18世纪中叶到19世纪初,开明专制是欧洲相当大范围内一个比较普遍的现象,覆盖了东欧、中欧、南欧的许多地区;当英法发生革命、西欧的变化已经非常明显时,这些地方也发生变化了,不过形式是开明专制。

为什么出现这样的区别?原因是中欧和东欧的国情不同。在德意志,国家统一的任务还没有开始,分裂状态十分严重,因此就德意志作为一个整体来说,它更加需要一个统一国家

"开明专制"的代表人物玛丽亚·特蕾西娅

的出现；而按照西欧的经验，统一国家有赖于强大的王权，因此在德意志，王权的积极作用还没有发挥出来。所以，德意志地区在那个时代克服专制统治并不现实，甚至不符合时代的需要。因此在西欧变化的冲击下，德意志变革就表现为"开明专制"，对政府机构、行政效率等做出某些合理的变革，使之具备"现代性"。相比于欧洲西部，德意志已经落后了许多，它的社会、经济、文化在很大程度上仍然停留在中世纪的水平上，而政治的落后主要表现为国家不统一，只有解决了这些问题以后，德意志才能跟上启蒙所提倡的"进步"。因此，这是一个历史阶段的问题。

普鲁士和奥地利是当时德意志范围内最重要的邦。奥地利这个地方比较特殊，首先，奥地利的统治者即哈布斯堡家族的统治地区范围广大，包括今天的奥地利本土、匈牙利、捷克、斯洛伐克、波兰的一部分、东南欧某些地区，还有意大利南部西西里和北部的某些地区等，这些都是它的统治范围。但这些地区并不构成一个单一的"国家"，它们是一些领地，每一个领地都有自己的行政机构和习惯做法，甚至有自己的法律，哈布斯堡家

玛丽亚·特蕾西娅时期修建的美泉宫

族需要对它们进行分别管理，依据各领地原有的习惯分别进行治理。因此，这个政治体只是个松散的政治联合体，被称为"哈布斯堡君主国"。君主国还有一个特殊情况就是它一半属于德意志，另一半不属于德意志。哈布斯堡家族是属于德意志的，奥地利境内各领地也属于德意志，捷克也处在德意志神圣罗马帝国范围之内，但其他地方就都处在德意志范围之外了。哈布斯堡君主国的双重属性给它带来很多麻烦，使它很难成为一个真正意义上的国家，特别是民族国家，并且也不能由它领头去统一德意志。因此，从哈布斯堡家族的角度来处理问题，它的"开明专制"首先要解决权力不集中的问题，打破领地樊篱，把领地尽可能捏在一起，捏得像一个"国家"，这就是君主国行政管理的"合理化"。启蒙思想中的这个部分对奥地利很有用，奥地利的"开明专制"也是在这个方面下功夫的。

普鲁士是一个德意志属性的邦，在所有德意志各邦中最大，但它一直很落后。普鲁士地处帝国东北部，起先只是边疆马克，也就是边防要塞。它境内土地贫瘠，很少工商业，农业是主要经济部门。普鲁士贵族也就是地主集团叫"容克"，和欧洲其他地方的贵族一样，总是和邦君闹独立，不服管制。后来邦君和容克地主达成协议：邦君允许容克在自己的土地上无限制剥夺农民，限制农民的人身自由；容克则允许邦君建立一支常备军，以此为工具，完成邦内的中央集权。到腓特烈二世时期，他的"开明专制"主要以富国强兵为目标，所以他发展工商业，执行重商主义政策，推进教育，鼓励科学，强化行政管理能力，扩充军力。在他统治时期，普鲁士的经济和军事力量大为发展，居然能打败奥地利，为它以后统一德意志打下了基础。

俄国是另外一个类型，它是一个庞大的帝国，地域广大，人口稀少，同时人口组成成分又非常复杂，在它的疆域范围内有众多民族，而俄罗斯民族在人口构成上又一直是少数，因此它内部的离心倾向非常大。我们说中国有56个民族，其实"民族"这个概念在这里并不准确，应该是ethnic groups，即"族群"。俄国境内有一百多个族群，相当于中国的三倍，而这些族群是在非常短的时间内被拉到俄罗斯人的统治之下的，它们之间文化

叶卡捷琳娜大帝

传统不同,历史经历不同,社会发展阶段也不同,彼此间的认同能力很差,于是就形成了极其复杂的种群关系,国家内部就容易发生动乱。为了能够行之有效地统治这样一个庞大而又有强大离心力的国家,沙皇制度就应运而生了。沙皇制度是一种非常专制的制度,它的出现与强行压制非俄罗斯族群的离心倾向有密切关联。我们看,直到苏联解体时民族问题仍然是要害,各加盟共和国(就是民族自治的地区)的出走是苏联解体的直接原因。在帝俄时代,如果没有强大的专制制度,国家早就解体了。但俄罗斯帝国又极其落后,18世纪时,比德意志还要落后许多,可能是整个欧洲最落后的地方。尽管彼得一世时期已经开始"西化"过程,但俄国的落后不是一朝一夕能够改变的,因此叶卡捷琳娜的"开明专制"就以学西方、发展工商业为目标,科学、教育、行政效率等是它的主要内容。

总之,当法国在18世纪末发动大革命时,中欧和东欧却进入"开明专制"时期,同样是"启蒙",在不同国家引发了不同的结果。

科学是人类活动的结果，它不是自然界的一种存在，它和文学、诗学、哲学等是一样的——这些"学"本来都是不存在的，是人的活动创造了它们。

科学不能够解决所有的问题，而这里的"问题"，还仅仅是指和自然现象相关的问题。科学一方面可以解决某些问题，另一方面却制造和引出新的问题。

第十二讲

科学、理性、工业

◎ 理性主义
◎ 科学的兴起
◎ 英国工业革命
◎ 其他国家的工业革命

尽管这一讲的内容很抽象，但很有趣。

在讲科学之前，先看看理性问题。

人们经常提到理性主义，但什么是理性主义？大家不见得都能回答。

其实理性主义并不复杂，如果要去解释它，用非常简单的语言说，就是事物之间存在着因果关系，用这样一种逻辑思考问题，就是理性主义。所谓理性思考，就是去讨论和寻找事物的因果关系，把因果关系找出来，由此推导出一系列思想，比如科学结论、客观规律等。这就是理性主义的思维方式。

一 理性主义 一

大家都知道因果关系。比如我们在空旷的野地里看到很多鹅卵石，学地质的同学会说，这地方过去有河流湖泊或者海洋，是水把石头冲击成卵形。我们今天的人会这样思考问题，受过教育的人都会这样去思考问题。但是，在两三百年以前人们不是这样思考问题的。人们看见鹅卵石，要么视而不见听而不闻，根本不注意；要么就觉得，鹅卵石不鹅卵石有什么区别呢？只不过这是个圆石头，那是个方石头罢了，都是石头嘛。人们不会去思考这个问题，不会认为这个现象背后是有原因的，人们不去寻找事物的因果关系。

再比如我们看到某个地层中有热带植物的遗迹，现代人会说，在过去某个时候这个地方一定非常温暖，不像现在这样寒冷。这就是带着因果关系的思维去思考问题。可是几百年前人们不会这样思考，他们会问，热带树和寒带树有区别吗？不就是这个叶子大一点，那个叶子长一点，这种叶子是尖的，那种叶子是圆的——那又怎么样？如果有人追问："为什么这个叶子尖，那个叶子圆？""哎呀，那我也不知道，也许是上帝安排的！"几百年前人们的思维方式与现在完全不同，欧洲人尤其不同，几百年前欧洲人完全笼罩在神学的控制之下，人们现在的思维方式是启蒙运动的结果。启蒙运动带来了新的思维方式，传播到全世界，结果全世界都改变了思想方法。我知道有些同学会以为，人从来都是像我们这样思考问题的——从猴子变过来的时候就是这样思考！但是你们的祖母或曾祖母的思维方式和你们是完全不同的，这种情况大家一定要知道。

事物与事物之间有因果关系，按照这种思路，接下来就得出结论：人运用自己的理智，就可以看出这种关系，从而认识客观规律。这就是一种启蒙的思想方法。福岛核电站出问题了，怎么到现在都解决不了？接下来就推导出一个结论：一定是日本政府处理不力，或者根本不想去处理。启蒙思想家认为，人能够通过运用自己的理智去寻找出客观事物相互的联系，外部世界是可以被认识的，它并不神秘——这就是理性主义。理性主义提倡理智，反对冲动；提倡有凭有据，反对臆想和猜测。由此我们就知道了，理性主义的思想方法为科学提供了方法论依据,没有理性主义的思想方法,就不会有科学。

可是到今天,当理性主义已经占据每一个人的头脑的时候,我们对理性主义是否可以做某种反过来的思考,批判地看待理性主义呢?

事实上,对理性主义的批判性思考已经出现了,其中一种批判是:人做不到每时每刻都用理性的思维方式来处理问题,在我们的思想中,非理性的因素摒弃不掉,它们时时刻刻都存在。另一种批判是:理性主义运用得太彻底,人就会变得无情无义,完全摒弃感情的存在,人就变得没有感情。例如卢梭的思想就有这种倾向。大家记得卢梭认为,如果有人不接受自由,就要强迫他接受,他应该"被自由";如果他仍旧不愿意,就应该被消灭。所以你们看,法国大革命到后来就变得冷酷无情。因此理性主义虽然是一个好东西,但它仍然有它的局限性,如同世界上任何思想、任何东西一样,都会有局限性。

科学的兴起

理性主义为科学提供了方法论基础,而科学在欧洲就大踏步发展起来,16世纪的主要成就在天文学、解剖学方面,17世纪最具有代表性的人物是牛顿,18世纪科学成就很多,涉及领域也很广,这和理性主义思想方法广泛传播有密切关系。我这里不向大家介绍很多的科学史知识,但是要向大家讲一些科学理论问题。在科学理论方面,或者说科学哲学方面,我们应该知道两个人,一个是英国的培根,一个是法国的笛卡儿,这两个人对现代科学理论的建构做出了不可磨灭的贡献,是奠基性人物。

弗朗西斯·培根像

| 第十二讲 | 科学、理性、工业 |

培根的理论有这样几个特点。首先是重经验。所有英国人都有这样的思想特征，培根的理论因此也就是经验主义的。他特别强调科学的实验性，指出科学必须是实验的，这成为现代科学的第一个原则。学理科的同学都知道，一切科学结论都来自实验，没有实验，也就没有科学了，只有经过实验所检验的结果才是可靠的，而所谓实验的检验又有一个基本要求，就是你无论做多少遍、在什么地方做、由谁做，只要实验条件一样，得出的结论就应该完全一样。培根的第二个原则是科学必须有用，并且能够被运用。关于这个观点，就要看我们怎么理解了，因为早期欧洲科学家都是一些无所事事的人，基本上是贵族乡绅，吃饱了饭没事干，又不想像别的贵族那样去打猎、玩扑克，所以就趴在地上观察蚂蚁，或者到树林里去观察树叶——叶子是三片还是四片，等等。观察这些东西有什么用呢？就看我们怎么理解了——也许对他们自己没有用，不能挣钱，其实他们也不需要挣钱；但是对人类会有用，对世界是有用的，最终可以用来认识自然和改造自然，而这就是培根科学理论的第三个原则——可以改造自然。

笛卡儿像

笛卡儿是法国人，所有法国人也都有共同的思想特征，与英国人不同，他们喜欢抽象。法国思想家整天坐在那里苦思冥想，抽象地推理，从理论到理论，设计出许多理论模型，想象出很多解决问题的方案，法国启蒙思想家大多数都是这样的。笛卡儿逃脱不了法国人的思想特点，他在科学理论方面最大的贡献是：他认为所有的科学——只要它是科学，就一定可以用数字来表达，这对后来自然科学的发展具有决定性的意义，我们都知道，自然科学都是可以用数学公式来表达的。

培根提出实验的原则，笛卡儿提出数学的原则，把这两个人加在一起，就成为现代自然科学了。学理科的同学其实就是学两个东西，一个是做实验，一个是用数学公式来表达，培根加笛卡儿就是现代自然科学，这两个人并列为现代科学的奠基人。

科学是现代社会的一根支柱，这一点不会有问题。但如果问你们：什么是科学，大家会回答吗？换个问法，科学是不是客观存在的？我相信今天这个世界上的多数人都会认为科学是一个客观的存在，就如同其他的客观存在一样；我们需要做的是把"科学"这个客观存在找出来，如同到树林里去把一棵树找出来一样。对很多人来说，"科学"本来就在那里，只是别人不知道，我们把它拿出来了，这样就"发现"了科学。可是，我们能够发现的只是自然的现象，或者物体变化和运动的规律，并不是"科学"。如果我问同学：教室里是不是有某个同学存在？自然界是不是有氢和氧存在？河湖里是不是有水和鱼存在？你们都可以说有，因为你们可以证明这些东西存在。但这些东西都不是"科学"，"科学"在哪里？有哪一位同学可以把"科学"拿出来给大家看看？

其实科学是人的创造，是人对自然的探索活动，人通过自己的活动认识了种种自然现象，这些活动和知识的积累，就是科学。科学是人类活动的结果，它不是自然界的一种存在，它和文学、诗学、哲学等是一样的——这些"学"本来都是不存在的，是人的活动创造了它们；诗学是人的创造，哲学是人的创造，文学是人的创造，科学也是人的创造，它们都是人的创造性活动。今天，很多人把"科学"抬得很高，抬到了至高无上的地位，凌驾于一切，仿佛它就是自然本身，但自然界只存在现象，人通过自己的活

17 世纪罗伯特·胡克设计的显微镜

动认识了这些现象，科学就是对这些现象的认识。科学因人的活动而出现，没有人的活动也就没有科学。

这样，科学就没有那么神圣了，它和文学、诗学、哲学等一样，是人的创造性活动。现在有人认为人类社会的一切问题都可以由科学来解决，有了"科学"，样样都好。科学于是和"进步"的观念结合起来：在科学的保护下，人类社会不断地"进步"。学理科的同学特别容易这样去思考问题，以为我们面对的所有问题都可以用科学去解决，而今天之所以问题不能解决，是因为科学还不到位、水平不够高，等到科学水平更高了，一切问题都迎刃而解。

但是，科学不能解决所有的问题。首先，如上所述，科学只是人类对自然的探寻活动，尽管科学的目标是观察并且研究自然，企图透彻地了解客观存在并且寻找利用它的方法，但科学做不到彻底揭开自然的奥秘，不可能穷尽自然知识。科学只能够让人尽可能接近全部的客观存在，了解尽可能多的自然现象，这是科学的极限。因此科学不能够解决所有的问题，而这里的"问题"，还仅仅是指和自然现象相关的问题。

但人类社会有更多的"问题"，那些和自然现象没有关联的问题，许多社会问题，还有"思想问题"等，都是科学解决不了的。比如你们考大学时遇到的种种烦恼，各种不公正现象，你们对考试结果的不确定性的担忧，是不是可以用科学来解决呢？社会问题要用社会的手段来解决，贫富差距、社会不公都无法用科学来解决；思想问题就更复杂了，人的思想是天底下最难捉摸的东西，科学几乎对它无能为力。

除此以外，科学一方面可以解决某些问题，另一方面却制造和引出新的问题，因此科学不仅在解决问题，而且在制造问题，解决的问题和制造的问题相抵之后，结果可能是问题越来越多，而不是越来越少。这一点现在已经很清楚了，比如生物工程解决了不少问题，它可以提高农业产量，但同时制造了转基因问题，进而，非转基因的作物也许被消灭了，这就变成了另一个问题。污染问题、环境问题、化肥问题、农药问题都是这样，臭氧减少的问题更是这样，这些问题是不是科学造成的？科学给我们带来这么多麻烦，有些问题有可能再也不能解决。有人会说：随着科学的发展，问题总是能解决的。我不这么认为。举一个例子，在科学大发展的几百年中，全球三分之一的生物物种被消灭了，那些被消灭的物种，可以恢复吗？

这就涉及科学的方向问题了。科学最大的问题是它自身没有方向性，我的意思是，科学可以造福于人类，也可以破坏人类的福祉，甚至造成人类的灾难，像核能的运用就是大家知道的一个例子，克隆也是这样。显然，科学的方向决定着人类的命运，错误的方向有可能造成人类的毁灭。现在困扰中国的毒牛奶、毒空气、毒土壤、毒蔬菜等其实都是错误的科学方向造成的恶果，现在已严重威胁着中国人的生存了。但科学的方向恰恰是掌握在人的手里，能够把握好科学的方向的，不是科学，而是人的道德，是科学家对人类命运的责任感。

说到这里我要说的是：科学有它的局限性，不要以为科学万能，能够解决一切问题。科学是个好东西，唯科学论却是个坏东西。唯科学论又叫科学主义，科学主义是要不得的。

接下来说一说科学和宗教的关系，这又是一个需要思考的问题。对中国人来说，这个问题似乎不存在，但其实不然。我经常遇到一些人，包括我们的同学，他们会感到非常奇怪，科学已经发展到今天，人已经上了火星，怎么宗教反而越来越兴盛、没有被消灭呢？大家觉得不能理解。

在西方文化传统中，这个困惑不存在。宗教和科学属于两个领域，并不是此消彼长的关系。科学考虑的是认识自然并且改造自然，宗教关心的是人的"灵"，是对"灵"的安抚与依托。人需要对"灵"的关怀，人不能只追求物。从另一个角度说，科学是需要被证明的，宗教则不需要。中国人一向说信则灵，不信则不灵，说的就是宗教。有些人试图去证明上帝存在，或者不存在，其实都做不到，因为"证明"是一种科学方法，而宗教不是科学。

对很多西方人来说，科学和宗教不冲突，从来都是这样。比如牛顿，

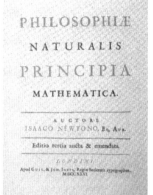

牛顿和他的《自然哲学的数学原理》书影

他写《自然哲学的数学原理》，那是他最著名的书，开宗明义就说，他写那本书是为了证明上帝的存在。如何证明呢？思路很简单：他说整个宇宙、整个世界都在按照一种规律运动，这个规律是由上帝设定的，因此是不可抗拒的。于是所有问题都解决了，这就是所谓的"第一推动力"。笛卡儿的思想里也有类似的因素，他几乎说了同样的话：上帝给予第一推动力，然后宇宙开始运动。按照这样的思路，我们今天所知道的一切科学知识，比如卫星绕着地球转，行星绕着太阳转，太阳只是银河系中的一颗恒星，等等，这一切都在上帝的第一推动力之中被设计得极其巧妙，人只是去发现上帝的设计，以此证明上帝的伟大，并且，科学成就越高，就越能证明上帝的伟大。你们看，信仰和科学之间那种在我们看来完全不可逾越的鸿沟，在这些大科学家那里完全不存在，他们可以心安理得地去从事自己的科学活动，同时不妨碍他们成为真诚的基督徒。

关于科学的最后一点是，科学发展需要有条件。第一，科学必须得到社会的承认，不能得到社会的承认，科学就不能存在。我在前面说过，科学不是客观的存在，它来自人的活动。现在大家理解了，如果社会不承认，科学就不存在。举例来说，在哥白尼那个时代科学就不能存在，如果有人提倡科学，他和他的科学会一起被消灭。因此，社会的承认是科学存在的第一个条件。第二，必须有社会的需要，这样又回到我的命题上：科学不是客观的存在，只有在社会需要它时，它才会出现；如果社会不需要它、认为它没用，它就不出现。其实科学和文学、史学、哲学并没有本质区别，科学是人类的创造性活动，只不过科学的对象是客观的自然现象，而文学的对象是诗性的想象，比如美猴王孙悟空或者哈利·波特诸如此类的东西。科学的对象是真实的存在，文学的对象是虚构的想象。好，关于科学就说这些了，你们可以去思考，应该有很大的冲击力了。

接下来讨论工业革命问题。人们经常把工业革命和科学联系起来，虽说总体而言不算错，但第一次工业革命即英国的工业革命和科学没有太大关系，比如和牛顿就几乎没有关系，但和瓦特有关系。而瓦特却不是科学家，他是一个发明家，他在格拉斯哥大学任实验室的实验员，有很多工作经验，他靠自己的经验和前人积累下来的知识改造了原有的蒸汽机，创造出工业革命中使用的蒸汽机。

— 英国工业革命 —

瓦特在改良蒸汽机

为什么在英国、而不是在其他地方首先发生工业革命？关于这个问题人们讨论得很多了，工业革命发生后不久就有人开始讨论这个问题，讨论到今天，还没有讨论完。有很多的说法，比如说英国的地理位置好，处在世界商业通道的中心，由此刺激了英国的经济，让它向工业经济发展。英国的地理位置怎么好呢？是这样：你们找一幅世界地图，就是我们常用的那种地图，拿一根尺从英国向东南方向画一道线，画到东亚，比如中国东海岸，再往西南方向画一道线，画到加勒比海。你们会发现差不多画出一个等腰三角形，这个位置确实很好！可是这里有一个大陷阱，在地图上画线，怎么画都行，换个画法英国就被挤到边缘上去了，地球是个球，球上任何一点都可以是中心。

另外一种说法是，圈地运动引发农业革命，农业革命积累原始资金，并且提供劳动力，这是大家比较熟悉的一种说法，你们的教科书大概会这样说。这种说法有道理，圈地运动确实对农业的发展以及工业革命的产生有影响，但这不是决定性的因素，它的作用有多大，现在并不确定。教科书的逻辑是，圈地运动剥夺了农民的土地，造成自由劳动力，从而为工业革命准备了现成的人手。这个逻辑有双重错误。第一，自由劳动力可以不离开农业，至少有很多没有离开农业，这是近半个世纪中历史学家得出的共同结论。第二，如果说圈地运动剥夺了农民的土地，那么尽管欧洲其他地方可能没有发生圈地运动，但仍然可以用其他方式剥夺农民土地，而那些地方却没有发生工业革命，因此这不是工业革命的决定性因素。

第三种说法是，英国殖民扩张造成资本原始积累并且提供充足的

圈地运动使很多农民成为乞丐

原料，我相信这个说法也是大家熟悉的。这个说法有没有道理？也有道理，并且肯定起了作用，英国后来的富裕，它大量的资金，确实和殖民扩张有关系。可问题是，殖民主义国家不仅仅只有英国一个，在西方殖民扩张的早期，英国不算什么，那些更早更强大的殖民国家如葡萄牙、西班牙、荷兰等，为什么没有发生工业革命？并且，英国的工业资本究竟从哪里来？近期历史学研究通过严肃的实证考察，发现它可能不是从殖民地资本转移过来的。

第四种说法是，英国通过资产阶级革命为资本主义的发展扫清了障碍，这种说法也许是你们最熟悉的。但是到现在，全世界的历史学家包括英国历史学家在内，大概没有人认为17世纪的英国革命是资产阶级性质的，我在课堂上也讲过这个问题；法国革命是阶级性的，英国革命不是。

此外还有马克斯·韦伯的理论，这是第五种说法。马克斯·韦伯说，新教有一种伦理的指向：为了证明自己是上帝的选民，新教徒会非常勤奋地工作，这就导致一种所谓资本主义精神的出现，而资本主义精神把英国推上工业化道路。这种说法曾经非常流行，很多人愿意接受，但后来有人质疑——当然是历史学家提出的质疑。他们说，如果新教导致工业革命，那么更典型的新教国家是瑞士，而不是大不列颠；并且，在不列颠岛上，更符合马克斯·韦伯理论的新教地区是苏格兰，而不是英格兰，而英格兰的国教反而是最接近天主教的一种新教。所以，从实证的角度看，马克斯·韦伯的说法也出问题了。

最后还有一种说法：英国发动工业革命，是各种因素的综合。这种说法最有道理，但等于什么也没说。因此，工业革命为什么首先在英国发生，看起来是一个简单的问题，其实不简单，大家看是否还有其他答案呢？也许还有，也许还有第十种答案，第二十种答案。那么问我对这个问题怎么看，我不会

马克斯·韦伯

说哪一种因素是唯一的因素,但我会说光荣革命以后,英国形成一种宽松的社会和政治环境,这是工业革命在英国得以发生的最基本的保障。没有这个宽松的环境,工业革命不会出现,哪怕英国具备前面提到的各种条件,甚至没有提到的其他条件,但如果不具备这个条件——宽松的社会和政治环境,工业革命仍然不会发生。工业革命是人的创造力的焕发,如果社会是压制性的、控制型的,那么任何创造都会被扼杀在萌芽阶段——萌芽没有了,树也不会有,所以社会和政治环境非常重要。事实上,前面提到的各种条件都可以在其他地方或其他国家看得到,有些条件在这个地方看得到,有些条件在那个地方看得到,但有一个因素是除英国之外其他地方都没有的,那就是宽松的社会和政治环境。

关于工业革命的内容,比如纺织方面的珍妮机、水力纺纱机等,大家知道得比较多,这里就不多说了。金属熔炼方面出现新的冶炼法,我稍稍多说几句。英国的铁产量在工业革命期间增长了49倍,这里面有一个发明,现在讲起来很有意思。过去人们用木头烧火炼铁,中国以前也是这样;后来发展成用木炭做燃料,比木头更好。木炭是木头的不完全燃烧物,焦炭是煤的不完全燃烧物,木炭可以炼铁,焦

斯蒂芬森设计的蒸汽机车

炭却不可以，因为焦炭燃烧时放出很多气，炼出来的铁很脆，就好像蒸馒头，气在面团里膨胀，因此馒头是松的，一捏就瘪了。焦炭炼铁也是这样，铁块里形成很多气孔，这种铁没用，一敲就碎。在英国，煤的储藏量很大，可是眼睁睁地看着那么多煤，却没有办法用于炼铁。到工业革命时期，终于有人找到办法了，而这个办法又简单到极点，就是让人拿一根大铁棒在铁水里搅，搅着、搅着就把气搅出去了，这样炼出来的铁很硬，不会被敲碎。人花了几千年时间寻找用煤炼铁的方法，居然踏破铁鞋无觅处，来得全不费工夫。为什么这么简单的问题要花那么长的时间才能解决呢？大家可能说，那是了不起的科学探索精神。其实当时的原因是炼铁工匠想多挣钱，而社会也允许他想办法挣钱，于是他就找到了一种新的炼铁方法。

关于瓦特的故事大家都是知道的，我已经介绍过。蒸汽动力的出现是人类经济活动史上一个非常重要的转折点，其重要性在于：在此之前人类使用的各种动力都是自然存在的，蒸汽动力却是人创造出来的，它本来不存在；蒸汽虽然存在，但蒸汽动力不存在，人使蒸汽成为动力。

关于工厂制，大家也许觉得不必多说，人人都知道的。但是有一点你们应该是不知道的：工厂和机器并不是必然联系在一起的。换句话说，工厂可以不使用机器，也不使用蒸汽动力，这个情况大家也许不知道。人们一说到工厂，就想起高大的厂房，机器隆隆运转，每天24小时，工人在里面辛勤劳动，这些就是人们脑子里关于工厂的印象。但是，在英国工业革命时期，大部分工厂却不使用机器，更没有蒸汽动力。工厂其实包含两方面内容：一是技术方面的，就是蒸汽动力或者机器；二是生产组织方面的，就是把以前分散在各家各户或者小作坊里面工作的手工劳动者集合在一起，放在同一个工作场地，他们可以继续从事手工劳动，但是实行分工，这样的工作场所也就成了工厂。举一个例子：现在人们置新衣，要么去超市，要么到商城，要么去摊贩市场购买，大家都买现成的衣服，规格和式样都是固定的。但过去不是这样。一个家里如果母亲不会做，就得去找裁缝做，先去买一块布料，到裁缝那里量身材，然后裁剪，通过手工或缝纫机做出来,一件衣服都是一个裁缝从头到尾给你做好的。但现在工厂出现了,找来三四十个女工,把她们放在一个拥挤的屋子里,屋子不通风,女工们汗流浃背,终年在里面做衣服。她们实行分工,有的锁边,有的缝袖子,有的开扣眼,有的钉扣子,每道工序都是一做就做一辈子,比如钉扣子的一钉就是几十年。缝袖子的也是一缝就缝几十年,缝着、缝着就熟练了,闭着眼睛也缝得很好。结果,她们一辈子只做这一件事,变成了做这件事的大专家。于是,劳动生产力就大大提高了,尽管这种工厂不使用机器也没有蒸汽动力,但劳动生产力的提高却是和机器一样的。并且,产品也规格化了,做出来的衣服都一个样,批量生产,这也和机器生产一样。像缝纫这种工作在那个时候是不使用机器的,成衣业的机械化生产要到20世纪才出现,但是在工业革命时期,通过工厂化、劳动分工,它也完成了工业化改造。

关于交通问题,公路、运河、铁路,这方面情况不多说。稍稍补充一点,交通方面首先出现的是公路。什么叫公路,公路其实是私路,不让每个人

工业革命使英国成为世界上最强大的国家,也为其海上霸权打下了基础

自由行走的路叫公路，想走就要交钱，因为路是私人财产，是别人花钱修的，你得留下买路钱。最早的交通革命就是这么出来的。在中世纪，修路造桥是公益，有钱人自愿行善，可是没有多少人愿意花这个钱，一般人也花不起这么多钱。到工业革命时期,社会的容忍度宽松到允许谁修路谁收钱，于是就有人去修路了,今天在中国我们也看到了相同的情况。后来出现运河，原则也是一样的，谁挖河谁收钱。铁路的特别之处，是它把蒸汽和路轨结合在一起，最早的火车其实不比人跑步速度快，肯定赶不上马跑路。火车出现后好长一段时间里马还可以和火车赛跑，当然火车的前景更好。

工业革命造成重大的社会后果。首先，它创造了巨大的生产力，使英国成为第一个工业化国家，并且成为世界上最强大的国家。在工业革命完成时，英国的棉布产量相当于世界的三分之二，煤产量相当于世界的二分之一，铁产量相当于世界的一半，造船业全球第一。这些是英国工业革命的四大支柱产业，在那个时候，英国一个国家的工业产量等于世界其他地方加在一起的总和。如果我说英国的工业产量是世界的一半，你们也许没有什么感觉；可是当我说英国工业产量是世界其他地方之和时，你们就会感到震惊——这两个说法其实是一个意思。英国的霸权就建立在这个基础上，因为全世界其他地方加在一起也打不过英国。工业革命的这个后果在全世界造成重大的动荡，英国开始四处侵略别人，中国的鸦片战争也是在这个时候发生的。

第二个后果是社会结构的变化，这是一种多方位的变化。比如说，工业和农业的比例变化，城市和乡村的比例变化，这些大家都能理解。还有人口发生变化，工业人口增加，农业人口减少，年龄结构改变了，在一段时间中，年轻人变得特别多，为什么会发生这样的变化？因为工业革命创造了更多的财富，能养活更多的人。但是到了后来，老年人慢慢增加了，人口出现老龄化，这也是大家能够理解的。

下面说一个你们不熟悉的变化："阶级社会"出现了。大家觉得奇怪，阶级社会怎么会"出现"呢？它应该是自古就有的。是这样的：自从文明

劳动者的生存环境日益恶化　　等待救济的工人

开始之后，人类社会就一直区分为不同的集团，有着利益的差异。但各个集团以什么形式分布，在不同时期却有差别。有一种分布是垂直型的，或者说是垒叠的，一个集团垒在另一个集团上面，这是一种等级型的分布状态。比如在欧洲中古时期的封建社会，社会分层就是垂直型的，那是一个典型的金字塔，一层压着一层，利益集团以上下形式垒叠，这种结构的社会我们称为等级社会。

工业革命瓦解了这些上下排列的社会集团，将其转变成以财富为标准的新的集团，它们的排列状态也因此发生变化了，不再表现为阶梯式的纵向排列，而转变成在同一平面上不同集团的对立，即横向排列。在这种状态中，财富是区分地位的标准，出身、门第、血统、家族这类传统的标志越来越模糊。由于以财富区分的利益集团是在平面上分布的，所以看起来人与人平等，没有高低之分。但财富本身就决定着谁高谁低，人的社会地位其实有巨大差距，这种结构的社会我们称为阶级社会，利益集团构成了阶级。纵向结构的社会和横向结构的社会有很大区别，希望大家能明白什么是阶级社会、什么是等级社会。

工业革命造成财富的大量积聚，但给劳动者带来了深重的苦难。我读书的时候课本里不断向我们介绍这方面的情况，但现在的教科书却不大讲这些内容了，这是不应该的。从财富方面看，工业革命一方面使国家富裕、整个社会富裕，并且在相当大的程度上使每一个人的生活水平都有所提高，但在这个过程中，劳动者却付出了巨大的代价，经受了无穷的痛苦。我们现在可以看到工业革命时期留下来的很多档案文献，其中相当一部分是官方资料，这些资料都说明劳动者的生存状态非常恶劣，坏到了难以想象的地步。工业革命后期出现一些慈善家、人道主义者、有同情心的人，他们对社会上弥漫的那种没有人性、冷血无情、金钱至上、为了钱什么都不顾的现象非常反感，也对劳动者的悲惨状态极其同情。他们进行了大量的社会调查，调查结果震动了整个英国社会，议会也因此组织了专门的委员会进行了解，而专门委员会留下的报告也说明同样的情况。比如煤矿，大家是否看到过这样一幅图：一个小孩子，四肢着地在坑道中爬，腰上围一道铁箍，铁箍上拴一根铁链，铁链从两腿之间穿到身后，钩在一个巨大的筐子上，筐子里装满煤。工业革命时期生产的煤就是靠这些小孩子用这种方法拉到地面上来的，由于坑道低，通常不到一米高，就连小孩子也得爬着走，因此他们四肢着地！类似的情况在其他行业也大量存在。比如刚才给大家介绍的成衣业女工，几十个人挤在狭小的屋子里，一干就是几十年，卫生条件差，工资又少得可怜，几乎只够吃饭，她们因此被称为"血汗工人"。手工织布业情况就更糟了，几十万工人在蒸汽织布机的竞争下败下阵来，丢掉了饭碗，最终落到衣食无着的地步。工业革命时期贫富分化的现象非常严重，确实是一副"朱门酒肉臭，路有冻死骨"的惨状，这就使阶级社会的特征尤其明显，阶级对抗极为严重。

很遗憾，英国的情况后来在其他国家也出现了，这是非常不应该的。社会不公正现象越来越严重，最终引发出一种新的社会思潮，这种思潮后来迅速传播，很多人都接受，那就是社会主义。社会主义之所以出现，是因为工业化犯了错误，如果没有这些错误的发生，我想社会主义不会出现，尤其是马克思主义的社会主义应该不会出现。马克思、恩格斯亲眼目睹了

亚当·斯密

工业革命造成的苦难,他们想找到一种办法治疗社会的弊病,纠正社会不公正现象;他们希望建立一个幸福、公正、人人平等的社会,让每一个人都生活得愉快。他们由此而创建了恩格斯所说的"科学社会主义",在20世纪传播于全世界。但社会主义不仅仅是马克思主义,在马克思之前社会主义就已经出现了,在英国有欧文主义,在法国有傅里叶和圣西门的思想,今天我们把这些叫作空想社会主义。马克思、恩格斯生活的时代还有其他社会主义者,比如德国的拉塞尔、法国的普鲁东等。但马克思、恩格斯的思想后来对工人有最大的吸引力,成为国际共产主义运动的指导思想。

严重的社会不公正现象并不是工业化必然的结果,而是由英国的工业化道路造成的,英国走了一条"自由放任"的路。工业革命中,英国以亚当·斯密的自由主义经济理论为指导,执行自由放任政策。"自由放任"的意思是国家不干预,不介入经济领域的活动,远离经济领域,越远越好,这就是亚当·斯密提出的经济发展的方案。他认为经济要得到最好的发展,唯一的方法是让经济按照自己的规律运作,任何人不可人为加以干预;他由此提出"看不见的手"的说法,"看不见的手"就是经济规律。在他看来,"看不见的手"是最好的手,能够保证经济的正常发展。亚当·斯密的学说一方面使英国得以成功完成了工业革命,创造出大量财富,成为世界上最富裕的国家;另一方面也造成极大的社会不公正,贫富差距越拉越大,社会矛盾越来越尖锐。因此,工业革命时期是英国一个非常不安定的时期,各种矛盾交织,造成了社会动荡,像卢德运动、宪章运动、1830年农民暴动等,都是矛盾激化的结果。工业革命中发生了旷日持久的议会改革运动,下层民众也广泛参与,这也是不公正现象引发的后果。

不管怎样，工业革命使英国成为强大、富裕的国家，并对其他地区造成巨大的冲击力。工业革命带来的社会生产力是巨大的，它所形成的工业社会以及后续出现的种种变化都影响到其他国家，迫使它们走上英国开创的工业化道路。事实上，从工业革命开始，世界历史就成为工业化和现代化在全世界扩散的历史，工业革命的冲击波一波一波向外散发，起先在最靠近英国的地区，然后向更远的地方扩散，最终传播到全世界。现在，整个世界都走上工业化道路了，而这也就是一个世界现代化的过程。

— 其他国家的工业革命 —

工业革命最早冲击的地区是与英国一海之隔，并且在文化上也联系最紧密的地区，一个是英吉利海峡对岸的法国，另一个是大西洋对岸的美国，这两个国家就是继英国之后进入工业化的国家。出于地缘上的因素、文化上的相似性，美国和法国也走上英国式的工业革命道路，也追随自由主义发展模式。这个特点在美国更加显著，因为美国曾经是英国的殖民地，都属于盎格鲁-撒克逊文化传统，并且都讲英语。法国在文化上与英国稍有不同，但它在地理上与英国最接近，并且两国相互竞争，已经竞争了几百年；英国的发展对法国造成很大的压力，迫使它必须紧紧跟上。

法国东边是德国，德国当时还没有统一，所以工业化也起步较晚，有些历史学家说大概在19世纪30年代就起步了，但这种起步是很不完整的，基本上沿着莱茵河一线。德国统一之后，工业化就迅速发展，由此可以知道统一的国家对德意志的发展是何等重要。德国在很长时间中是分裂的，特别是三十年战争后整个德意志完全破碎了，很小的政治体相互征伐，各自为政。拿破仑战争中，整个德意志都被征服了，拿破仑用强制的手段强行把当时存在的一千多个德意志政治实体合并成三十多个邦国，这是德意志统一的第一步。也就在这时，德意志的民族主义形成了，越来越多的德国人觉得，德意志落后的原因是国家不统一，只有统一了国家才能发展。这以后，德国统一运动就出现了。1848年人民革命，一方面要求国家统一，另一方面也要求推翻各邦内部的专制统治。但这次革命失败了，统一的任务留给了以俾斯麦为代表的普鲁士容克地主集团；俾斯麦用战争的手段完

"一战"前德国已具备一流海上实力

成了统一,而德国工业革命也随之全面和快速地发展起来。从1871年德国统一,到1913年第一次世界大战爆发前夕,德国的经济发展速度极快,创造了当时世界的经济奇迹,不仅超过英、法两国,而且成为仅次于美国的第二大经济体。

出现这种情况,除了我刚才说的统一的因素,一种新的经济发展模式也起了关键性的作用。早期工业化国家,比如英国、法国,都采用英国那样的自由主义经济发展模式,就是国家不干预。但是德国有一批经济学家认为落后国家不能采用这种方式,他们提出另外一种发展方式,就是借助国家的行政力量来推动工业化,指导工业化,把工业化作为国家的战略目标,领导并保证工业化的顺利进行——这样,国家就被重新拉进经济发展的过程中去了,完全背离了亚当·斯密的学说。德国统一后,以俾斯麦为首的帝国政府采纳了这种经济学说,执行国家指导的经济发展战略,承担起推动经济发展的任务。结果证明:这种做法对后进国家非常有效,德国后来居上,一跃成为世界第二大经济体,从而震惊了整个世界。

德国的经验后来被许多发展中国家所借鉴，到 20 世纪尤其如此。在 20 世纪，有更多的国家模仿德国，而不是追随英国。现在有些人把英、美的自由放任经济模式说成是唯一"正确"的模式，把自由主义经济理论奉为圭臬、放之四海而皆准，这不符合历史的事实。从英

俄国庄园中的农奴

国发生工业革命以来，已经出现过多种不同的发展模式，各种模式都取得成功，也都有各自的不足甚至失败。没有一种模式是完全"正确"的，也没有一种理论可以放之四海而皆准。各种不同理论是在不同时期、为解决不同国家的具体问题而出现的，把自由主义模式说成不可动摇的金科玉律，只不过是一种意识形态的宣传，或者是蓄意的自欺欺人。

俄国的情况又一次说明这个道理。俄国也是一个落后国家，从地理上说，它在德国的更东面。这个国家最大的特点是疆土极大，一直到现在，它的领土还有两个中国那么大。沙皇制度建立后，它迅速进行领土扩张，囊括了大量的非俄罗斯民族，到现在它的境内仍有一百多个民族存在。为了控制这些民族，俄国采用了非常集权的统治形式，也就是沙皇制。沙皇统治相当粗暴，而且极其专制。俄国的另外一个特点是，沙皇制和农奴制结合在一起。俄罗斯的农奴制度在整个欧洲是延续时间最长的，一直延续到 19 世纪 60 年代，而在此之前，农奴制在西欧、中欧早就消失了。之所以出现这种情况，一个非常重要的因素是沙皇统治的基础是十万、数十万的中小贵族。由于俄罗斯地广人稀，劳动力匮乏，这些贵族的经济利益就完全依赖农奴制度，也就是想把农民固定在土地上，不让他们随意离开。而沙皇的基础是中小地主，农奴制和沙皇制就紧密联系在一起了，分割不开。这

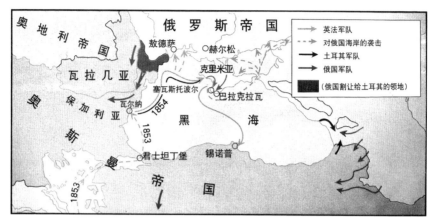

地图 12.1 克里米亚战争形势图

两个制度的长期存在就造成俄国的长期落后,事实上比德意志更加落后。俄国的落后经常在战争失败中表现出来,而每打一次败仗,就对沙俄产生一次冲击,沙皇政府也就会做出一点改变,但所有的改变都没有触动沙皇专制制度和农奴制,包括我们已经知道的彼得一世、叶卡捷琳娜女皇的变革在内。19世纪50年代,沙皇俄国又遭遇了一次惨重的失败,那是在克里米亚战争中的失败,俄国军队打得很糟,败在英法军队手下。那次战争中英法军队也打得很糟,大家都很糟,但俄国更糟。这次战败对沙俄统治者造成很大的刺激,于是亚历山大二世在1861年把农奴制废除了,沙皇制度却仍旧保留。这样一次不彻底的改革使俄国经济大为发展,而俄国工业化也正式起步了。取消农奴制之后大约40年,到第一次世界大战爆发,俄国经济发展得相当不错,俄国成为欧洲第四大、世界第五大经济体,但相比于欧洲其他地方——如西欧、中欧,包括德意志,它仍然总体落后。俄国工业化采取一种强制性的发展模式,当农奴制尚未废除时,碍于缺乏自由劳动力,许多农奴被派到工厂里去做工,所以早期的俄国工人从身份上说仍然是农奴,甚至早期的工厂主、企业家,他们的身份也都有可能是农奴,这种情况在中欧和西欧是不会出现的。农奴制被废除后,沙皇政府又用盘剥农民的方法为工业发展提供资本，这也是依靠强制的手段。这种方式对后来有很大的影响，到苏联时期我们仍然能看到它的影子。

东欧和南欧当时相当落后，这些地区分属于奥地利、俄罗斯、奥斯曼土耳其三大帝国。波兰已经亡国了，捷克在奥地利统治下，匈牙利起先隶属于奥地利，后来与奥地利共同组成奥匈帝国。巴尔干半岛被奥匈帝国和奥斯曼帝国分头统治，因此像克罗地亚、塞尔维亚、希腊这些国家在当时都不存在。东欧国家：乌克兰、白俄罗斯、波罗的海国家以及芬兰等，都处在俄罗斯的统治下。三大帝国统治着东欧和南欧，而意大利和德意志一样，也面临着统一的艰巨任务。我们一直在强调，民族国家是现代化的前提和条件，它是现代化得以实行的载体，因此，东欧和南欧首要的任务是构建民族国家，然后才可能顺利进入工业化。

这样我们就看到：工业革命从英国开始，然后向东、西两个方向冲击，向东到法国，然后进入中欧、德意志，再到俄罗斯，波及东欧、南欧，最后跨出欧洲到西亚和北非，在当时，那里是奥斯曼帝国的领土。这以后，工业化向南亚和东亚延伸，进入印度和中国。向西的一路，是先到北美——美国、加拿大，再向南美扩散，不过速度相当慢。工业化就是通过这两个方向逐步传播到全世界的，整个过程就是这样。在这个过程中，世界各地表现出一种不平衡性，不仅工业化的速度有快有慢，而且工业化的方式也不同、路径不同，呈现出丰富的多样性。直到今天，世界仍然是多极的、多元的，发展的不平衡是正常现象；指望全世界到处都一样，千篇一律，这种想法若不是天真，就一定是傲慢。

西方占领殖民地,除了使用武力,还寻找思想借口,竭力把它的扩张说成是正义的行动。

一直到现在,仍旧有许多西方人把自己看得高人一等。思想上的高人一等是西方殖民扩张的精神依附,而正是这种思维定式,构筑了西方在近代以后的话语优势。

第十三讲

西方的扩张

◎ 领土扩张与殖民帝国

◎ 奴隶贸易与全球贸易体系

◎ 美洲的开发

◎ 大国争霸

这一讲是讲西方的扩张。最早建立殖民帝国的是葡萄牙和西班牙,时间在15—16世纪,当时它们完成了"地理大发现",结果就最早控制世界,最早掠夺殖民地,并且瓜分世界。葡萄牙的海上帝国,由西向东扩展,包括非洲西海岸、东海岸,印度洋沿岸,东南亚地区,中国南海地带、澳门,一度甚至延伸到日本;这是西班牙的陆上帝国,在美洲大陆南北拉开,从北到南延绵几千公里。这条线叫"教皇子午线",当时在教皇的主持下两国瓜分世界,时间在1493年——哥伦布发现新大陆的第二年,西方国家瓜分世界就是从这个时候开始的。起初,分界线画在大西洋中间,后来葡萄

领土扩张与殖民帝国

牙提出把界线往西挪动，西班牙同意了，因为东边这条线也跟着往西挪动，就把菲律宾这个地方——当时是荒岛一片，只有原始部落居住——划进了西班牙的势力范围，西班牙觉得自己占了便宜，所以很高兴。可是后来发现葡萄牙人占到更大的便宜，原因是现在的巴西被划进葡萄牙的势力范围了，于是葡萄牙也在南美占据了很大一块殖民地。巴西对葡萄牙来说非常重要，它富裕，地域广大，而且还有亚马孙河流域，当时是热带雨林，完全没有开发，可是面积很大。

除巴西之外，西班牙美洲帝国囊括了美洲的大片疆域，从今天的美国南部——包括得克萨斯、加利福尼亚、新墨西哥等——一直到美洲最南端，那是一个庞大的帝国。西班牙从美洲帝国攫取了大量财富，把这些财富运回国内，使自己在当时的欧洲变得非常富裕。我们还记得哥伦布"发现新大陆"时，本以为他来到了东方的印度，后来西班牙人发现哥伦布去的地方不是印度，而是一个不为人知的"新大陆"。这个"新大陆"荒凉一片，完全不是他们向往的地方，这让他们非常失望。可是他们很快就发现，他们真的来到了金银宝地，因为美洲贮藏着大量金银，印第安人有收藏黄金的习惯，千百年中积聚了许多黄金，数量十分庞大。当时，印第安人的社会发展程度不高，没有所谓的"商品经济"，黄金不是用来经商的，只是因为它金光灿烂，看起来很华贵，所以部落头人都喜欢收藏，作为他们权势和地位的象征。西班牙人来了之后，轻而易举就把这些黄金全都搬回国内了；等黄金搬完之后，他们又发现美洲蕴藏着大量白银，银矿的储藏量巨大，于是西班牙人又去开采白银，这又是一笔巨大的财富。但是在西班牙人征服美洲的过程中，大量印第安人死亡，据后来人统计，百分之九十以上的土著印第安人要么死于屠杀，要么死于西班牙人带去的各种疾病。所以等到西班牙人打算开采银矿时，却发现找不到充足的劳动力，于是他们就越过大西洋到西非去抓捕黑人，把黑人运到美洲，为他们开采银矿。这就是最早的奴隶贸易和奴隶劳动。当然，对西班牙而言，大量白银流入本国，它就变得更加富裕了。

但西班牙的衰落却也是从这里开始的：他们不能充分利用这些财富，没有将其留在国内，转化为资本，用于发展本国经济；相反，他们大肆挥霍，追求奢华，把金银财宝送到国外去换取奢侈品。这样，反倒把欧洲其他地方的经济刺激起来，自己却变穷了，所以出现了像堂·吉诃德这样的文学形象：一个破落的贵族，带着一种理想主义的幻想和风车搏斗，结果并不能阻挡风车的转动。西班牙虽然很早就进入重商主义时代，但它的贵族却体现着很多封建的特征，西班牙的海外

运送黑奴的船只

扩张主要是靠这帮贵族进行的，堂·吉诃德就是这些人的写照。正因为如此，西班牙的重商主义具有浓厚的封建色彩，这是西班牙衰落的重要原因。

在西班牙征服的过程中，美洲印第安人大量死亡，在许多地方几乎灭绝。后来历史学家对有些现象一直看不懂，比如说，一百多个西班牙人，怎么能够征服印加帝国呢？印加帝国南北长一千公里，宽度从几十公里到几百公里不等，它沿海岸线和安第斯山脉一路南下，是一个狭长的地段，但仍然是一个庞大的国家，并且人口众多。但是，它怎么很快就匍匐在一百多人的西班牙远征队之下呢？以前的说法是：西班牙人有先进的武器。但是，安第斯山地势险要，崇山峻岭给军事行动带来极大的不便，即使西班牙人有先进的武器，比如火枪，或者火炮，但每个人背一门炮，也只有一百多门炮，并且还得背炮弹，翻山越岭，怎么可能呢！因此，对历史学家来说，这是个解不开的谜。现在大家知道了，原来白人体内携带着多种病菌，像伤寒、痢疾、霍乱等，传染性极强，杀伤力很大，美洲土著因为

一直和"旧世界"隔绝，不具备天然的免疫力，没法抵抗这些疾病，所以一旦这些疾病流行起来，就会有大量人员死亡。所以，多数土著不是死在西班牙人的枪炮之下，而是因疾病致死的。但这还不是全部，还有另外一个因素，是心理的因素。如同任何一个其他民族一样，印第安人也有许多神话传说，比如天神伟大，天神惩罚人类的罪恶，等等。在西班牙人征服的时候，他们发现自己的同伴一批一批莫名其妙地死去，西班牙人却丝毫不受影响，这让他们以为西班牙人是天神，到地上来惩罚他们的罪恶。再加上西班牙人长相古怪，不像他们自己，而且手中还拿着会发火的武器，等等。这样，印第安人就完全放弃抵抗了，他们在精神上崩溃了，很快就匍匐在西班牙人脚下。16世纪初西班牙控制了美洲南部大部分地区。这样，葡萄牙在东方，西班牙在西方，分别建立了自己的殖民帝国。

17世纪出现了荷兰的霸权，荷兰得到"海上马车夫"的称号。地理大发现时葡萄牙控制世界的东方，可是到17世纪，荷兰人把葡萄牙人挤走了，取代他们控制了东方贸易，而其中最重要的一宗商品就是香料。香料在那个时代非常值钱，荷兰人控制香料贸易以后，同样也取得巨大的财富。荷兰在东方最重要的商业据点是盛产香料的印尼群岛，印度尼西亚是它在海外最大的殖民地，也是东方海上活动的基地。印度尼西亚一直到第二次世界大战爆发时都被荷兰控制，"二战"后荷兰想恢复它的统治地位，但最终印尼还是独立了。

荷兰人也在世界其他地区活动，包括印度洋、大西洋、

17世纪荷兰被称为"海上马车夫"

南北美洲等。17世纪的荷兰有一支强大的海上力量，它有强大的海军，有庞大的商船队，它占领了好望角，控制了东西方贸易通道的咽喉。它在南美有殖民地，最大的一个在圭亚那，曾被称为荷属圭亚那，现在叫苏里南。在北美，荷兰最重要的据点在纽约，当时叫新阿姆斯特丹。在那个时候，世界的海洋是属于荷兰的，谁控制了海洋，谁就控制了世界，控制了世界的贸易。所以，荷兰是17世纪最大的贸易帝国。

18世纪出现英法两强争霸的现象，荷兰则衰落了。荷兰终究地方太小，人力、物力很有限。英法两国争夺的对象主要在三个地方：北美，印度，西非。除此之外，两国还争夺海洋的控制权，谁能得到海洋，谁就得到了整个世界，所以后来才会有"海权论"的出现，可见海洋是何等重要。

英法在北美也展开了激烈的争夺。北美南端曾经是西班牙的殖民地，一直维持到19世纪20年代南美独立为止。再往北就是英法争夺的地区，这两个国家差不多在同一时间进入北美，然后就开始争夺。在相当长一段时间中，法国的势力比英国大，占据的地盘也多，可是最终英国胜利了，整个北美落入英国之手。在印度也是这种情况，英法两国几乎同时进入印度，然后开始争夺，结果法国人被赶走，英国完全控制印度。西非的情况略有不同，英法各有所得，有些地方被英国控制，有些地方被法国占领。至于海上，整个18世纪都是英法在争夺霸权，其实，17世纪还没有结束的时候，英法争夺就已经开始了。

大家还记得光荣革命吧。有一个人叫威廉，他从荷兰到英国，以后成为英国国王，当然，他是在英国议会的邀请下，带荷兰军队去英国，最后得到英国王位的。那么威廉为什么愿意接受英国的邀请，并且希望得到英国王位？一个很重要的原因是荷兰正在和法国打仗，眼看抵挡不住了，恰在这时英国

威廉三世像

人请他去英国，他何乐而不为？他知道一旦英国的军事权落到他手里，他就能够在对法国的战争中得到一支意想不到的力量，而这支力量明显要比他在荷兰的力量更强。所以在光荣革命结束后第二年，他就把英国拉进与法国的战争中去了，从此英国就取代荷兰成为与法国争霸的主要国家。一百多年中，在整个18世纪，英法之间的战争一直在进行，出乎威廉意料的是，他当上英国国王，英国并没有像他起初希望的那样成为荷兰的小伙伴，而是反过来，荷兰成了英国的小伙伴，而且一直到今天都是这样。

为争夺霸权，英法之间断断续续进行了六次战争。第一次是奥格斯堡同盟战争（1689—1697年），在光荣革命以后的第二年英国就卷进这场战争了。接下来是西班牙王位继承战争（1701—1714年）、奥地利王位继承战争（1740—1748年）、"七年战争"（1756—1763年）。其中七年战争特别重要，它决定了英国在争霸中的优势地位：北美被英国控制，印度也被英国控制，这两个地方都成了英国的殖民地，法国人几乎被扫地出门。在海战中，法国的舰队全部被消灭，而英国得到了对世界海洋的控制权。这样，英法争夺几乎成为定局，英国的霸权也基本形成了。可是，不久之后却爆发了北美独立战争（1775—1783年）。这件事大家都是知道的，本来只是英国人自己家里打仗，战争的双方都是英国人，是英国人打英国人，美洲的英国人要分家，和法国完全没有关系。但是法国却看到这是个大好机会，可以为七年战争报仇，于是就对英国开战，它不是真想帮助北美独立，而是想乘机捣乱，夺回法国在美洲的影响。当然有一些理想主义的法国人是真心帮助美国人的，比如说后来在法国革命中发挥过重要作用的拉法耶特，这些人可能真的想帮助美国人，但法国政府卷入，却是为了报七年战争的一箭之仇。

英国人在这场战争中吃了亏，不是吃法国人的亏，而是吃了殖民地人的亏，殖民地独立了，英帝国也瓦解了；当时英帝国的支柱在北美，北美独立了，帝国也坍塌了。但是，不久之后英国人又把局面翻转过来，在法国革命与拿破仑战争（1792—1815年）中，英国人把丢失的东西重新捡回来，当然美国是回不来了，但一个新的帝国形成了，即第二帝国。新帝国是以印度为中心的，那以后，英国的全球战略就以印度为中心，一直到第二次世界大战都是这个情况。

英法争霸，英国胜了，法国败了。我们知道英国海军很强大，在拿破仑战争中，英国海军在特拉法加消灭法国舰队，使英国在以后一百年中能够牢牢地控制世界的海洋。著名的海军将领纳尔逊打赢了那场海战，他自己在战斗中阵亡，其实英法两支舰队的司令都在战斗中阵亡了，非常惨

海军将领纳尔逊纪念碑

烈。但英国海军全面胜利，法国海军几乎覆没，所以纳尔逊被英国人看作民族英雄，认为他是英帝国的奠基人。伦敦有一个特拉法加广场，广场上有一根很高的庆功柱，镌刻着纳尔逊的雕像，那就是为纪念纳尔逊和特拉法加海战而建立的。

但是除了海军的强大之外，英国的胜利还有没有更深刻的原因？应该是有的。第一，18世纪上半叶英国经济开始发展，到18世纪下半叶进入工业革命，法国则没有跟上，这是个很重要的原因。第二是政治制度的问题。英国通过光荣革命已经走出了专制主义时代，创造出一种新的政治体制，而法国在这方面又没有跟上。这两个因素加在一起，使法国在一个世纪的战争中困难重重，比如在北美独立战争中，法国看起来占了便宜，英帝国坍塌了，法国人很高兴。但战争给法国留下无穷的后患，法国的财政状况本来已经很不好，战争更给它留下一屁股债，过了20年仍然还不掉，到这时候债务问题就发酵了，成为引发法国大革命的直接导火线。情况是这样的：由于债务太重，法国政府不得已进行财政改革，要求贵族纳税，废除

贵族的免税特权。前面我们说过，法国的贵族是不纳税的，这就是所谓的"特权"。可是这时政府实在没钱花，而老百姓已经被榨干了，于是就有人提议进行税务改革，要那些不纳税的人也交一点钱，用这种办法在根本上保护他们的利益，保护贵族阶级永远存在。但是贵族们进行抵制，他们不干，就开始反抗，这一反抗点燃了大革命的导火线，而革命的结果却是不仅专制政府被推翻了，贵族们也被消灭了。所以，法国在美洲战争中捡了个小便宜，却丢掉一个大便宜。拿破仑战争后，英法争霸尘埃落定，英国确立了世界霸权，一直维持到 19 世纪末。

扩张中的俄罗斯骑兵

下面讲俄罗斯的情况。俄罗斯推翻蒙古统治后形成自己的国家，紧接着就迅速扩张，扩张的速度非常快。原本俄罗斯人只居住在一个很小的地域内，可是在一百多年时间里就变成一个庞大的帝国了，从波罗的海到白令海峡，从北冰洋到黑海、里海。俄罗斯在扩张过程中打了很多仗，进行过很多次征服，它的主要竞争对手在西方起先是波兰、瑞典，后来是英国、法国；在东方是正在崛起的清王朝，但清王朝后来衰落了，结果就给俄罗斯在东方的扩张留下了巨大的空间。俄罗斯向南的扩张受到土耳其奥斯曼帝国的阻碍，英法支持土耳其，就是要阻挡俄罗斯，这种情况一直到今天都是这样的。

— 奴隶贸易与全球贸易体系 —

再来看看奴隶贸易。奴隶贸易最早由西班牙人开始，很快有英国人和法国人介入，尤其是英国人，臭名昭著的三角贸易在这个过程中形成了。奴隶贸易包括两个三角，一个从英国出发，沿大西洋南下到西非。英国船上带着很多好看但不值钱的小东西，就是女孩子在小摊贩那里能买到的最不值钱的闪闪发亮的金属小饰品，比如耳环、手镯子之类，再拿些枪、刀、剑这样的武器，运到西非交换奴隶。西非很早就存在奴隶贸易，当地部落和部落之间、氏族和氏族之间经常发生打斗，而打斗往往以抓人为目标，抓了人就穿越撒哈拉大沙漠，卖给阿拉伯人做奴隶。英国人来了之后，把奴隶全都带走了，有的时候甚至不用买，直接把人抢走。奴隶们被运到北美殖民地，送到种植园里去做苦力，种植烟草，再把烟草运回英国，加工成烟丝，做成鼻烟或纸烟销售。这样就形成一个"英国—西非—北美"三角形，其中每一段行程都可以获利，而且是获取暴利。

第二个三角从北美殖民地出发，斜穿大西洋到达西非。船上满载朗姆酒，那是一种甜酒，运到西非后，可以把当地人灌醉。那种酒很好喝，但是后劲强，喝着喝着就醉倒在地，然后就被人抓走了；也可以把酒送给酋长，酋长要么把其他部落的人抓来做交换，要么就把自己部落的人捆起来送走。这些人被送到西印度群岛、加勒比地区，作为黑奴卖掉，然后船主在当地买甘蔗，运往北美殖民地，在那里加工成朗姆酒，由此而开始第二次航行。这就是"北美—西非—加勒比"三角。

据统计，在 300 年奴隶贸易中，有 900 万黑人被送到美洲——包括北美和南美，还有加勒比地区，其中有 600 万是在 18 世纪被贩运的，因抓捕、贩运而死亡的黑人更不知道有多少。到 19 世纪情况才发生变化，英国终于有人站出来说贩卖黑奴是不人道的、反基督的。他们争辩说：上帝告诉我们人人平等，至少在上帝面前每个人平等，而且不分肤色、不分贫富；人终究是人，

奴隶被运出非洲

是不可以被买卖的。站出来说话的人是人道主义者，是虔诚的基督徒和福音传播人，他们的争辩慢慢地为人们所接受，造成了社会压力，英国政府最终在19世纪初下令禁止运送黑奴——不是禁止奴隶制，而是不准贩运奴隶，不准在大西洋上输送黑奴。英国政府不仅禁止英国船只这样做，而且禁止任何国家的船只运送奴隶；它把军舰派到公海，遇到任何一艘船感觉不顺眼，就强行登船进行检查，一旦发现黑奴，就扣留船只，罚它的款，并把水手送到英国去坐牢。禁止运送黑奴这件事在今天看起来的确没错，可是这样一种霸气的做法却让人感觉不好：英国政府有什么资格命令其他国家的人做什么呢？它的军舰怎么可以强行搜查其他国家的船只呢？不过禁止运送终究算是走出了第一步。到1833年，英国议会通过法律废除奴隶制，规定所有的英国殖民地都不可以蓄奴，已有的奴隶也必须被解放。法国在1794年制定法律废除奴隶制，但在革命的年代谁也不去认真执行，一直到19世纪初，法国才真正废除了奴隶制。西班牙和葡萄牙的殖民地是在19世纪上半叶废除奴隶制的，当时南美许多国家获得独立。美国是最晚的一个，到1861—1865年的南北战争时才废除奴隶制。你们看，美国在很多方面其实是很缓慢的，比其他国家都慢，经济的需要远远超出于其他考虑：奴隶劳动是南方种植园经济的支柱，所以南方坚决反对废除奴隶制；相反，奴隶制劳动妨碍了北方的制造业发展，所以北方一贯反对奴隶制，愿意解放奴隶，让他们成为自由劳动力。南北之间的利益不同，最终引发了南北战争。

— 美洲的开发 —

下面讲美洲的开发。美洲分成南北两部分，西班牙人和葡萄牙人控制南部，他们的活动包括两个方面，一是开采金银矿，对黄金白银进行掠夺，由此获取大量财富。但金银矿终究不是到处都有的，所以美洲南部很快就出现种植园经济，其中包括加勒比地区。种植园主要种植甘蔗和烟草，因为使用奴隶劳动，所以规模往往很大，形成了许多大庄园。无论开采金矿银矿还是经营种植园，都以奴隶劳动为基础。奴隶劳动非常艰苦，一般的奴隶在壮年时期就死去了，所以对奴隶的需求量非常大，这就是奴隶贸易经久不衰的根本原因。在殖民地，西、葡两国人主要充当兵士和官吏，定期轮换，一定时间以后就可以回国。但也有留下来经营土地或工商业的，人数不是很多，这样就造成母国白人内部两性比例的严重失调，而使南美洲人种之间的交叉现象十分频繁。一直到今天，南美洲的人种结构都极其复杂，这是由西、葡两国的殖民形式造成的。

美洲的烟草种植园

英、法两国主要在美洲北部活动，英国控制东部沿海、大西洋沿岸和哈得孙湾地区，法国则控制路易斯安那。在那个时候，路易斯安那是一个巨大的地区，包括整个密西西比河流域，顺流而下。法国人把这个地方叫作路易斯安那，是为了奉承路易十四，就如同英国人奉承伊丽莎白，把他们的一块殖民地称为弗吉尼亚。

英、法两国在开发方式上有很大区别，法控区比英控区大，物产也更丰富，但法国人喜欢在一望无际的温带、寒带大森林里收取毛皮。北美的毛皮非常珍贵，深受欧洲上流社会的青睐，比如银狐皮就很高雅，贵妇人戴上银狐皮的帽子、围上银狐皮的围巾，就显得雍容华贵。可是银狐皮还不算最贵的，还有比它更贵重的东西，最贵重的毛皮是水獭皮，可以说价值连城。所以法国人非常重视美洲这个地方，大批法国商人深入美洲腹地去收购各种毛皮。他们用一些廉价的商品与印第安土著交换，换来的毛皮，拿到法国去卖，能够卖出大价钱。这对法兰西这个民族来说是很合适的，因为直到今天，巴黎仍然是世界时尚的领头人。但毛皮贸易是不需要很多人力的，只需要几个商人到森林里去转几圈，找到印第安人，换回毛皮就可以了。这样，法国的势力范围始终保持着原始的状态，移民很少，集中在少数几个居住点。

英国人的民族性格不同，他们比较讲求实际，喜欢进行生产性开发。北部沿海有坡地，于是就建立起很多小农场，种植小麦和玉米；还有森林，于是就伐木，建立锯木厂，进行木材加工，并且制造船舶。南部气候比较温暖，就种植烟草、甘蔗，后来是棉花，这些都是英国本土所大量需要的，于是就出现了种植园经济。南北战争时期南方有很多种植园，种植园主都希望维护奴隶制，他们需要劳动力，没有劳动力就无法经营种植园。很多人知道《飘》这部小说，也拍过电影，说的就是那个时候的故事。哈得孙湾和纽芬兰地区以渔业为主，最著名的就是大马哈鱼，我们现在到店里去吃的三文鱼，和大马哈鱼什么关系？它们的英文名称都是 salmon。英国的生产性开发造成一个后果，就是需要大量人手，无论种地、做工还是捕鱼都需要大量劳动力，因此工作机会很多。这就吸引了许多英国人到殖民地移居，他们拖儿带女，在殖民地安家，最终使英国殖民地人口众多，居民点分散，到处都有城镇和乡村。这就和法国殖民地大不相同了，法国人只要珍贵毛皮，送回国内可以卖大钱，但后果终究会暴露出来的：七年战争中，英法两国争夺北美殖民地，英国有人，法国没有人；英国军队有后勤保障，法国军队供应困难，法国终于打不下去了，败在英国手下。法国派出很多军队去北美，他们主要据守在一些军事据点中，魁北克是其中的一个，但在七年战争中丢给了英国。直到今天，魁北克的多数居民仍旧是法国人的后代，加拿大英裔和法裔之间的冲突，归根结底起源于英、法争夺北美殖民地。

英国军队得到民众的支持，他们是英国的殖民者，这些人在七年战争中帮助英国打击法国，乔治·华盛顿就是其中的一人。我想大家都知道华盛顿的故事，没有七年战争也就无人知道华盛顿的军事指挥才能了。可是等到英国人把法国人赶走后，殖民地人却要把英国人也赶走，这样就发生了美国独立战争。大家看，历史其实是一环套一环的，互为因果，我们如果分割开来看就看不懂。

18世纪是英法争霸，19世纪的前三分之二是英国握有世界霸权，此时，它已经打败法国，而其他国家则还在沉睡。西班牙和葡萄牙已经衰落了，都不再是英国的对手，并且，西班牙美洲殖民地在19世纪初开始闹独立，西班牙帝国也解体了。英国控制世界达大半个世纪，它通过强大的舰队控制海洋，由此也控制了整个世界。然而非常有趣的是——我相信很多人不知道这个情况：就在英国独霸世界的时候，英国人却说他不要那么多殖民地，殖民地是负担，对英国没有好处，英国应该摆脱殖民地的累赘，不要去管殖民地的事。这些话是自由主义的理论大师亚当·斯密说出来的，后来得到很多人的支持。

　　很奇怪，最老牌的殖民国家不要殖民地了，那么它要什么呢？它说它要一个"无形帝国"。所谓"无形"就是看不见，英国人说他不要统治，不要占领，不需要派军队，也不派官员进行管理——他什么都不要，只要自由贸易。不过自由贸易却是由强制而来的，自由贸易的意思是：全世界都要让英国进去做生意，谁不让英国进去，英国就去惩罚。惩罚的办法是派几艘军舰去开炮，打过一阵之后，再把军队派上岸，到那时再看谁不愿意做生意，这就叫"炮舰政策"。于是就有了鸦片战争。在《中英南京条约》中，

《中英南京条约》签署现场

英国人要的不是土地,而是五口通商。当时,像鸦片战争这样的事件在全世界都在发生,英国军舰到处打炮,弄得自己都不记得打过多少次了,所以英国历史书上关于鸦片战争的记载很少,即使记了,也寥寥数语。但是这种经历对于任何一个被它打了炮的地方都是刻骨铭心的,所以一直到今天,中国人都不会忘记鸦片战争。那时的英帝国叫"自由帝国",其实就是自由贸易的帝国、自由资本主义的帝国。为什么出现"自由帝国"这种现象?只要稍微想一想就能够想得通,因为当时世界的海洋全都在英国控制下,英国认为整个世界都属于它。如果它派军队去占领一个地方,说那里是它的殖民地,那么其实就等于说,其他地方不是它的殖民地,不在它的势力范围之内,这就很傻了。此外,占领殖民地确实会造成沉重的财政负担,当其他国家都没有力量去占领殖民地时,英国人不必自讨苦吃,去直接统治某个地方。无形帝国也罢,自由帝国也罢,其背景都是英国的经济霸权。我们在讲工业革命的时候已经说过,在那个时候,英国一个国家的工业产量等于全世界其他地方加在一起的总和。而正是这个总和,缔造了19世纪的英帝国。

可是到19世纪70年代情况发生变化了,德国开始发展,美国也出现经济起飞,在19世纪与20世纪之交,这两个国家成为世界第一和第二大经济体,把英国和法国远远抛在后面,而英、法、德三国加在一起,还比不上美国一个国家的经济总量。并且,俄国和日本也开始起步了,工业革命已经波及这些地方。到这个时候,英国就顶不住了,许多国家都开始抢夺殖民地,连比利时都抢占了一个比它大70倍的非洲刚果;如果英国仍然认为它不需要殖民地,那么它就犯傻了。这样,无形帝国让位于有形帝国,英国也去争夺殖民地了,西方列强一拥而上,把整个地球都瓜分了。亚洲、非洲全部落入西方国家之手,拉美则在美国的势力范围之内,英国得到了最大的一个份额,被称为"狮子的一份"。中国也成为西方列强抢夺的对象,差一点变成殖民地;它之所以没有成为殖民地,原因不在于它自身的强大,而在于列强的争夺,谁也不让谁。这个世界终于被瓜分了,这就是19世纪

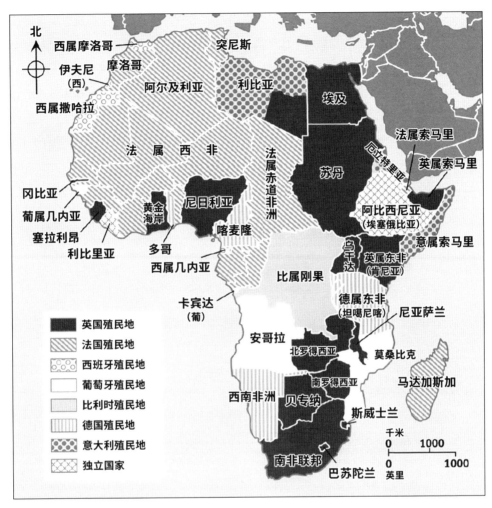

地图 13.1 列强瓜分非洲（1914 年）

70 年代到第一次世界大战开始时的情况。

西方占领殖民地，除了使用武力，还寻找思想借口，竭力把它的扩张说成是正义的行动。在早期，在西班牙、葡萄牙的时代，西方的借口是传播基督教，说向外扩张是上帝的旨意，上帝指使基督徒执行他的旨意。到

18世纪，随着理性主义和启蒙思想的迅速传播，上帝这个理由很难再继续了，于是"文明传播论"应运而生，这种理论把西方的扩张说成是传播文明。在他们眼中，世界其他地方都是野蛮的，等待西方人去传播文明。19世纪，"文明传播论"也维持不下去了，因为越来越多的证据表明世界许多地区的文明光辉灿烂。这时，西方人又把他们的文明说成是先进的文明，其他地方都很落后，需要向他们看齐。所以，西方人的使命就是传播先进的文明，把落后的地区改造过来。这种说法直至今天仍时隐时现，仍旧有许多西方人把自己看得高人一等，也许他们嘴上不说，脑子里却存在着思维定式。思想上的高人一等是西方殖民扩张的精神依附，而正是这种思维定式，构筑了西方在近代以后的话语优势。

世界上那么多革命，几乎每一次革命以后都会出现拿破仑，都会出现克伦威尔，但是美国不出现。这就是英国的政治遗产，英国不允许出现拿破仑，而谁想在美国当拿破仑，一天之内他就会被推翻，正如同谁想当英国的第二个克伦威尔，他一天也坐不住一样。

美国建国后建立制度，而这套制度是英国制度的再造。光荣革命后英国实行议会统治，美国独立后三权分立：国会立法，政府行政，法院司法。在这套制度中，既可以看到英国的影子，又可以看到美国自己的创造。

第十四讲

美国的崛起

◎ 殖民地的遗产
◎ 新民族的缔造
◎ 美国精神与"美国梦"
◎ 美国崛起

我们现在讲美国的情况。"西方文化通论"如果不讲美国，就很不完整了。美国属于西方，而且是重要的西方国家。美国之所以特别值得注意，是因为它是现在的世界超级强国。

美国曾经是英国殖民地。一个殖民地如何发展成当今世界最强大的国家，它有过怎样的经历？这是我们今天要讲的问题。

美国的地理位置比较特殊，它在所谓的"新大陆"。新大陆不是指地质形成时间"新"，而是指过去人们不知道它；或者说，是指生活在"旧大陆"即欧亚大陆和非洲的人不知道那个地方，后来被"发现"了。总体而言，"旧

— 殖民地的遗产 —

大陆"的文明发展比较早,积淀比较深,"新大陆"尽管也出现了文明,比如玛雅文明、阿兹特克文明等,但发展的程度相对低,并且集中在中美洲和南美洲北部,也就是所谓的印第安文明。美洲其他地区特别是北美广阔地区由于各种原因,包括地理因素、气候因素等,都没有形成自己的文明;在欧洲人进入之前,这个地方空旷荒凉、没有人烟,土著人数很少,并且很分散,几乎还没有出现我们可以称之为文明的东西。

西班牙人"发现"美洲之后,他们主要在美洲南部活动,那个地区人比较多,也有一定的文明发展。葡萄牙人占领巴西,把它作为殖民地,荷兰人也到美洲来活动,占领了一些据点。英国人也试图加入那个早期的扩张队伍中去,可是他们的尝试很不成功。1497年,都铎王朝刚建立不久,王朝的奠基人亨利七世派卡波特打着英国国王的旗帜去美洲,当时,离哥伦布"发现"新大陆只有5年时间。卡波特和哥伦布一样也是意大利人,亨利七世给了他优惠的条件,指望他能给英国带来土地和财富。由于当时美洲南部被西班牙人控制,卡波特就想在美洲北部开辟出一个英国的势力范围,所以他从英国启程向西航行,来到了北美的某个地方。但是现在人们不知道他确切到了哪里,有人说是今天的新英格兰,就是马萨诸塞、新罕布什尔这一带,也有人说他到的地方更靠北边,可能更接近哈得孙湾。但不管怎样,卡波特的探险没有带来预期效果,他们父子三人几次来到北美洲,最后却发现这个地方一片荒芜,是不毛之地,连人都找不到,更不要说金银财宝了。所以亨利七世就把这种早期的海外扩张的努力放弃了,不再继续进行。

英国人再次走进海洋试图去进行某种程度的海上扩张差不多是半个世纪之后,那已经到了伊丽莎白时期了。这一次,英国人改变了行动的方向,不再向北美洲走,开始到南美洲去寻找机会。当时的南美洲是被西班牙人控制的,而英国又不如西班牙那样强大,所以很多英国冒险家就去当海盗,在大西洋许多小岛上打埋伏,抢劫西班牙的运宝船。其中最著名的一个海盗是德雷克,他在世界航海史上很有名,因为抢劫西班牙的运宝船被西班牙人尾随追捕，在不得已的情况下横穿太平洋，越过印度洋，绕过非洲最南端，进入大西洋，最后回到英国，完成了一次环球航海。他是世界上第二个绕行地球一周的航海家，同时也是第一个亲自完成环球航行的舰队指挥员。在他之前，有一个麦哲伦绕行地球一周，但他自己没有完成这个行程，在菲律宾被土著打死了。这样德雷克就成为第一个亲身完成环绕地球一圈的航海家，但他其实只是一个海盗。

海盗德雷克

海盗行为给英国人带来很多财富，但仍不能满足英国人强烈的欲望，到16世纪七八十年代，英国人再一次把目光瞄准美洲北部。其中有一个叫雷利的贵族，组织了好几次跨越大西洋的尝试，试图在北美某个地方站住脚跟、建立殖民地，但他的努力还是没有成功。其中最有名的一次是在1587年，离卡波特的探险差不多一个世纪了，雷利组织了120个殖民者在今天弗吉尼亚的某个地方登陆建立殖民地，可是过了三年，当再有人来到这里时，那120个人全都没有了。到哪里去了？没有人知道，也许是被狼吃了，也许被印第安人抓走了，或者忍受不了艰苦的环境，跳海自杀了。总之没有人知道他们的下落，所以这次开辟殖民地的尝试完全失败了。

最早成功的殖民行动发生在1607年，那时已经是斯图亚特王朝的统治了。当时英国人按公司的组织形式推动移民活动，可以积聚比较多的钱，也就有更强的组织能力派遣移民到美洲去定居，一批一批的。1607年建立了一个殖民地，这个地方最终维持下来了，后来，人们把它叫作詹姆斯敦，意思是詹姆斯城，因为当时的英国国王是詹姆斯一世。

早期移民的生活非常艰苦。今天很多人一提到美国，就觉得那个地方

詹姆斯敦是1607年英国人在北美弗吉尼亚建立的第一个永久性居留地

太好了,太富裕了,人们生活水平高,科学技术发达。我们很难想象最早到达美洲的移民会是怎样的情况。如果到过美国的国家公园,比如黄石公园,或者大峡谷,或者荒僻的草原,只有到了那些地方才会知道移民的艰苦,因为当时的北美大陆到处都是荒凉的森林或草原,到处看不到人,也没有生活设施,没有吃的没有住的,完全靠自己的努力生存下去。因此,最早来到詹姆斯敦的104个移民中,只有一半在第二年春天还活着,其他人都死了。后来的情况也是这样,新的移民过来,大概又来了190多人,到第三年结束时,两批移民加在一起还剩下60多人,所以当时的死亡率非常高,高得难以想象。

为什么这么高的死亡率?有很多原因,第一是没有吃的。起初移民脑子里装满了幻想,以为到了北美就能和西班牙人一样,在山洞里发现一堆一堆的金子,拿着金子就能回家发大财,但事实根本就不是那样。北美什么东西也没有——不是没有金子,只是到了很晚的时候才发现金子,那已经是19世纪了,而且在太平洋岸边,那个地方现在叫旧金山。早期殖民者去的地方在大西洋沿岸,和太平洋隔着一个美洲大陆!所以,那些以寻宝为目的的移民们大失所望,他们在整个夏天和秋天都在寻宝,寻找金银财宝,到了冬天就没有东西吃了,于是很多人就饿死了。

除了没有东西吃,其他原因也很多。北美的冬天相当寒冷,而他们又没有房子住,如果在天气暖和的时候不想办法盖房子,到了冬天就很糟糕。除此之外,他们发现为了生存必须去种粮食,可是种子在哪里呢?这些都是问题。野兽也是巨大的威胁,印第安人有敌对情绪,但更加可怕的敌人是他们自己,是他们的孤独,这种孤独经常会让人发疯,会使人坚决地不想活下去。你们闭起眼睛想一想，在漫长的冬夜，周围的林子一片漆黑，低矮的棚子里没有火，棚子外面寒风凛冽，黑夜中经常有一阵阵野兽的号叫，它们的眼睛也许发出绿光。更可怕的是，也许印第安人就在附近，他们手里拿着带毒的长矛，随时都可能冲进茅棚。除此之外，还可能有各种各样难以想象的奇怪声音飘过来，你不知道是什么。在这样的环境中，人的神经随时都可能崩溃，所以移民的死亡率非常高。这种艰苦生活是后来的人完全不可想象的。可是尽管如此，还是有一批批移民不断来到美洲，开始建立更多的定居点。于是，越来越多的殖民地被开发出来了，并且慢慢地连成了一片。

是一种什么样的动力在推动北美的移民？大体上有这样几个因素，第一是土地。北美洲土地实在太多，你想要多少就有多少，当然那是一派荒凉，需要开垦。一个非常强壮的劳动力，即便非常勤劳，也不可能开垦出多少土地，北美的土地多到不可思议的地步，可以容纳无数移民。当时的英国，就是17世纪的英国，是非常混乱的，其中还爆发革命；那时欧洲也很混乱，整个欧洲都深陷在宗教冲突之中，到处都在打仗。所以很多人就向往去寻找一片净土，找一个没有战争的地方，安安心心地过日子。对那些没有土地的农民来说，美洲对他们有巨大的吸引力，农民渴望土地，他们会怀抱无限的期待服从移民公司的安排，到美洲去领取土地，然后建立自己的生活。穷人把自己抵押给公司，签订一个合同，合同上规定他们到美洲之后要为公司白白工作，比如说7年时间。过了7年公司会说，你自由了，你欠的债还清了。欠了什么债？就是那张船票，为了这张船票需要花7年时间才能还清。可是7年之后他就得到一块土地，这是他梦寐以求的，然后就靠自己的劳动去创造生活，而这些是他在英国一辈子也拿不到的。所以土地是一个非常重要的因素。

第二个因素是宗教。我刚才说到在17世纪整个欧洲都处于宗教冲突中，英国也不例外。有一些坚定的清教徒，由于不能忍受宗教压迫，不能忍受斯图亚特王朝对清教的打击，就漂洋过海、远渡重洋，到美洲去寻找一个

由"五月花号"上的英国清教徒在马萨诸塞海滨兴建的普利茅斯定居点

上帝的天国。最典型的例子发生在1620年在马萨诸塞建立的一个殖民地。移民们签订了一个公约,叫"五月花号公约",这个公约被后来的美国人看作立国的基础,奠定了平等、自治的原则,而这种原则其实是清教徒们的宗教组织原则。因此,宗教是一个相当重要的因素。

除了有一批坚定的清教徒去美洲定居之外,还有一批天主教徒到美洲去寻找他们的宗教自由,这又是为什么?因为自从亨利八世发动宗教改革以后,天主教在英国也受到打击,所以就有一些天主教徒移民到美洲,其中最著名的是今天叫作马里兰州的地方,那里是天主教徒的殖民地。

向美洲移民的第三个因素是政治理想,是"自由""平等"这些空洞的概念。尽管后来的美国人把这个因素无限放大,说这是去美洲移民的最主要的动力,但事实上,下层人民对政治的理解并不多,相反,土地和宗教却是人们经常谈论的话题,尤其是土地,农民最渴望的就是土地,而北美恰恰提供了土地。去美洲移民的人,多数是一无所有的劳动者,他们去美洲,怀抱着对幸福生活的向往,这是可以理解的,也是正常的。说多数人怀抱着自由、平等的政治理想去美洲,显然是把移民动机作了政治化的解释。

总之，到 17 世纪下半叶，北美十三个殖民地基本上成形了，沿着大西洋西海岸，自北向南一字排开。

参加美国独立战争并组成后来的美国的 13 个殖民地，按地理位置可以分为三个部分：北部 4 州，包括新罕布什尔、马萨诸塞、罗得岛、康涅狄格；中部 4 州，包括纽约、新泽西、宾夕法尼亚、特拉华；南部 5 州，它们是马里兰、弗吉尼亚、北卡罗来纳、南卡罗来纳和佐治亚。

讲到这里就来讨论一个广为传播的说法，就是北美洲——那块广阔无垠的自由的土地，是一块纯洁的、干净的、新鲜的土地，在这块土地上，没有历史的包袱，没有历史的传承，没有"旧大陆"的卑鄙和肮脏，有的只是一片清新，它是一张白纸，人们来到这里，可以在白纸上任意作画，画出一个美好的新世界。所以美国从一开始就是美好的，是人间的天国。这就是"美国特殊论"。美国人特别喜欢这个说法，后来全世界都跟着说。

是不是这样呢？好好想一想：美国是不是没有历史、没有包袱，一切都干干净净，不受"旧世界"的污染？不会吧！所谓的殖民地，除了土地，还有人，人都是从英国过去的，而北美殖民地和印度那样的殖民地又有不同，

一个移民家庭刚到美国时的情形

美国早期的移民家庭

因为北美的土著居民非常稀少，少到几乎是没有的程度，而那么一点人，在殖民的过程中也遭受灭顶之灾，要么被屠杀、要么被驱赶到很远的边区，所以新建立的殖民地社会都是由英国人组成的。你们想，从英国去的英国人难道不受历史的影响，天生就从上帝那里来吗？当然不可能。历史的传承一定是有的，传统是一定存在的，殖民地首先要继承，继承英国的传统，才能有所发展。所以当一个个殖民地建立和完善起来时，我们发现，这些新建立的殖民社会都是英国社会的再版，这非常重要！每一个殖民地都是一个社会，甚至每一个定居点都是一个小社会，而所有这些社会都继承了英国的历史和文化传统，不仅在思想、语言，而且在政治制度和经济形态方面都体现着英国的特色。英国人的民族性在殖民地人身上清楚地表达，所不同的，只是殖民地的社会结构要比英国的简单得多，因为殖民地范围小，人少，移民又多数来自社会底层，人和人之间的关系就没有那么复杂，不会像在英国那样，存在着一个明显的等级有高低之分的社会结构。在殖民地，人们的社会地位其实差不多，没有贵族，没有乡绅，没有老爷，没有特别有钱的人，即使有少数贵族从英国过来（比如马里兰殖民地的创建人是一个天主教贵族，为躲避宗教迫害而带领一批天主教徒到美洲定居），但来到新社会之后，他们和其他人的关系也会发生变化，一个没有严格等级区分的社会能够在殖民地出现。

为了管理殖民地，就要建立某种机构，现在有很多人特别是美国人会说，美国的制度完全是殖民地人自己创造的，不模仿其他人。但事实不完全是这样，因为早期殖民者在建立他们的管理体制时，在相当程度上受到英国的影响。举例来说,英国社会很早就形成一种地方自治的传统,都铎王朝时期出现强大的中央政府,即使在那时,地方自治的传统仍然保留下来,中央政府始终没有在社会最基层建立派出机构,最基层的社会管理都是靠自治的机制在发挥作用。这种传统在殖民地也得到体现,各定居点都是在自治的原则上进行管理的,并不需要上级政府派驻官员。同时,定居点选出代表,参与殖民地的公共事务管理,这又是英国议会制度的翻版。但殖民地和英国又不完全一样,英国社会等级结构清晰,参与地方管理的必定是当地头面人物或者大户,在英语中是"乡绅"(gentry),是他们在管理地方。可是殖民地没有这批人,至少没有那么多的大人物,所以在殖民地,管理者与被管理者在社会地位上比较接近。但人们慢慢会看清楚:财产起的作用更大了,有些人会变得富裕,有些人会变得贫穷,殖民地的社会差距拉开了,新的社会结构会形成,在这个社会中,财产的因素更加重要,掌握地方管理权的是那些比较富裕的人,尽管从身份上说,他们和其他人没有明显区别。

说了这么多是要告诉大家:北美殖民地在事实上继承着英国的许多传统,其实是以英国历史为基础形成的一个独特的"英国社会"。为什么首先要强调这一点,因为如果不明确这个问题,就不能正确理解美国独立。

关于美国独立,教科书上有许多介绍,关于它的过程,大家多多少少知道一些,比如说英国强行征税,包括印花税、糖税之类,当然还有茶税。茶税更加著名,因为有茶税才会有波士顿茶案,由于有波士顿茶案才导致英国的高压政策,而高压政策引发殖民地人的反抗,接下来才出现第一次大陆会议、莱克星敦的枪声,以及 minute men——"一分钟人"也就是民兵;一分钟人开始攻击英国正规军,接着就开战,独立战争爆发了。

以后出现了一些非常有名的人物,包括华盛顿、杰弗逊,以及后来很出名的汉密尔顿和潘恩。潘恩这个人在美国建国史上地位很高,按照我们中国的说法,文臣武将,华盛顿是武将,领导独立战争,潘恩是理论奠基人,他喊出了美洲独立的口号,并写过一本非常著名的小册子叫《常识》,

— 新民族的缔造 —

现代激进主义的鼻祖潘恩

鼓吹美国独立。顺便说一下,潘恩这个人在旧大陆也很重要,他在英国历史上也有很高地位。美国独立后,他因为思想太激进,连杰弗逊都追不上他,而杰弗逊是开国元老中最激进的一个。潘恩没有办法就回到英国,如果潘恩没有那么激进,只要稍稍平稳一点,他就很可能会当上美国总统,但是他激进得太厉害,美国人不能容忍他,潘恩只好回英国。回到英国后,英国正在发生轰轰烈烈的议会改革运动,潘恩写了一本《人权》,给这个运动火上加油,惹恼了英国政府。《人权》这本书是针对法国大革命而写的。当时英国有另外一位重要思想家爱德蒙·伯克,他写了一本书叫《法国革命感想录》,对法国大革命大加否定,潘恩就针对这本书写了《人权》,维护革命立场,并且提出要彻底改变英国政治制度。伯克和潘恩,各写一本书,各自成了现代保守主义和现代激进主义的鼻祖,在西方思想史上留下重重的印痕,一直影响到现在。但是潘恩仍然因为太激进,在英国又待不下去了,就跑到法国,法国正在发生革命,并且异常激进。到了法国,潘恩又写了一本书,叫《理性时代》,也是很有名的,讨论宗教问题。没想到法国人比他更激进,雅各宾派认为他是反革命,就把他关进监狱里准备处死,只是出于偶然的原因他才逃过一劫。最后,他只好又回美国,但美国仍旧不接受他。这样一个为美国建国立下汗马功劳的人被美国人所忘却,在默默无闻中贫困而死。潘恩的最大过失是太激进,他与杰弗逊的最大区别,在于杰弗逊懂得迂回,潘恩只知一路向前。

我们回到美国独立。1776 年,北美殖民地大陆会议通过了独立宣言,经过七年的战争,到 1783 年,英国承认了美国的独立。说到这,就要回到刚才那个问题上去:美国这个国家建国时,是不是没有历史的包袱、没有历史的传承？不是的，刚才已经说过了，尽管美国独立了，"美国人"这个概念也出现了（这意味着他们不再是"英国人"），可是美国有它的历史传承，这个传承来自英国。换句话说，北美殖民地是和母国一起，在历史的过程中一步一步走过来，一直走到美国独立。比如说，英国在17世纪中叶爆发革命推翻君主专制制度，并且处死一个国王，后来又发生光荣革命，建立了君主立宪制——殖民地和英国一起经历了这个过程，尽管它和母国相隔万里，中间隔着大西洋，但是这些经历却是共同的，殖民地人的思想和理念与英国人同步而行。所以，如果我们要问为什么美国革命不产生像法国革命中拿破仑那样的独裁者，或者像英国革命中克伦威尔那样的独裁者？为什么自那儿以后，世界上出现了那么多革命，而几乎每一次革命都会出现一个拿破仑或克伦威尔，但唯独美国革命不出现？大家想过这个问题吗？许多人说，那是因为华盛顿太伟大，他不愿当国王。仅仅是因为华盛顿伟大、不愿意当国王吗？不是。其实光荣革命以后，英国就不可能再出现一个克伦威尔了，也不可能再恢复专制统治。而殖民地和英国一路同行，一直走到

签署《独立宣言》

乔治·华盛顿

美国革命,因此也不可能出现克伦威尔或拿破仑,即使华盛顿当国王了,他也不可能当专制君主,而只能当立宪君主,如同英国的国王一样。这就是英国的政治传统,被美国继承了。但这种情况只能够在美国出现,在其他地方不可能出现,其他地方的革命——法国革命、欧洲其他国家的革命、亚洲革命、美洲革命,等等——几乎每一次革命以后都会出现拿破仑,都会出现克伦威尔,但是美国不出现。这就是英国的政治遗产,英国不允许出现拿破仑,而谁想在美国当拿破仑,一天之内他就会被推翻,正如同谁想当英国的第二个克伦威尔,他一天也坐不住一样。

　　美国建国后建立了一套新的国家制度,而这套制度是英国制度的再造。光荣革命后英国实行议会统治,美国独立后三权分立:国会立法,政府行政,法院司法。在这套制度中,既可以看到英国的影子,又可以看到美国自己的创造,英国议会制度对美国创造它自己的制度有很深影响,而所谓"三权分立"又是从哪里来的?大家会说,从法国的孟德斯鸠那里,受法国启蒙运动的影响。这当然不错,但另外还有一个人的影响,可能比孟德斯鸠更根深蒂固,那就是英国的约翰·洛克。最早提出"三权分立"的不是孟德斯鸠而是洛克,只不过二人的"三权分立"有一点不同:在洛克那里,"三权"是立法权、行政权、联盟权,孟德斯鸠则认为是立法权、行政权和司法权。洛克比孟德斯鸠早得多,孟德斯鸠是因受到洛克的影响而提出他的理论的。

　　我们还可以举出更多的例子。比如英国地方自治的传统对美国影响很大,美国建国后一直到现在地方自治的传统始终很强,而法国一直到现在中央集权的传统都很强,尽管法国大革命宣称要打破专制权力,人民有自主的权利。但是,是不是说美国在建国过程中没有自己的创造?当然不是。

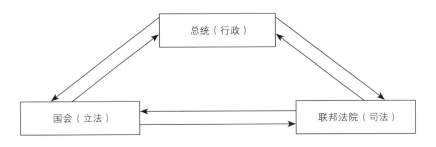

美国三权分立示意图

美国的创造是什么？首先，它创造了共和制，美国是近代世界第一个共和国，这显然是美国的创造。其次，美国实行三权分立，在当时的世界上，其他国家都不想也不愿实行三权分立，而美国实行了。不过直到现在，实行三权分立的仍然只有美国，其他国家都不是那样。美国从建国伊始就让三种权力相互约束，彼此制衡，但同时又形成一个高度集中的中央权力。因此就出现一个非常有意思的现象，就是美国既分权、又集权，表现为：每一个层次上的地方政府都是自治的，各层次之间并没有上下级关系，并且各级管理机构都实行三权分立；可是分权的同时又有集权，它有强大的中央政府，联邦法律是最高法律，联邦法院是最高法院。我们往往只记住美国是个高度分权的国家，却忘记美国也是一个高度集权的国家，它的总统有很大的权力，而英国国王却什么权力都没有。美国在建国时就有过争论：要不要一个集中的权力，要不要一个中央政府。经过激烈辩论，最终的结论是：要，否则不能建成一个统一的国家，而会建立出许多国家，就像后来在西班牙美洲殖民地独立后出现的情况那样。国家

代表最高法律机构的美国联邦法院

需要有集中的权力,这就是结论。所以我们今天看到的美国,既有集权又有分权,既高度集权又高度分权,做到这一点非常困难,很难把两方面平衡起来。比如在中国,我们经常说"一统就死,一放就乱",情况的确如此,统起来就束手束脚,放下去就一片混乱。美国能做到既统又分,的确很不容易。依靠什么才能做到这一点?我想一个很重要的前提是法治,法的最高权威是关键,而这又是英国传统。现在中国缺少的正是法治,法的最高权威还没有形成,大到选举,小到牛奶里添加三聚氰胺,没有法的权威什么也做不好,所以法制建设是最重要的。

——
美国精神
与
"美国梦"
——

独立后大约一百年时间,美国基本上处于建国时期。这一百年中有两件事特别值得注意,第一是西进运动。数十万、上百万欧洲移民涌进美国,真所谓浩浩荡荡。这时美国已经不是早期移民进入时那样荒野一片了,它现在是一个初步繁荣的国家,这样就吸引了更多的移民到美国来,追求自己的梦想。在这个过程中,宗教的因素越来越淡薄,物质的追求越来越强烈,土地呀,幸福呀,财富呀,前程呀,就是这些东西。移民的成分也发生变化,最早的移民是英国人,后来有许多爱尔兰人,因为爱尔兰很穷。再接着是德国人,到19世纪中叶,大批德国人涌进美国,因为那个时候德国很穷,

西进运动中西部移民

国家也没有统一。再往后就是东欧、南欧人了，原因同样是穷。以后，欧洲以外的人也去移民了，包括中东人、南美人、亚洲人——中国人、日本人、印度人，全都跑到美国去，原因仍然是那些地方穷。可是百万、千万的人进入美国，就把独立时的美国变成了现在的美国，它的疆界扩大了十倍，人口增加一百倍。因此，西进运动的一个后果是一个巨大的美国出现了，没有西进运动也就不会有今天这个美国。

西进运动还造成一个后果，那是个精神的后果。无数移民为了寻求幸福，寻找自己的生活而来到美国，他们怀抱一个梦想，相信在美国这片土地上，只要自己肯努力，付出劳动，就一定能够寻找到幸福，创造自己的生活。这种信念在早期殖民者那里就已经萌生，在西进运动中开花结果。关于贫苦移民来到美国，拿到土地，开辟家园，找到了自己的居所，创造了自己的幸福生活，这种故事不断上演，幸福的故事就是这样传播的。于是一个无形的后果出现了，那就是"美国梦"，也是所谓的美国精神。美国精神既带有那种通过自己勤劳奋斗而创造美好生活的信念，也带有强烈的个人主义，提倡自强自立。一直到今天，我们还能看到这种精神的存在，所以西进运动很重要，它塑造了美国的民族精神。

第二件事是南北战争，发生在1861年到1865年之间。南北战争的直接原因是蓄奴问题，要不要维持奴隶制，双方为这个问题而开战。其实除了这根导火线，南北战争还有更深刻的原则问题，其中一个问题是美国的国家构造应该是怎样的，是不可分割，还是愿意来就来、愿意走就走，来去自由，随

美国南北战争场面

时可以脱离这个国家。这是一个原则问题，很大的原则问题。第二个问题是美国走什么路，农业经济的路还是工业经济的路？请特别注意，在这两个问题上都出现了非常有趣的现象：北方要统一，南方要分裂；北方代表工业，南方代表农业。在这两个问题上北方和南方都有原则性分歧，结果北方胜了，南方败了。北方的胜利意味着统一保住了，如果南方胜利，美国早就分裂了，而且分裂出去的不仅仅是南方，还会有其他地区，例如得克萨斯，或者新墨西哥，今天地图上的这个美国就不会存在了。北方的胜利使美国这个国家不可分割，这是原则。不过很有意思，美国人相信他自己是不可分割的，别人却是可以分割的，所以到处对别人说，应该让人家独立，独立是"人权"。但是在南方要求独立的时候，它却派军队去镇压了，这里就没有"人权"了？非常奇怪。

南北战争还有一个后果：北方的胜利意味着工业的胜利。南北战争结束后大约40年时间中美国的经济是高速发展的，发展的速度比德国快得多。结果，到19世纪末，美国已成为世界上第一大经济体，它的国民生产总值占整个世界的36%。美国在那个时候已经是经济大国了，这是南北战争的后果。

美国工业化有一些重要的特点，和德国一样，它是第二次工业革命的主要发源地和推动力。美国工业化以钢铁（主要是钢）、石油、化工、电气这些新兴产业为基础，这就和英、法的第一次工业革命有很大不同。第一次工业革命的四大支柱产业是纺织、煤炭、冶铁、造船，现在不同了，动力方面是电气，电成了主要动力源，这是工业化的一个新台阶，电的能量更大，使用更方便，可以做更多的工作，经济价值也高得多。在材料方面，钢取代铁成为主要的材料，第一次工业革命中英国也有炼钢，但钢比较少，铁更重要，在那个时代生产不了那么多的钢。等到美国和德国的技术能够大量生产钢的时候，钢的优越性就显现出来。比如，一条河上造一座桥，有了钢几乎是轻而易举的，要比用石头造桥容易得多——在长江上造一座石头桥完全不可想象，因为水很深，但是有了钢就可以造很多桥，40

座或者 50 座，现在也不知有多少座了。钢的韧度大，强度也大，可以把桥基打在江底的岩石上。接下来，我们如果把一座钢桥直立起来，知道那是个什么东西？哈，缺乏想象力！那就是一座摩天大楼！因此，摩天大楼也出来了，摩天大楼最早就出现在美国。现在全世界到处都造这种丑陋的东西，但这是技术，其他材料造不出摩天大楼，钢可以。钢还带动了铁路发展，于是铁路成了拉动美国经济的龙头产业；有了铁路，就能够轻而易举地从东海岸跨到西海岸，中部大粮仓变成了世界大粮仓，而东部和西部也结合成同一个经济体。后来西部发

20 世纪初美国的汽车工厂流水线

现金矿，大量人到西部淘金，这也得益于铁路的修建。

在第二次工业革命中，新的能源出现了，煤老板退位了，石油大亨登上宝座，像洛克菲勒这样的人成为经济大王，主宰美国经济。石油又催生了另一些东西，如汽车、内燃机等；汽车走进平常人家，大众消费社会开始形成。但最早的汽车不是在美国出现的，而是在欧洲出现的，当时只给贵族使用，因为贵极了，一般人买不起。到福特手里之后，他说要让每个美国家庭都有一部车，他后来做到了，当然，他不是为普通的美国人造福，而是为他自己造福、创造财富。今天，全世界到处都堆满汽车，连路都没法走，车老板挣了大钱，这就叫"大众消费"。一旦社会成为"大众消费"的，资本主义就会如脱缰的野马一般疯狂奔跑，不知奔向何方，也许会奔向悬崖峭壁，摔得粉身碎骨。这个问题我们以后再谈。

到 19 世纪末 20 世纪初，美国成了世界第一大经济体，也是第一大工

业国。此外它还是世界商业中心、金融中心，成了金元帝国。美元重要起来，正准备取代英镑，纽约也准备取代伦敦了，这就是经济力量变化的结果。最终，美元果真取代英镑，纽约也果真顶替了伦敦，英帝国衰落了，美国崛起了。在这个过程中，除了技术变化、经济结构变化、金元帝国出现等因素之外，还有两个问题需要交代。第一是生产组织形式的变化，这个问题我们在介绍英国工业革命的时候也说过，当时我说，工业革命不仅是机器、蒸汽机的出现，而且意味着生产组织形式的变化，意味着工厂制的出现。美国工业化过程中也同样出现了生产组织形式的变化，那就是垄断企业，是托拉斯和卡特尔，前者是纵向垄断，后者是横向垄断。纵向垄断指一个产业部门中每一个生产环节都落入同一个大财团或公司之手，比如炼钢需要有矿石开采，需要把原料运送到炼钢厂，钢炼好后需要成型加工，然后需要销售、外运，制成半成品或成品，所谓的成品可能不是钢锭，而是铁轨、钢梁，甚至是机床部件。一个巨大的财团把从采矿开始一直到半成品、成品的生产全都放在集团旗下，它有矿山，有运输铁路，有炼钢厂和轧钢厂，有机械加工，有锻造工厂，甚至有运输码头。所有的生产环节全都集中在一个财团手里了，这就是纵向垄断，在钢铁行业里，卡内基是典型。横向垄断指同一个行业的各经营公司组成一个利益共同体，不一定要在产权和机构上实行合并，但形成市场的共同垄断，比如垄断石油，垄断石油市场的生产和销售，决定购进、售出价格，这种垄断也是不得了的，洛克菲勒就实行这种横向的垄断，他控制着这个国家的石油市场，从中牟取暴利。

第二是生产过程发生的变化，"管理科学"出现。这里涉及伦理问题。什么是"管理"？管理就是经济活动的理性化、科学化，用科学的方法对生产和销售过程进行调控，使之符合利益最大化原则，这就是"管理科学"。管理科学最早出现在美国，代表人物是泰勒，他创造了一种"泰勒制"，由此而提高了生产效率。我们打个比方来做些解释。比如生产螺丝钉，把钢棒放在车床上车螺纹，然后放进成品堆。我们发现一个简单的现象：有的工人做得快，有的工人做得慢。老板当然希望每一个工人都能够和动作最快的人一样麻利快速，这样就能以最低的成本创造最高的利润。因此，老板就让所有的工人都向那个动作最快的人看齐，以他为榜样。但是怎样让其他工人向他学习呢？采用一种"科学"的办法：让动作最快的工人演示他的操作程序，或者叫"手法"，老板派人拍照、盯着他看，然后进行研究，找出他的手法运动的路线，而分析其他人的动作为什么比较慢。如果说，一个动作需要 0.3 秒，另一个动作需要 0.31 秒，那么 0.3 秒就是标准动

现代企业管理之父泰勒

作；如果改进一下做成 0.29 秒，这动作就应当推广了，让它标准化，所有的人都得跟着学。这样，所有的工人，包括最笨的工人，都能变成最好的工人，这就叫"科学管理"。这样一种办法就如同今天训练运动员，比如游泳运动员。有一个叫菲尔普斯的人，他的每一次比赛都被拍摄下来进行分解、变成慢镜头，教练和运动员盯着这些镜头看，竭力模仿，寻找诀窍，运动员就是这样被培养出来的。训练工人和训练运动员是一样的，这就叫"管理科学"。

但怎样强迫每一个工人都接受规范动作呢？用的是工资调节手段，不采取日工资或小时工资的办法，而使用计件工资，做得越多、拿钱越多。不过工资额是以动作最快的工人为标准的，因此没有几个人能够超出这个定额，超不出定额就拿不到奖金，也就拿不到高额工资，而这就是"管理科学"，或"科学管理"。学管理的同学们，你们正在学或将要学的就是这些，从经济效益、经济理性主义出发，这些都很好，因为效益高；但是从人的角度来看就不好了，因为科学的管理只把人当作机器，是肉体的机器，这叫作"异化"，人不再作为人而存在，他只是一种工具。

美国经济发展还有一个重要特点，就是发明创造，在这方面它非常突

| 第十四讲 | 美国的崛起 | 303

爱迪生在他的实验室里

出。专利制度在美国发展得极好，起了很大的作用。众所周知的大发明家爱迪生，他一生的发明有多少，很难统计了，我们生活中的许多东西都是爱迪生发明的，而他之所以能做出这么多发明，是因为美国存在鼓励发明的良好机制，这是我们应该学习的。

现在，美国是世界上最强大的国家，这得益于两次世界大战的结果，也得益于它内部的种种有利因素，比如强大的科技创新能力。"冷战"结束后，美国成为单强独大，开始在世界上为所欲为。人们经常说，权力若不受制约，就会变成有害的权力。这种情况不仅适用于国内政治，也适用于国际事务；并且，由于在国际事务中不存在公认的权威，所以不受制约的权力就会更加有害。"二战"后美国不断动用武力，而且总是欺负弱小国家，特别是苏联解体以后，它的行动更无所忌讳，这是不再有制衡力量的结果。但动用武力并不能证明美国强大，相反说明它不自信，似乎只有动用武力，才能显示它在世界上的霸主地位。但一个依靠武力才能表现自己强大的国家却已经暗示了自己的虚弱，美国已经越过它极盛的顶峰，以后的历史会证明这一点的。

美国就讲这么多，应该差不多了。

现代文明中有许多有价值的东西，但也有很多要引起我们的警惕。有许多问题已经摆在我们面前了，需要我们去回答。

人类走了五千多年走到今天，我们走进了一个现代文明。可是很多问题不得不使我们去问这最后一个问题：现代文明将把人类带向何方？现代文明是从西方首先开始的，但人类将走向何方？

第十五讲

19—20世纪：国家、战争和社会

◎ 民族主义与国家
◎ 战争与社会
◎ 社会主义与资本主义
◎ 现代文明的悖论

今天是最后一次课了，一个学期过得真快，其实我很愿意继续讲，再给大家讲一个学期，或者两个学期。"西方文化"也还有很多内容可以说的，但我们的课却只有一个学期时间，所以，我们只能承认这是最后一次课了。但这次课还是有很多内容要向大家介绍，从时间上说，我们集中在19—20世纪。

从19世纪初开始，欧洲政治版图一直在变化。1815年拿破仑战争结束的时候，欧洲的格局如地图15.1所示：最西边是英国，英国隔海是法国，法国南面是西班牙和葡萄牙，北面是尼德兰，即今天的荷兰、比利时、卢森堡。从尼德兰向北，是丹麦、瑞典、挪威，可是挪威和瑞典在那个时候同属于

— 民族主义与国家 —

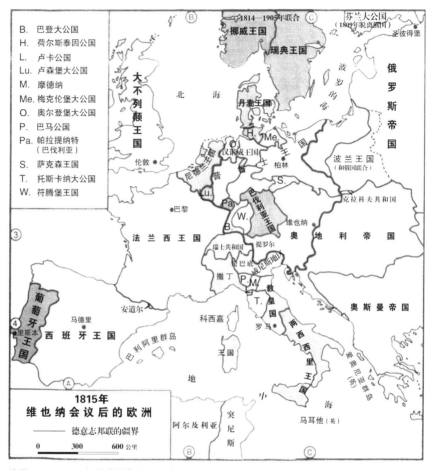

地图 15.1　1815 年维也纳会议后的欧洲

一个国家。法国东面是我们今天所说的德国，在当时它还不统一，因此作为"国家"它其实不存在，存在的只是一批诸侯国。意大利的情况也差不多，在那个时候，它还有待于政治上的统一。德意志东南有一个巨大的政治板块，那是奥地利帝国，其中包括现在的许多国家，比如捷克、斯洛伐克、匈牙利等，其政治中心是今天的奥地利。奥地利南面是另一个巨大的板块，即土耳其奥斯曼帝国，它的版图主要在欧洲以外，欧洲属地只是其中一个很小的部分，包括后来的保加利亚、罗马尼亚、南斯拉夫等。德、奥的东面是巨大无比的俄罗斯帝国，它控制着几乎整个的东欧，当然还有小半个亚洲。

因此，在拿破仑战争刚刚结束时，欧洲没有几个用今天的标准可以称之为民族国家的地方，只有法、西、葡可以算得上，可能再加上一个丹麦。"英国"的情况比较特殊，因为英国是由四个部分组成的——英格兰、威尔士、苏格兰、爱尔兰。英格兰很早就形成为民族国家，但它统治着威尔士；苏格兰在后来加进来，共同组成"联合王国"；爱尔兰在最后被吞并进来，"联合王国"就包含四个部分了。从本质上说，"联合王国"很难称得上是一个民族的国家，但英格兰和苏格兰的合作为"大不列颠"提供了基础，并且英帝国的存在又使"联合王国"作为母国而具有特殊的身份。但四个部分始终保持着各自的特色，一直存在着隐隐约约的民族认同性问题。时至今日，四个部分的民族认同问题已经变得相当严重了，无论是苏格兰还是威尔士，更不用说爱尔兰，民族情绪都很高涨。现在，"联合王国"是否还能联下去，哪一天不联了、变成"分离王国"，那也很难说——United Kingdom 变成 divided kingdoms。

所以在拿破仑战争结束时，欧洲多数地区都不存在民族国家。俄罗斯是庞大的帝国，在这个帝国内居住着一百多个不同的民族。德意志是完全分裂的，这个民族还没有统一。意大利是一个分裂的地区，不仅有许多世俗政权，还有一个"教皇国"。奥地利是一个庞大的政治体，它内部机制不统一，相反却保留着很多中世纪流传下来的地方独特性；奇怪的是，每一个地方都有它自己的行政和司法系统，用自己的方法进行管理，它们只在共同拥戴哈布斯堡统治家族为君主这一点上，与其他地区共同组成一个"国家"，但这个国家不是现代意义上的民族国家，而只是在一个家族统治下、由许多家族领地组合起来的政治实体。奥地利还有一个奇怪的特征，就是它一半属于德意志，另一半却置身于德意志之外。这就使它更难成为民族国家了，它既不能成为德意志人的国家，又不能摆脱德意志的因素，因为不仅德意志人数量众多，哈布斯堡统治家族本身也是德意志属性。奥斯曼帝国是伊斯兰世界的政治、经济中心，它统治的地域只有一小部分在欧洲，而在欧洲的这部分也包括很多民族，比如南斯拉夫人、保加利亚人、希腊人等等，这也是一个民族成分复杂的政治实体，不可能成为民族国家。这就是我们在1815年看到的欧洲，民族国家尚未成为主流。

但19世纪却是欧洲民族国家大为发展的时期，在民族主义潮流的强烈推动下，欧洲各民族纷纷要求建立自己的国家，而民族国家也就相继出现了。什么是民族主义？我记得曾向大家介绍过，民族主义理论非常简单：一个民族，一个国家——就是这样的要求和愿望，没有特别复杂的理论。在19世纪，追赶先进国家的冲动使民族主义迅速蔓延，人们认为如果不组建本民族自己的国家，就永远被统治民族边缘化，永远赶不上先进国家的发展，例如英国和法国。所以很多人认为建立民族国家是国家发展的第一步，也是最基本的前提。这种想法受到拿破仑战争的冲击变得更加强烈了，因为人们看到法兰西在组成"民族"之后爆发出何等巨大的力量。所以，拿破仑战争爆发后民族主义就在整个欧洲蔓延开来，其中一个重要的地区是德意志，德意志各诸侯领地上的人们突然意识到他们都属于同一个民族，应该组合成同一个国家。过去，人们只会认为自己是巴伐利亚人、汉诺威人、普鲁士人、萨克森人等等，现在他们意识到大家都是德意志人。这样，一个德意志的民族主义就突然爆发了，其结果是德意志人要求统一。到19世纪70年代，一个统一的德意志国家终于出现了，那就是德意志帝国，又称为德意志第二帝国。

再看意大利。19世纪中叶，居住在亚平宁半岛上的萨丁人、伦巴第人、威尼斯人、托斯卡纳人、西西里人等都开始认为自己属于同一个民族，应该组成一个国家，这种民族认同意识最终使统一的意大利出现了，那就是意大利王国。无论是德意志还是意大利，都采用自上而下的王朝战争方式实行统一，这样，民族问题和战争问题就联系起来了。实际上，19世纪的许许多多冲突中，民族问题特别突出，起着相当重要的作用，比如说德意志统一是一个民族问题，意大利统一也是一个民族问题。德意志的统一通过三次王朝

反映 1870 年普法战争的作品

战争得以完成,第一次是丹麦战争,第二次是普奥战争,第三次是普法战争,都采用了对外战争的形式。意大利的统一也经历过好几次战争,既包括内战也包括"外战",但因为意大利这个国家比较弱小,所以经常需要借助外国的力量来打击其他"外国"的力量,伺机收回被占领的土地。因此它先利用法国的力量打击奥地利,再利用普鲁士的力量打击奥地利,最后利用普法战争中法国战败的机会最终收回了全部国土。除了这些"外战"之外,意大利的统一过程中也发生过内战,比如收复西西里。

奥地利帝国内部矛盾重重,尤其是民族矛盾非常尖锐,德意志民族和非德意志民族之间的对立相当严重,而非德意志民族之间的矛盾也是相当尖锐,因此奥地利帝国是一个内部非常不稳定的政治体。奥斯曼帝国面对着东南欧各民族要求独立的局面,其中包括希腊人的独立运动,南斯拉夫人(主要是塞尔维亚人)的独立运动,等等。大家知道奥地利和奥斯曼内部的民族冲突最终成为第一次世界大战的导火线:在刚刚被奥地利接收的波斯尼亚,一个塞尔维亚青年在萨拉热窝刺杀了奥地利王储,这个事件成

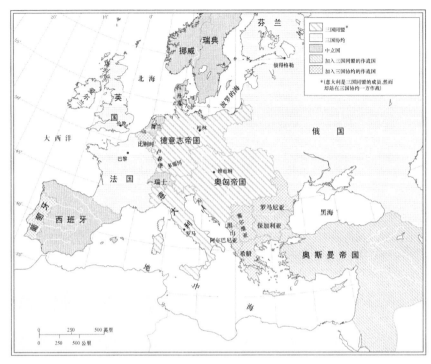

地图15.2　1914年的欧洲

为第一次世界大战爆发的起因。无论是奥地利帝国还是奥斯曼帝国,其内部的民族冲突都造成欧洲巨大的不稳定,而民族冲突最终导致欧洲大战。

除此之外还需要注意到另外一个情况,就是西方列强对世界的争夺,这也是战争的根源。19世纪70年代开始,西方列强加强抢夺殖民地,对世界的瓜分进入白热化阶段;到20世纪初,整个地球已经被瓜分光了,只有少数几个地方还没有成为西方的殖民地,其中包括中国。可是这些在表面上还维持独立的地方,并不是因为它们强大,而是因为参加争夺的列强太多,才没有被任何一个西方国家所单独吞并,这样就形成了看起来独立、其实已经丧失主权的情况,这就是我们所说的"半殖民地"。抢夺殖民地使西方国家相互的关系非常紧张,冲突不断,于是这也就成为一种"民族矛盾",

是抢夺殖民地的国家之间的民族利益冲突。因此，一个帝国主义瓜分世界的因素，加一个欧洲民族矛盾的因素，这两个因素加在一起就引发了第一次世界大战。所以我们说第一次世界大战在很大程度上是民族冲突的结果，民族冲突在民族国家的框架下变得异常激烈。帝国主义对殖民地的争夺也是一种民族利益冲突，关于这一点，我想很多书上并没有提起过。

"一战"结束后只过了20年时间，第二次世界大战又爆发了。"二战"和"一战"有一些不同，但是"一战"所遗留下来的问题对"二战"爆发有直接的影响。遗留的是什么问题？是德国问题。我曾经提到过，从19世纪中叶开始，欧洲一个主要问题叫"德国问题"，就是德意志这样一个广大的地域里生存着一大批德意志人，这些人是否应该组建成一个统一的国家？一旦这个国家出现，其他国家该怎么办？这就是德国问题。"一战"是以德国的战败而告终的，战胜国，即协约国——主要是英、法，战后非常害怕德国会再次崛起，于是在巴黎和会上制定出一个非常清楚的目标：让德国永远爬不起来。这就是《凡尔赛条约》的基本出发点。为此首先分割了莱茵河西岸，接着规定德国非武装化，第三也是最厉害的一招是制定大笔战争赔款，大到把整个德国卖了也还不起这笔钱。协约国希望通过这些做法让德国永远趴在地上，用他们的话说，永远不能再侵略其他国家。其实如我们前面所说，在第一次世界大战中，战争责任的问题直到现在也说不清楚，但那些严厉的措施反而把德国最极端的民族主义刺激出来了，并且加进了种族主义。赔款问题对绝大多数德国人造成巨大的伤害，不仅普通民众，连"中产阶级"都陷入贫困，在很长时间中挣扎在严重的经济危机中。德国人的生活非常艰苦，这就为希特勒夺权提供了深厚的社会基础。希特勒以复仇为号召，将德国的民族主义刺激到极点，纳粹成了德国人的选择，新的战争策源地也就形成了。

纳粹主义有一个理论基础即种族主义，种族主义和社会达尔文主义有一定联系。达尔文的生物进化论本来是自然科学的理论，用以解释物种的形成与演变，严复把它归结为：物竞天择，适者生存——当然，严复是演绎了赫胥黎的说法。19世纪下半叶，有人把达尔文的理论用于人类社会，

1938 年纳粹在纽伦堡召开党代表大会的场景

生物进化论就变成了社会达尔文主义。如果"物竞天择,适者生存"也适用于人类社会,那么它的必然推论是:社会和自然界一样,适者生存,不适者被淘汰。由此再推论,就得出"凡是不能生存或者被消灭的人群都是落后的人群"这样一种结论,所以被消灭是应该的,是符合科学规律的。按照这个思路往下推,就有人说,既然那些人落后,不能适应生存环境,那为什么不去有意识地把他们消灭?为什么不主动淘汰他们,让优秀的人群得到更广阔的发展空间?这样,种族主义就出来了,人种优越论就出来了。按照种族主义理论,越是在生物进化的链条上最后出现,其人种基因就越优越,因此白人是先进的,黑人最落后,其他肤色的人都可以被消灭,最后只留下白色;而白种人内部也有更先进和不那么先进的区别,日耳曼人是最纯净的白色人种,所以最先进,应该由他们来征服世界——从生物进化论出发,推导出日耳曼人征服世界的合理性,这就是纳粹的理论。

我们不是说社会达尔文主义一定会被推演成那种极端的纳粹理论,可是极端种族主义理论确实标榜它的"科学性",为自身寻找"科学依据"。用"科学"去包装奇谈怪论,以博取人们的信任,这种做法已经屡见不鲜了,纳粹就是这样。问题是，人们对"科学"二字近乎盲从，只要听到"科学"就相信，对"科学"的盲目崇拜遮蔽了他们的眼睛，这是我们应该吸取的教训。

第二次世界大战爆发，除了出现德、意、日这些法西斯国家之外，还有其他原因，其中一个非常重要的原因是资本主义和社会主义

张伯伦手持与希特勒签订的一纸协议

这两种意识形态的对立，这两个社会制度的对峙。"一战"尚未结束时，俄罗斯帝国就解体了，原来的沙皇俄国变成了社会主义的苏联，这使得世界格局发生了重大变化。战后国际关系中加进了一个新的因素，就是两种社会制度和两种意识形态的对立。在这种对立中，形成了英、法和苏联之间的互相不信任，从而给纳粹德国一个可乘之机，所谓的"绥靖政策"就是这么来的。纳粹德国利用这个机会迅速壮大，等英、法意识到问题的严重性时，战争已经不可避免了，这是第二次世界大战留下的深刻教训。我们应该认识到，姑息养奸是很可怕的，最后必定伤害自己。"二战"的教训在今天仍有现实意义，想一想最近几年世界上发生的事，会让人感到不寒而栗。

从刚才的介绍可以看出，两次世界大战有不同的原因，但有些原因是共同的，就是民族问题，尤其是"德国问题"，这是一个共同问题。但第二次世界大战爆发尤其是苏德战争爆发后，战争就改变了性质，从一场不同民族之间的帝国主义战争转变成不同社会制度和意识形态的战争，最后又转变成全世界人民共同战胜法西斯的战争。战争的性质发生了变化，这是和第一次世界大战不同的，它成了世界人民反侵略、争取解放的战争。战后，全世界共同制定了一项基本原则：任何国家都没有权利以任何理由对其他

一　社会主义与资本主义　一

国家进行侵略，国家主权独立是国际关系中的一项基本准则。这是第二次世界大战的一项重要成果，也是战争留下的一个教训。我们看一看今天的世界，这个原则好像要被人们淡忘了，如果当真如此，那是很悲哀的。

战后出现了两种意识形态和两个社会制度之间的对抗，为理解这个问题，就要回到英国工业革命。西方资本主义国家在工业革命中出现引人注目的现象，就是劳动人民的苦难。这个问题在以前曾向大家介绍过，而且是相当强调的。英国在这个方面走了弯路、犯了错误，表现得特别明显，原因是英国接受自由主义的经济理论，最彻底地执行了自由放任的政策。由于国家不干预经济领域，造成了劳动者、也就是社会财富的真正缔造者在工业革命过程中蒙受最大的伤害，形成广泛的社会灾难。这种情况后来在其他国家中也曾经多多少少地出现，比如法国、美国以及欧洲其他较早进入工业化的国家。德国在一定程度上注意到了这个问题，俾斯麦时期，就有意识地不让社会矛盾变得过于尖锐，他曾经采取一些措施，包括建立世界上第一个社会保障体系，给劳动者一定的生存保障。但是在其他国家，劳动者的苦难是一个非常严重的社会问题，导致社会矛盾尖锐化，阶级对抗和阶级冲突愈演愈烈，社会也相应地发生动荡。就是在这样一个历史背

排队领取救济的失业者

景下，社会主义作为一种思潮、一种追求、一种新的理想和社会制度出现了。我想，如果不是资本主义在早期工业化阶段犯下如此巨大的错误，社会主义不会像后来那样形成强大的力量。

马克思之前，社会主义思潮已经在欧洲很多国家出现并传播，书上把这些思潮叫作"空想社会主义"。空想社会主义有三个代表人物：英国的罗伯特·欧文，法国的圣西门和傅立叶。在马克思之前，社会主义思潮还有其他代表人物，在法国比较集中；我们知道法国人是理想主义的，喜欢制定种种目标，为自己设计未来的蓝图。因此社会主义理论在法国就发展得比较充分，其代表人物也多，比如布朗基、蒲鲁东等，多少都带有社会主义的倾向。各种各样、如此大量的社会主义思潮的存在，给马克思主义的形成、发展并最终成为工人阶级的意识形态提供了土壤，所以马克思主义的出现并不是一个偶然现象，而是有它的社会根源和思想渊源的。

马克思讨论工业社会中的贫穷问题，讨论它如何产生，而社会公正如何实现，或者用更简单的话来说，就是如何解决劳动者在工业化过程中受苦受难的问题。我不知道同学们上了那么多政治课，究竟对马克思主义了解了多少，马克思理论的核心就是要为劳动者伸张正义，为此他提出了剩余价值论。后来的马克思主义者们说，马克思主义是科学的社会主义，有别于之前的空想社会主义。

大家知道它"科学"在哪里吗？就在于马克思提出了剩余价值理论。马克思说，他知道劳动者为什么经历巨大的苦难，原因是他们受到了剥削；这句话以前也有其他人说过，但马克思说，他找到了剥削的秘密，那就是剩余价值。他说在资本主义生产过程中劳动力变成了商品，按照商品的价值规律——就是商品的价值由生产这种产品所支付的成本而决定——劳动力的价值低于它能够创造出来的价值。比如，我们喝水的这个杯子值多少钱？那是由生产这个杯子支付了多少成本决定的，成本决定价值。劳动力也是这样，劳动力的价值也由生产它的成本来决定。但劳动力的成本是什么？劳动力的成本就是养活劳动者自己以及他的家庭所需要的资金投入。

卡尔·马克思

换句话说，就是付多少工资可以让劳动者生存，并且为资本家工作，此外还要加上劳动者的再生产，就是养活小劳动者，否则大劳动者死了，就没有劳动力了；所以还要加上维持他家庭的生存所需要的成本，这就是劳动力的价值。可是一旦劳动者投入劳动，他所创造的价值就远远高于维持他的生命所需要的投入，劳动者除了生产出维持他自己以及他的家庭的生存所需要的财富外，他还生产出更多的财富。于是，在养活自己和他所创造的财富之间，就有一个差，这个差就是"剩余价值"。剩余价值被资本家拿走了，资本家不劳动，不劳而获，这就是剥削。马克思用数学公式计算出剩余价值，他的理论因此成为"科学的"理论。

剩余价值学说一定不错，因为人们所创造的价值一定高于维持其生存所需要的成本，自人类脱离原始社会以后情况就是这样。可是为什么资本家可以拿走这个差价，而不是劳动者自己保留？这是关键所在。马克思说，原因在于资本家掌握了生产资料，劳动者只能去为资本家工作，否则他的劳动力就没有用，他也就没有饭吃了。那么为什么资本家能够掌握生产资料？原因在于私有制，因此马克思提出必须消灭私有制，才能使劳动者摆脱剥削，从无穷的苦难中解脱出来。这就是马克思主义的基本立场。我刚才说过，马克思想解决在一个工业化社会中为什么劳动者经受如此巨大苦难的问题，他的理论因此受到很多人的欢迎；只要这个社会仍旧维持不公正，只要这个社会中的劳动者经受巨大苦难，马克思的思想就会被人们接受，这是毫无疑问的。所以，马克思主义得以迅速传播，并且广为宣传。

马克思和他的战友恩格斯还提出一项预言：资本主义被消灭。这是马克思主义的基本结论。马克思说，资本主义从英国工业革命开始就表现出一个明显的矛盾,即工业生产的社会性和私人生产的无政府状态不断发生冲突,这种冲突无法调和。工业生产有一个明显的特征,它是一种社会性生产,生产的过程与整个社会相关,需要有全盘的协调;但资本主义私有制又造成各企业是在无政府状态之中进行生产的,它们之间相互竞争,没有沟通,"商场如同战场",所以整个社会生产是无序的,乱糟糟一团,这就和大工业生产的社会属性完全相悖了,结果就造成定期的、反复出现的经济危机,使社会生产力遭受巨大破坏。马克思预言:这种混乱的生产状态是一定要被消灭的,而消灭的手段就是推翻资本主义,废除私有制。由于苦难深重的工厂工人最痛恨私有制、痛恨资本主义剥削,所以,推翻资本主义的历史使命就落在他们身上了,一种新的社会制度会取而代之,那就是共产主义社会。马克思说,资本主义只有在大工业生产发展到最充分的阶段时才会消亡,因此,推翻资本主义的任务只能在工业生产力高度发展后、在全世界同时完成。

马克思的理论后来成为国际共产主义运动的基础,但是马克思所说的社会主义、共产主义却一直到马克思、恩格斯去世时都没有出现。到 20 世纪初,人们看见一个社会主义国家真的出现了,这个国家恰恰不是在资本主义生产力最发达的地方出现的,相反,它出现在资本主义发展程度最低的地方——沙皇俄国。并且,马克思说推翻资本主义的任务应该是在全世界同时完成的,而俄国十月革命却是在一个国家内部单独进行的。在马克思眼中,社会主义是一种比资本主义更高的新的社会发展阶段;但是在俄国,

1917 年列宁创建第一个社会主义国家

资本主义尚未得到充分发展。这是怎么回事?

事实上迄今为止,从十月革命一直到现在,都还没有出现马克思所预言的那种社会主义;到今天为止,我们看到的社会主义都出现在资本主义发展程度不高的地方,甚至是资本主义不发展的地方。为什么?这个问题大家好像没有想过。有一个理论在支持这个现象,那就是列宁主义。列宁说社会主义首先发生在资本主义最薄弱的环节上,因此在欧洲,俄国首先发动社会主义革命,因为俄国是资本主义最薄弱的环节。马克思所设想的社会主义应该在资本主义高度发展、社会生产力高度发达的基础上生成,那是一种更高的社会形态,用以取代资本主义;但直到现在,像英国、法国、美国这样发达的资本主义国家都没有出现向社会主义的转变,欧美其他国家也没有出现向社会主义的转变,而这些都是资本主义发展程度最高的地区。可是在一些相当落后的国家却出现了社会主义,包括中国,这个现象如何理解?

其实,我们所看到的现实中的社会主义,是落后国家追赶先进国家的一种手段。换句话说,是落后国家追求工业化、追求现代化的一种方式。现代化有不同的执行方式,社会主义是其中的一种方式,它不是对发达的资本主义的一种超越或者取代,而只是对资本主义现代化的一种替代,用一种不同的方式完成现代化。苏联是第一个用这种方式实行现代化的,并且取得了很大的成就。

给大家一些数字。苏联的社会主义工业化始于1926年,到1940年,也就是14年中,苏联完成了两个半五年计划。第一个五年计划从1928年到1932年,提前一年完成;第二个五年计划从1933年到1937年,又提前一年完成;1938年开始第三个五年计划,但完成了一半苏德战争就爆发了。第一个五年计划中

苏联进行社会主义建设的海报

平均每年增长率是 19.2%，第二个五年计划中平均每年增长率是 17%，到 1940 年，就是战争爆发前一年，苏联已经成为世界第二大经济体了，其国民生产总量仅次于美国，经济产值在世界总量中的比例从 4% 跃升到 19%。这一系列数字都表明，社会主义工业化的发展速度是惊人的。但这种成就是怎么取得的？这就回到刚才说的问题上：现实中的社会主义是落后国家进行现代化建设、追赶先进国家的一种方式，这种方式最大的特点是计划经济，而计划经济的本质是国家全面介入、直接运作生产活动。

为理解这个问题，我们需要回到英国工业化时期去。英国用自由主义的方式实行工业化，国家执行自由放任的政策，完全脱离经济领域，不干预经济活动，市场规律自行运作。亚当·斯密认为，这是最好的经济发展模式。英国用这种方式取得很大的成就，所以很多国家就跟着走，早期工业化国家都是这样的。但是在更多的国家实行工业化的时候，发现自由放任的方式并不适合，于是在德国出现了一种新的理论，采用了一种新的方法。根据这种理论，国家又一次进入经济领域，推动和指导工业化，把工业化作为自己的目标和任务；而德国也由此取得巨大的成功，从一个经济落后的国家，一跃成为先进的工业国，到 19 世纪末，赶超了英、法，成为当时世界的第二大经济体。

德国模式的特点就是国家重新进入经济领域——在英国那里，国家是完全不管；到德国这里，国家又开始管了，当然它只起推动和指导的作用。但如果再往这个方向走，变成国家什么都管，并直接运作生产活动，就成为苏联模式了，也就是所谓的计划经济。在计划经济模式下，国家就好像是一个大集团公司，国内各企业机构、集体农庄都是公司的下属部门，政府是公司总部，下达生产指标，由各下属部门共同执行，这就是"计划经济"。这是一种新的经济发展模式，在这种模式下，国家动用行政的力量，将全国所有的人力、财力、物力，一切资源都调动起来，集中使用，在相当短的时间里就能取得非常显著的成就，苏联就是这样发展起来的。我们不能忘记，在苏联取得如此巨大的成功的同时，西方正经历一场史无前例的经济大危机,这使得许多人认为社会主义成功了,资本主义失败了;而苏联在第二次世界大战中战胜德国,成为"二战"中盟国最终取得胜利的中流砥柱,更显示苏联模式的巨大优势。社会主义作为一种社会制度,被很多发展中国家所采纳。

苏联模式当然也有问题,问题出在计划越严格、束缚性越强。在经济发展早期的粗放阶段,全国统一的计划指令很有效;但等到经济越发展、结构越来越复杂时,计划的可靠性就越来越有问题。同时,因为指令性生产的束缚,各具体生产单位日益丧失生产主动性,动力不足,被动执行上级指标,因此越到后来,劳动生产力越低下,在与西方资本主义"和平竞赛"的过程中,渐渐趋于劣势。苏联的问题出在国家最高领导人一直没有意识到自己的制度也是需要完善的,需要与时俱进。苏联一直没能主动调整制度中的不合理因素,适应不断出现的变化,结果,整个制度越来越僵化,这是个很沉重的历史教训。

相比之下,资本主义在20世纪却发生了重大变化,这很有讽刺意义,也很值得注意。其实,资本主义一直在变,而且变得非常厉害。最早的资本主义是重商主义,葡萄牙和西班牙就是重商主义大国,荷兰也是重商主义国家。英国和法国起初也是重商主义国家,后来发展成自由资本主义。美国是按照英国的方式发展的,也成为自由资本主义的典型。德国和日本修改了英、法、美的模式,形成在国家指导下的工业发展模式。20世纪30年代,在前所未有的经济危机的打击下,美国放弃自由主义的经济路线,使资

经济危机时期贬值的货币被儿童用来搭垒积木

本主义再一次发生变化。

当时，由于华尔街股市崩溃，资本主义世界发生了严重的经济危机，欧美各国一片萧条，而美国受到的打击最大。为了摆脱危机，富兰克林·罗斯福总统实行了新政。新政的本质就是重新起用政府的力量，以行政手段刺激就业，从而恢复经济的活力。这种做法背后有一种理论指导，就是我们今天所说的"凯恩斯主义"。凯恩斯是英国经济学家，他在第一次世界大战结束时就提出一套理论，其核

英国经济学家凯恩斯

心内容是：用国家的力量来创造就业，提升购买力，从而推动市场需求，促进经济增长。这个理论正好和亚当·斯密背道而驰，亚当·斯密说看不见的手是最好的手，所谓看不见的手就是经济规律，他相信政府绝对不可以干预经济活动，要完全让经济规律起作用。凯恩斯则从解决失业问题出发，提出让政府"创造"就业，也就是通过政府工程、政府项目等人为地"制造"就业，由此而制造需求，拉动经济发展。罗斯福的"新政"就是这么干的。当时，政府把没有工作的人组织起来去敲石头、铺路，把人送进森林去做护林队，组织田纳西河水利枢纽工程等，由此，政府正式介入经济活动，也就摆脱了亚当·斯密的自由主义经济路线。很多欧洲国家也采用类似的办法，包括英国在内，而英国原本是自由放任的大本营。于是在凯恩斯主义的影响下，资本主义死而复生，经济危机也被克服了，一种新的资本主义出现了，就是所谓的"混合经济"。可见，资本主义一直在变，几百年中已经变过好几次。沿着凯恩斯的方向，"二战"后西方发生了更大的变化，福利社会就是在这个背景下出现的。

福利社会的理念是，社会和国家要对每一个人的基本生存负责，也就是对社会上所有人承担起能过上基本生活的责任。英国自近代以来就标榜"自由"，不过那个"自由"是个人的身份自由。现在，福利社会也被解释

高福利国家的生活状态

为一种"自由",在英文中叫 free from want,就是从匮乏中解脱出来,摆脱了贫穷之苦,人就"自由"了。所以 freedom 其实是从某种束缚中解脱出来的意思,并没有中国人所理解的"爱做什么就做什么"的含义。不过这样就把西方社会中一个根深蒂固的观念改变了——从亚当·斯密开始,人们认为贫穷是个人原因造成的,在"自由"的氛围中,每一个人都"自由"地选择他自己的生活方式,如果他选择懒惰或者放荡,那么贫穷就是他应有的下场。亚当·斯密的"自由"就是在这个意义上的自由。福利社会的理念却认为贫穷的基本原因是社会放弃了它应该承担的责任,因此贫穷是一种社会现象,也是社会后果;现在,社会应该重新承担起自己的责任,让每一个人都能得到最基本的生存条件。"自由"在这里已经发生变化了,它从个人的自由向集体的自由变化。从 20 世纪初开始就有人提出,要想让每一个人都"自由",就要让所有的人都"自由"。所以个人"自由"的前提是一切人的"自由",福利社会就是沿着这个思路去阐释它的合理性的。在这里我们看到了一个基本观念的改变:个人主义正在向集体主义靠拢。

另外一个观念也跟着发生变化:自古以来,人们看见可怜的人——比如有人没有饭吃,那么好心人就会去救济他,给他一碗饭,或者一两块钱,那是一种慈悲心,是恩赐,或者叫"慈善行为"。但福利思想改变了这种观念,福利社会认为:让每一个人都能生存绝不是一种恩赐,也不是慈悲,生存是一种权利,是人的生存权;保证每一个人的基本生存是一种社会道德,也是社会的责任。所以,社会要对每一个人的生存负责,而国家作为社会的管理人,就应该承担起这个责任。这样,就在同样深刻的层面上改变了亚当·斯密的学说,我们还记得,亚当·斯密一再说,国家是不应该进行干预的。而在这种变化中,我们隐隐约约地看到了社会主义的影子。

现在我们知道20世纪的西方发生了深刻的变化,人们的思想观念变化了,社会现象也跟着发生变化。福利社会是对资本主义在之前几百年犯下的错误、造成的恶果进行的反思,并且纠正这些错误。今天,我们中国人应该对资本主义的这种变化有深刻的理解,否则我们也会犯同样的错误。遗憾的是,许多中国人包括一些学者都不知道这段历史,他们把已经被历史否定的东西拿出来张扬,而且拿已经被西方人自己抛弃的陈旧理论作依据,这让人感到啼笑皆非。西方资本主义一直在发生变化,现在的资本主义和几百年前的资本主义很不一样了,我们不可以把几百年前的资本主义拿来作中国的榜样,相反,它的错误倒是很值得我们警惕的。

福利社会首先要解决贫穷问题,在这里失业问题是关键,因为失业造成一大批人的贫穷。这就要求创造一个社会保障体系,保证较高的就业率,并且一旦劳动者失业,也可以得到救助。接下来要解决生老病死的问题,首先是生病的问题,于是就要去建立一个完整的医疗保障体系,不让疾病成为贫穷的又一个成因。再接下来,年纪大了,要给他养老的手段,于是就要有养老金制度,还有退休制度,要去编制养老体系。此外还有学童问题、上学问题、孕妇问题、幼儿问题等。所有这些加在一起就形成一个福利社会,每一个人从摇篮到坟墓,都不必担心自己衣食无着。负责建立这个完整体系的当然是政府,因为那是政府的职责,所以到20世纪,西方国家的政府

秃鹫等待吞噬因饥饿而奄奄一息的孩子

已经无所不在了。现在有些中国人以为西方政府是不管事的,是放任自流,那真是大错特错了,现在的西方政府什么都管,如果管得不好还要遭人骂。

通过统计数据去考察,会发现西方国家的贫富差距现在仍然很大,甚至不亚于英国工业革命时期,所以在前不久美国就发生了占领华尔街运动,提出了"1%和99%"这样的概念,最穷的人和最富的人之间的差距大极了。但这种贫富差距经常是被淡化的,往往不易察觉。举一个例子:比如说一个富人太有钱,没处花,就去买古董、字画,买十幅毕加索的原作,得花上几亿、几十亿——当然他有的是钱。买了以后他不敢挂在墙上,怕人抢,所以就藏起来,不让人发现,这又要花一大笔钱。一个穷人呢,没有多少钱,但他不必为生老病死而担心了,所以就去买一幅毕加索的印刷品,挂在墙上,觉得很好。所以,今天的贫富差距虽然巨大,但不再是造成严重社会冲突的基本因素,福利制度化解了社会不安,原因就在这里,这是福利社会的好处。当然福利社会也有毛病,它给公共开支造成巨大的负担,政府依赖赤字财政,在有些地方,问题变得相当严重。比如希腊的债务危机,与太高的社会福利开支有关;英国、法国也都面临着巨大的福利开支,20世纪六七十年代的"英国病"就与高福利开支有关。可是政府却不敢削减福利开支,因为老百姓不接受,没有哪一个政治家敢冒着失去选票的风险去削减福利开支,而这是由民主制度造成的。

在西方,民主制度是在漫长的历史变化过程中发展出来的。欧洲国家一般都经历过专制主义时期,在专制王权的领导下形成了早期的民族国家。后来,这些国家相继克服专制统治:在英国发生了革命和光荣革命,在法国爆发了大革命,以及大革命之后的多次革命,在其他国家也出现种种变异,变更的方法可能不同。克服专制统治后并不是立即就进入民主时期，相反，往往会出现一个精英寡头制度，例如贵族制、军人统治、财阀统治等等，而这些制度恰恰是在经济高速发展的时期存在，英国、法国都是这样，美国也不例外。

随着工业革命的深入发展，民主运动开始起步，英国最早，出现在18世纪下半叶。但经过一百多年时间，到1832年，民主化才迈出第一步，第一次议会改革成功了。又经过差不多一百年，一个完整的民主制度才最终建立起来，人们一般说那是在1928年，当时所有的妇女都得到了选举权。所以，民主化是一个非常漫长的过程，英国最大的特点，就是这个过程的和平、渐进性质。

法国采用了暴力的方式。1789年法国发生大革命，目的是推翻专制统治。在大革命中，民主的理想已经被提出来了，最典型地体现在卢梭的学说中。但大革命不能完成民主化任务，因为革命依靠暴力，而暴力就是强制，与民主的理念是背道而驰的。在接下来的差不多一个世纪的时间中，法国不断发动革命，一方面试图彻底打倒专制制度，一方面又想建立民主制。到1870年，共和制度确立下来了，但民主的理想仍然没有实现，相反却出现了精英的统治，就是寡头制。以后，又经过半个多世纪，到20世纪中叶，法国才完成了民主制度的构建，所以那也是一个漫长的过程。

我们以英、法这两个国家为例，可以看出民主制度的建立其实是相当艰苦的，而且需要很长时间。德国和意大利在第二次世

20世纪初一位女士公开要求妇女选举权

界大战中被打败，然后接受了民主化改造，因此它们建立民主制度就更加曲折、更加艰难。

在政治制度变化的同时，社会结构也发生了变化，"阶级"变化了。在19世纪的时候，什么是阶级？一边是大腹便便、穿礼服戴礼帽的老板、工厂主、银行家，生活无忧，他们是资产阶级；另一边是食不果腹、衣不遮体的工人，他们有流不尽的辛酸泪，无穷的苦难。这两种人在社会上清清楚楚，属于两个阶级。但福利制度建立后不是这样了，你们看：无产阶级在哪里？好像看不到，每个人都有一点财产。工厂工人是不是无产阶级？好像不大像，他们已经不是19世纪的工人了。随着科学技术的发展，我们今天看到的产业工人已经不是100年前的工人了，100年前的产业工人手里握着钢钎，站在熊熊燃烧的炼钢炉旁，猛地一下把炉门捅开，钢水就呼呼地流出来。今天的工人，坐在电脑操作室里，电钮一按，钢水就流出来了。那么，坐在操作室里使用电脑的炼钢工人，和坐在Google大楼里，也用电脑操作的白领职员之间，有多大差别呢？再有，在100年前，靠工资生活的人是工人，但今天的教授也靠工资生活，医生也拿工资，他们都是雇员，所以就有教师工会、医生工会，他们和工人的区别在哪里？有人说体力劳动是标志，可是越来越多的工人不从事体力劳动了，他们只需要操作电脑。

那么受人雇佣是不是判断的标准？你们看有一种人是不拿工资的，他们不受别人雇佣，他们在伦敦或巴黎街头摆小摊，卖一些可能是从中国进口的小商品，劣质的玩具，便宜的装饰品，他们是商贩，那么这些人是"工人"还是"资本家"？他们的收入可能很低，比一般的工人还要低；相反，银行高管、CEO，年薪可以是百万美元、百万英镑，但他们拿工资、受雇于人，在这一点上和工人的情况一样——这些人是谁？于是"阶级"问题就出现了，变得很复杂，不像19世纪那么简单。现在，在很多西方国家，在最底层干体力劳动的有可能是从印度或巴基斯坦、加勒比或非洲迁徙过去的移民，也可能是在苏联解体、东欧剧变以后跑进去的新移民，这些人处在社会的最底层，他们把阶级问题和种族问题搅在一起了，就好像在美国，直到今天处在社会最底层的仍然是黑人。

战后还有一个重要话题是欧洲联合、欧盟的问题,欧洲一体化从20世纪50年代开始,发展到现在。一体化声称一个理念,就是超越民族国家。欧洲人说,欧洲一体化最终将超越民族国家,把历史推向一个新时代。由于这个过程在欧洲首先发生,因此欧洲——也就是西方——再次领先世界,指引了人类文明发展的未来。

欧洲共同体宣传画

我们都知道民族国家这种新的国家形态是五六百年以前首先在西欧出现的,由于民族国家的出现,西欧能追赶并超越其他地区,并最终控制全世界。因此,没有民族国家,就没有西方的崛起。但是现在欧洲人却说,民族国家过时了,世界要走到"后民族国家"时代,这是怎么回事?

当世界上其他地方没有"民族国家"时,它们都遭受西方列强的欺负和侵略。从19世纪下半叶开始,越来越多的地方意识到民族国家的重要性,为此付出了不懈的努力,到第二次世界大战以后,民族国家已经遍布全世界了。而恰恰在这个时候,西方人却说民族国家过时了,这不禁让人生疑。我们知道,"二战"结束后第三世界纷纷崛起,世界格局发生了根本性变化,西方支配世界的时代一去不复返了,而恰恰在这个时候欧洲人说民族国家过时了。

我们看欧洲人自己是不是抛弃了民族国家?显然没有,至少在今后很长时间中也还不会。最近发生的一系列事件说明,欧盟内部的国家意识其实很强,比如说利比亚战乱后,很多难民跑到意大利,想从意大利再进入其他国家,但受到其他国家的阻拦,大家都想把利比亚难民堵在意大利,这样他们自己就不受影响。再比如希腊债务危机,大家都不愿慷慨解囊,因为帮助希腊是帮助一个"外国",所以如果要帮助,就需要制定异常严格

美国发动的海湾战争

的条件,保证它能偿还;希腊自己则为要不要接受这些条件争论不休,反对接受的理由之一,就是这些条件干扰了希腊主权。可见,在欧盟内部,民族国家事实上没有被超越。至于美国,美国并不想让欧洲真的联合成一个"超国家",因为这样一个"超国家"的出现会严重挑战美国的地位。而美国自己也绝对不会走抛弃国家的道路,相反,它在不断加强自己的国家,美国人的国家观念和民族意识其实是很强的,比今天很多中国人都更强。美国一直把自己的国家利益置于整个世界之上,最近几年的事态让人们更加清楚地看出了这一点。

— 现代文明的悖论 —

我们还有最后一个话题:现代文明的悖论。我这里只是提出一些问题让大家思考。

西方文明发展到今天,现代文明的许多悖论已经显现了,而且越来越严重。现代文明中有许多有价值的东西,但也有很多要引起我们的警惕。有许多问题已经摆在我们面前了,需要我们去回答。

首先,经济是可以无限发展的吗?如果全世界GDP再增长5倍或10倍,地球能够承受吗？有没有那么多资源让你发展？现在已经有人说，中国其实永远达不到美国那样的人均GDP水平，因为如果达到了，世界的资源就耗尽了。因此，经济可以无限发展吗？

其次，科学从西方开始，但科学究竟给我们带来什么？科学已经把飞船送上太空，把人类送上月亮，下潜深水一万米，还有电脑、互联网诸如此类的创造发明，这些都是科学的伟大成就，造福于人类。可是，同样是科学，它也给人类带来许多危害：塑化剂是科学，它使瓶子中的液体纯净、好看，可是它带毒，添加在饮料中可以损害健康；转基因也是科学，转基因食品就是用生物工程的方法生产的，但转基因的后果直到现在仍旧争执不休，也许要到几十年后才会有结论。现在的蔬菜、水果都能保存很长时间，从今年秋天一直保存到明年夏天，可是这些东西的问题越来越大，其中的化学物质一定有副作用。以上这些还只是我们身边能体会到的，其他问题更大了，比如环境问题、生态问题、核安全问题，这些都和科学有关，是科学衍生出来的。时至今日，科学究竟是解决的问题多还是制造的问题多，我们已经弄不清楚了；哪一天如果克隆的人比真实的人还要多，那么你们这些不是克隆出来的人就糟糕了，克隆人发动一个对非克隆人的战争，你们就一定被消灭。

再次，物质丰富了，精神却贫乏了，有毒的食品或者饮料是怎么出现的？仅仅用"精神贫乏"这四个字就可以解释吗？你们看现在全世界到处都出现食品安全问题，不仅中国，而且美国，不仅美国，而且德国。人的道德正在沦丧，为了赚钱，什么都可以做！人间的一切都商品化了，体育是商品，艺术是商品，教育是商品，医疗也成为商品，离开商品，地球就

美国的地下导弹发射基地

联合国面临着越来越多的人类发展问题

不转了,于是上帝也要变成商品。西方的经济是商品经济,西方的文明是商业文明,这种文明现在扩散到全世界,全世界也都要变成商品。商业文明扩张到巅峰,它对人类究竟是好还是不好?很多问题都是由此而产生的,环境问题、资源问题、生态问题等都与此有关。

我们这个时代问题丛生:人口问题,贫穷问题,安全问题,发展问题……西方文明发展到今天,其实这些问题都还没有解决,并且有些问题似乎更严重了。比如战争与和平的问题,这个问题前些时候好像被人忘记了,人们觉得经历过两次世界大战后,大家对战争已经厌倦了。但事实其实不是这样,最近一段时间我们总是看见有一些国家对其他国家动武,不断炫耀自己的武力,而这些国家无一不是西方国家,被打击的无一例外都是非西方国家。那么,究竟是因为西方国家认为自己强大而无所顾忌,还是因为它们的文化中一直有一种强加于人的冲动?

最后一个问题。人类走了五千多年走到今天,我们走进了一个现代文明。可是很多问题不得不使我们去问这最后一个问题:现代文明将把人类带向何方?现代文明是从西方首先开始的,但人类将走向何方?

推荐书目

国内出版了许多有关西方文化和历史的书,我这里只开列很少一部分,有兴趣的读者可以进一步阅读,从中可以了解更多的知识。必须说明,我只开列了一批许多人公认知名度比较高的作品,而且是翻译作品,即西方人写的西方文化史作品。可是有知名度未见得是"最好",也许它们只是一种"经典",写在许多年之前,以后一直被人们阅读,于是就有很大的知名度;同时,写得好的书不断出现,新的翻译作品也在不断出版,读者选择的余地其实很大,不必拘泥于我开列的参考书目。

此外,国内作者写作出版的书籍也有许多,多数写得很好,近二十年中,中国学术水平提高很快,对西方文化的研究是其中一个重要方面,这些书也应该考虑在读者的选择范围内,希望大家高度关注这个部分。我推荐的书单只是想告诉大家:书是很多的,爱读书的朋友一定有快乐的选择空间。

1. 《历史研究》,(英)A. J. 汤因比著,曹未风等译,上海人民出版社 1997 年出版
2. 《西方的没落》,(德)奥斯瓦尔德·斯宾格勒著,齐世荣等译,商务印书馆 1963 年出版
3. 《西方文明史纲》,(美)威廉·哈迪·麦克尼尔著,张卫平等译,新华出版社 1992 年出版
4. 《西方文明史》,(美)罗伯特·E. 勒纳、(美)斯坦迪什·米查姆、(美)爱德华·麦克纳尔·伯恩斯著,王觉非等译,中国青年出版社 2003 年出版

5.《西方文明史·欧洲谱系》,(法)皮埃尔·拉迈松主编,方友忠译,中国人民大学出版社 2012 年出版

6.《西方文明史读本》,(美)丹尼斯·舍尔曼著,赵立行译,复旦大学出版社 2010 年出版

7.《欧洲史》,(法)德尼兹·加亚尔、(法)贝尔纳代特·德尚、(法)J. 阿尔德伯特等著,蔡鸿滨、桂裕芳译,人民出版社 2010 年出版

8.《欧洲文明的曙光》,(英)戈登·柴尔德著,陈淳、陈洪波译,上海三联书店 2012 年出版

9.《会说话的希腊石头》,(美)保罗·麦克金德里克著,晏绍祥译,浙江人民出版社 2000 年出版

10.《民主政治与古典希腊》,(英)J. K. 戴维斯著,黄洋、宋可即译,上海人民出版社 2010 年出版

11.《民主与城邦的衰落:古希腊政治思想史讲稿》,(法)菲利普·内莫著,张竝译,华东师范大学出版社 2011 年出版

12.《希腊的遗产》,(英)F. I. 芬利主编,张强等译,上海人民出版社 2004 年出版

13.《罗马共和国史:自建城至奥古斯都时代》,(德)克劳斯·布林格曼著,刘智译,华东师范大学出版社 2014 年出版

14.《罗马帝国衰亡史(D. M. 洛节编本)》,(英)爱德华·吉本著,黄宜思、黄雨石译,商务印书馆 2009 年出版

15.《新罗马帝国衰亡史》,(美)詹姆斯·奥唐纳著,夏洞奇、康凯、宋可即译,中信出版社 2013 年出版

16.《君士坦丁大帝时代》,(瑞士)雅各布·布克哈特著,宋立宏、熊莹、卢彦名译,上海三联书店 2006 年出版

17.《拜占廷帝国》(原书名:《拜占廷国家史,324—1453》)(南斯拉夫)乔治·奥

斯特洛格尔斯基著,陈志强译,青海人民出版社 2006 年出版

18. 《从古代到封建主义的过渡》,(英)佩里·安德森著,郭方、刘健译,上海人民出版社 2001 年出版

19. 《政治观念史稿(卷二):中世纪(至阿奎那)》,(美)沃格林著,叶颖译,华东师范大学出版社 2009 年出版

20. 《欧洲中世纪生活 7—13 世纪》,(德)汉斯-维尔纳·格茨著,王亚平译,东方出版社 2002 年出版

21. 《欧洲贵族 1400—1800》,(美)乔纳森·德瓦尔德著,姜德福译,商务印书馆 2008 年出版

22. 《英国庄园生活:1150—1400 年农民生活状况研究》,(英)亨利·斯坦利·贝内特著,龙秀清、孙立田、赵文君译,上海人民出版社 2005 年出版

23. 《蒙塔尤:1294—1324 年奥克西坦尼的一个山村》,(法)埃马纽埃尔·勒华拉杜里著,许明龙、马胜利译,商务印书馆 2009 年出版

24. 《欧洲的宗教与虔诚:1215—1515》,(英)罗伯特·诺布尔·斯旺森著,龙秀清、张日元译,上海三联书店 2012 年出版

25. 《中世纪的知识分子》,(法)雅克·勒戈夫著,张弘译,商务印书馆 1996 年出版

26. 《中世纪政治思想史》,(英)沃尔特·厄尔曼著,夏洞奇译,译林出版社 2011 年出版

27. 《菲利普二世时代的地中海和地中海世界》,(法)费尔南·布罗代尔著,唐家龙、曾培耿等译,商务印书馆 2009 年出版

28. 《绝对主义国家的系谱》,(英)佩里·安德森著,刘北成、龚晓庄译,上海人民出版社 2001 年出版

29. 《路易十四时代》,(法)伏尔泰著,吴模信、沈怀洁、梁守锵译,商务印书馆 2009 年出版

30.《发现者：人类探索世界和自我的历史·时间、陆地与海洋篇》，（美）丹尼尔·J. 布尔斯廷著，严撷云、吕佩英等译，上海译文出版社 1995 年出版

31.《发现者：人类探索世界和自我的历史·自然篇》，（美）丹尼尔·J. 布尔斯廷著，李成仪、吴侔天译，上海译文出版社 1992 年出版

32.《发现者：人类探索世界和自我的历史·社会篇》，（美）丹尼尔·J. 布尔斯廷著，戴子钦等译，上海译文出版社 1992 年出版

33.《世界史上的科学技术》，（美）詹姆斯·E. 麦克莱伦第三、（美）哈罗德·多恩著，王鸣阳译，上海科技教育出版社 2003 年出版

34.《解除束缚的普罗米修斯：1750 年迄今西欧的技术变革和工业发展》，（美）大卫·兰德斯著，谢怀筑译，华夏出版社 2007 年出版

35.《工业革命：变革世界的引擎》，（美）R. R. 帕尔默、（美）乔·科尔顿、（美）劳埃德·克莱默著，苏中友、周鸿临、范丽萍译，世界图书出版公司北京公司 2010 年出版

36.《革命的年代 1789～1848》，（英）艾瑞克·霍布斯鲍姆著，王章辉等译，江苏人民出版社 1999 年出版

37.《资本的年代 1848～1875》，（英）艾瑞克·霍布斯鲍姆著，张晓华等译，江苏人民出版社 1999 年出版

38.《帝国的年代 1875～1914》，（英）艾瑞克·霍布斯鲍姆著，贾士蘅译，江苏人民出版社 1999 年出版

39.《极端的年代 1914～1991》，（英）艾瑞克·霍布斯鲍姆著，马凡、赵勇、李霞译，江苏人民出版社 2010 年出版

40.《欧洲近代早期的大众文化》，（英）彼得·伯克著，杨豫等译，上海人民出版社 2005 年出版

41.《中产阶级文化的起源》，（美）约翰·斯梅尔著，陈勇译，上海人民出版社

2006年出版

42. 《近代欧洲的生活与劳作（从15到18世纪）》，（法）G. 勒纳尔、（法）G. 乌勒西著，杨军译，上海三联书店2012年出版

43. 《美好生活：中产阶级的生活史》，（瑞典）奥维·洛夫格伦、（瑞典）乔纳森·弗雷克曼著，赵丙祥、罗杨等译，北京大学出版社2011年出版

44. 《欧洲思想史》，（奥地利）弗里德里希·希尔著，赵复三译，广西师范大学出版社2007年出版

45. 《二十世纪欧洲史》，（美）C. E. 布莱克、（美）E. C. 赫尔姆赖克著，山东大学外文系英语翻译组译，人民出版社1984年出版

46. 《美国自由的故事》，（美）埃里克·方纳著，王希译，商务印书馆2002年出版

47. 《大西洋史》，（法）保罗·布特尔著，刘明周译，东方出版中心2011年出版

48. 《喧嚣时代：20世纪全球史》，（美）迈克·亚达斯、（美）彼得·斯蒂恩、（美）斯图亚特·史瓦兹著，大可译，生活·读书·新知三联书店2005年出版

49. 《全球分裂：第三世界的历史进程》，（美）斯塔夫里亚诺斯著，迟越等译，商务印书馆1993年出版

后 记

本书根据我在北大讲课的现场录音整理而成，尽管为了出版的需要而对文字做过加工，使其更加贴近书面语言，但课堂上的场景还是在字里行间看得出来，口语式的表达仍然清晰可见。教师授课需要用生动的表达方式，这是老师们都知道的；在把口语改变成书面语言之后，也是越生动越好，书是写给读书人看的，读书的人当然喜欢生动的语言。

我这门课讲述西方文明，授课对象是全校各专业本科生，北大要求全校学生都跨专业选修通选课，"西方文化通论"就是其中的一门通选课。我这门课不仅讲述和西方文明相关的知识，也提出分析和观察西方文明的方法。任何文明都有自己的长处，也都有自己的短处，西方文明并不例外。但是很长一段时间以来，有些西方人却把自己的文明说成是完美无缺，而其他文明则一无是处。在他们眼里，西方文明从一开始就是对的，指引着正确的方向；其他文明则从一开始就错了，隐含着天生的"劣根性"。这种说法尽管荒唐，而且越来越不能拿出来登大雅之堂，但它却流传广泛，很容易让无知的人们信以为真。我在讲课中是要破除这种迷信的，西方文明的确有许多长处，值得他人学习，但也有不少短处，须被他人引以为戒。纵观书店中陈列的多数关于西方文明的著述，要么只介绍基本知识，要么只说其长处而不说其短处，这就很容易造成误导。西方人只喜欢讲自己之长而不喜欢讲自己之短，这应该是人之常情，大抵天底下的人都喜欢只说自己好；可是作为中国学者，大可不必像西方人那样只说它的好，我们观察西方文明的最大优势，就在于我们不在"那山"中，可以看得更清楚。

过去五百年是西方占据世界优势的时代，西方文明的长处得到充分发挥，但它的短处也充分暴露了。最近几十年世界格局开始扭转，原先被欺压的其他文明正在缓慢、但异常坚实地回到近代以前那种彼此不分高低的状态，而一旦世界上所有的文明都相互平等了，这个世界也就会平安得多。所以，我们对西方文明的期待，如同对其他文明的期待一样，希望彼此互相学习、取长补短，为人类共同的福祉创造条件——如果"全球化"确实有某种积极的含义，就应该形成这种局面。

西方文明来自于西方本土，而不来自于西方的上天；西方文明是土生土长的西方本土文明，有许多现象是它所特有的，并非所谓的"普世价值"。《西方那一块土》，说的就是这个意思。西方文明有它的源，也有它的流，我这门课试图把西方文明的源流讲清楚，同时也把我自己的评判穿插其中。在短短15次讲课中要想完成这些任务，无疑是一件艰难的事，不过讲解西方文明，确实不能只介绍知识，需要有自己的思考。

学生对这门课表现出巨大的热情，我对他们表示感谢；北京大学出版社将讲课转变成文字，我也对他们表示感谢。于铁红编辑为出版此书付出艰辛劳动，她是最需要接受我的谢意的。如果读者喜欢这本书，那是对所有人最大的安慰。